400 recettes faciles au quotidien

Descriptif des pictogrammes

 : Temps de cuisson

 : Temps de préparation

 : Quantité

 : Niveau de difficultés

 : Facile

 : Assez facile

 : Difficile

 : Niveau de prix

 : Bon marché

 : Accessible

 : Cher

marque : les niveaux de prix et de difficulté sont relatifs à la catégorie recettes concernée. En effet, le budget consacré à une salade très élaborée a toujours moins élevé que celui consacré à un gibier préparé simplement. prix des produits frais sont considérés en saison.

Sommaire

Les soupes	5
Les hors-d'œuvre	53
Les salades	109
Les viandes	165
Les volailles	223
Les poissons	283
Les légumes	348
Les desserts	377

Les soupes

Des recettes actuelles

Bouillabaisse (poissons)

15 min

5 rougets barbets moyens (200 g pièce),
2 filets de saint-pierre (500 g pièce), coupés en 10 portions,
5 vives (100 g pièce),
1 petit congre (tronçonné en darnes de 80 g environ),
5 rascasses moyennes (200 g pièce).

- Prendre trois sautoirs évasés. Y déposer dans l'un les grondins et les vives ; dans un autre, les rascasses et les rougets ; dans le dernier, le congre et le saint-pierre.
- Arroser les poissons d'huile d'olive et saupoudrer d'un peu de fleur de sel.
- Mouiller ensuite avec la soupe à peine à hauteur et commencer à cuire les poissons.
- Une fois cuits, réserver au chaud.

Bourriquette

35 min 15 min

œufs : 3 min

1 bouquet d'oseille fraîche,
4 échalotes moyennes finement hachées,
4 pommes de terre moyennes coupées en cubes,
1 bonne cuillerée à soupe de saindoux ou de beurre,
2 c. à soupe de farine,
1 tablette de bouillon de volaille,
4 œufs,
4 tranches de pain de campagne rassis,
sel,
poivre,
beurre,
1 verre de vinaigre,
1 petit bouquet de cerfeuil ciselé.

- Équeuter l'oseille, la couper en lanières et la faire fondre avec les échalotes et le saindoux (ou beurre) dans une casserole à fond épais 5 min en remuant.
- Ajouter la farine, remuer, mouiller avec 50 cl d'eau chaude, émietter la tablette de bouillon. Saler, poivrer, ajouter les pommes de terre. Laisser cuire 30 min.

Préparer les œufs pochés

- Amener à ébullition 1,5 l d'eau non salée mais additionnée de vinaigre. Casser les œufs un par un dans une petite tasse. Approcher la tasse de la surface de l'eau frissonnante et la faire pivoter d'un mouvement sec et rapide. Ainsi le blanc de l'œuf tombera en même temps que le jaune et le recouvrira. Ensuite, rabattre plusieurs fois durant la cuisson les voiles de blanc sur l'œuf. Ne jamais faire cuire plus de trois ou quatre œufs à la fois. Au bout de 3 min, les retirer à l'écumoire (on peut les réserver au chaud dans de l'eau tiède).

Préparer les croûtons

- Couper le pain rassis en petits cubes. Chauffer une noix de beurre dans une poêle. Y dorer les croûtons.

Pour servir

- Déposer un œuf poché au fond de chaque assiette creuse, recouvrir d'une louche de bourriquette. Parsemer de cerfeuil et accompagner des croûtons.

Potage à la citrouille et au curry

1 h 15 min 4 pers.

1 citrouille ou une courge musquée,
1 oignon haché,
1 gousse d'ail écrasée,
2 c. à soupe de beurre,
1 c. à café de curry,
1/4 de c. à café de sucre,
1/4 de c. à café de muscade,
1 feuille de laurier,
1 l de bouillon de poulet,
50 cl de lait,
50 cl de crème fleurette,
ciboulette hachée pour garnir,
sel,
poivre.

- Couper la citrouille en quartiers. La débarrasser de son écorce, de ses graines et de ses filaments. Couper la chair en cubes. Cuire à la vapeur 30 min, jusqu'à tendreté. Au robot ou au mixeur, réduire en purée.
- Dans une grande casserole, faire fondre l'oignon et l'ail dans le beurre. Ajouter la purée de citrouille, le curry, le sucre, la muscade et la feuille de laurier. Saler et poivrer. Incorporer le bouillon et porter à ébullition.
- Réduire le feu et laisser mijoter 30 min. Retirer du feu. Jeter la feuille de laurier.
- Incorporer le lait et réchauffer. Servir chaud et garnir chaque portion d'une cuillerée de crème et de ciboulette hachée.

Potage au maïs et à la pomme de terre

30 min 20 min 4 pers.

1 oignon haché,
1 gousse d'ail écrasée,
1 pomme de terre moyenne coupée en dés,
2 branches de céleri hachées,
1 petit poivron vert épépiné et coupé en lamelles,
2 c. à soupe d'huile de tournesol,
25 g de beurre,
60 cl de bouillon de légumes,
30 cl de lait,
200 g de haricots blancs en boîte,
300 g de grains de maïs en boîte,
1 bonne pincée de sauge sèche,
sel et poivre noir fraîchement moulu.

Vous pouvez faire de la même manière : la crème de laitue, la crème d'oseille, la crème d'épinards, la crème de poireaux, la crème de champignons, la crème aux fanes de radis (tiges et feuilles), la crème de tomates. Vous pouvez également remplacer la farine par 250 à 300 g de pommes de terre.

- Placer l'oignon, l'ail, la pomme de terre, le céleri, le poivron dans une sauteuse avec le beurre et l'huile.
- Faire chauffer jusqu'à ce que la préparation grésille puis réduire le feu. Cuire les légumes à couvert sur feu doux 10 min. Remuer la casserole de temps en temps.
- Verser le bouillon, assaisonner et porter à ébullition. Réduire le feu et laisser mijoter à couvert 15 min.
- Ajouter le lait, la sauge, les haricots et le maïs avec leur jus. Cuire encore 5 min. Vérifier l'assaisonnement et servir chaud.
- Servir le potage au cresson lié avec du jaune d'œuf ou de la crème fraîche et accompagné de croûtons revenus à la poêle ou grillés au four.

Potage clermont

1 h 15 15 min 4 pers.

1 kg de marrons écorcés,
250 g de céleri en branche,
100 g d'oignons,
50 g de beurre,
1 cube de concentré de volaille,
sel,
poivre,
4 épices et crème fraîche.

- Ôter les fils les plus durs sur les tiges de céleri, les laver et les blanchir 5 min à l'eau bouillante salée. Dans une grande casserole, ou un faitout, faire revenir les oignons épluchés et coupés en rondelles dans 50 g de beurre. Ajouter le céleri coupé en morceaux, les marrons écorcés et mouiller avec 1 l d'eau.
- Saler et poivrer, émietter le cube de concentré et ajouter une pincée de 4 épices. Laisser mijoter 1 h 15 environ, le temps que les marrons soient tendres.
- Passer le potage au mixer ou au moulin à légumes (grille fine), pour obtenir une pâte lisse.
- Au moment de servir, ajouter un verre de lait chaud ou deux cuillerées à soupe de crème fraîche pour avoir un potage plus velouté et décorer à volonté de feuilles de céleri hachées.

À défaut de marrons frais, on peut utiliser de la purée de marrons, ce qui réduit le temps de cuisson.

Potage de mai

15 min

3 pommes de terre,
3 carottes,
2 poireaux,
1 cœur de laitue,
quelques feuilles de chou,
250 g de petits pois,
125 g d'oseille,
cerfeuil,
2 l d'eau.

- Couper en tranches les pommes de terre, les carottes, les poireaux, l'oseille, le cœur de laitue, les feuilles de chou, les pois frais, du cerfeuil.
- Mouiller avec 2 l d'eau chaude salée.
- Quand le tout est cuit, passer au moulin. Donner l'épaisseur convenable avec l'eau de cuisson. Poivrer, beurrer au goût.

Potage de printemps

20 min 4 pers.

Pas de cuisson
mais repos pendant 2 h

700 g de tomates,
125 g de petites carottes,
1 poivron de 250 g,
1/2 concombre,
2 côtes de céleri,
2 rondelles de citron non traité,
1 gousse d'ail,
un oignon,
poivre et sel,
croûtons grillés.

- Laver les tomates avant de les couper en quatre. Laver le poivron, avant de le couper en dés, retirer les graines et les filaments. Laver le céleri et le couper en rondelles. Laver les carottes et les gratter. Peler le concombre et le couper en rondelles.
- Éplucher l'oignon, l'ail, les couper en quatre.
- Mettre le tout dans la centrifugeuse en commençant par les tomates, le céleri, les carottes, le concombre, le poivron, l'oignon, l'ail et le citron.
- Verser le jus dans une terrine et assaisonner. Bien mélanger et entreposer au réfrigérateur pendant 2 h avant de servir une coupelle de croûtons grillés.

Potage parmentière aux shiitakes

40 min 30 min 6 pers.

500 g de pommes de terre,
3 poireaux,
800 g de lentins de chêne (shiitakes),
150 g d'oignons,
15 cl de fond de volaille,
200 g de crème fraîche,
3 gousses d'ail,
30 g de beurre,
5 cl d'huile d'olive,
sel,
poivre du moulin,
muscade,
quelques pluches de cerfeuil.

- Trier et nettoyer les lentins.
- Dans une casserole d'eau bouillante salée, blanchir les champignons 3 min, les rafraîchir et presser.
- Éplucher les pommes de terre, les poireaux, les oignons, tailler tous les légumes en grosse mirepoix.
- Dans une marmite, faire fondre le beurre et suer les légumes. Ajouter la moitié des champignons. Cuire 10 min à feu moyen. Mouiller avec le fond de volaille, l'ail, la muscade, cuire 30 min à feu doux.
- Dans une poêle, faire revenir à l'huile d'olive le reste des champignons, les égoutter puis les hacher. Mixer le potage, ajouter les champignons hachés, la crème fraîche. Rectifier l'assaisonnement, déposer dessus quelques pluches de cerfeuil.

Soupe à l'ail arleusienne

2 h 20 min 6 pers.

120 g de têtes d'ail,
450 g de pommes de terre,
120 g de carottes râpées,
2 l d'eau,
2 c. à soupe de crème fraîche,
sel,
poivre,
1 bol de pain à soupe taillé en cubes (facultatif).

- Éplucher les pommes de terre et les couper en quatre.
- Éplucher les têtes d'ail en prenant soin d'enlever le petit germe vert indigeste. Porter l'eau salée à ébullition et mettre les légumes à cuire, à petits frémissements, pendant 2 h.
- Quand la soupe est cuite, la passer au moulin à légumes. Ajouter une bonne noix de beurre ou deux cuillerées à soupe de crème fraîche.
- Cette soupe peut se servir trempée, avec du pain à soupe taillé ou des tartines de pain grillé frotté à l'ail.

Soupe à l'ail des vignerons auvergnats

10 min 10 min 4 pers.

12 gousses d'ail de Billom,
1 pain aux noix,
1 l de jus de raisin noir,
beurre,
sel et poivre.

- Faire bouillir le jus de raisin. Assaisonner de sel et de poivre.
- Faire suer dans du beurre l'ail épluché puis colorer au beurre le pain de noix, coupé en tranches.
- Dans un bol de terre cuite, disposer ail, jus de raisin et recouvrir de pain aux noix.
- Passer le tout au four 3 à 4 min, th. 8 et servir aussitôt.

Soupe à l'oignon des vendangeurs

30 min 25 min

- Préparer une soupe à l'oignon en faisant roussir au beurre, dans une casserole, autant de gros oignons épluchés et émincés que de convives, mouiller avec du bouillon de pot-au-feu et laisser cuire 30 min.
- Faire griller 1 tranche par personne de pain de campagne et râper environ 25 g de gruyère ou de comté par personne (prévoir 30 g en plus).
- Dans une soupière allant au four, ranger par couches successives et alternées le pain et le fromage, en laissant assez de place pour verser dessus le bouillon passé au chinois, si on n'aim pas trouver les oignons dans la soupe.
- Finir par une couche de fromage râpé (les 30 g en plus) parsemée de petits morceaux de beurre et faire gratiner au four (th. 7,5) pendant environ 30 min.
- Dans un saladier, battre au fouet autant de jaunes d'œu que de convives et les mêler à la même quantité de verre de bon vin rouge ou blanc, ajouter du sel, du poivre, et de la muscade râpée.
- Apporter sur la table les deux récipients et le mélang se fait dans chaque assiette en mettant d'abord l'œuf a vin puis la gratinée bien chaude.

Soupe à l'oignon gratinée

10 min 20 min 4 pers.

à l'autocuiseur : 10 min

Gratins :
au gril : quelques instants,
au four : 10 min th. 8,
1 l d'eau,
125 g d'oignons,
40 g de beurre ou de margarine,
20 g de farine,
1 c. à café de sel,
poivre.

Garniture
4 tranches de pain,
40 g de gruyère râpé,
20 g de margarine.

Vous pouvez ajouter dans le bouillon passé, 40 g de vermicelle et le faire bouillir 5 min avant de le verser sur les croûtons.

- Couper les oignons en rondelles et les faire blondir doucement dans la matière grasse. Saupoudrer avec la farine en tournant avec une cuillère en bois, jusqu'à ce que le roux brunisse. Retirer du feu et jeter d'un seul coup l'eau froide. Bien diluer et remettre sur le feu, à bouillir, en remuant sans cesse. Saler et poivrer. Couvrir et laisser cuire soit 20 min à la cocotte ordinaire ; soit 10 min à l'autocuiseur, à partir de la rotation de la soupape.
- Pendant ce temps, faire dorer les tranches de pain à la poêle ou les faire griller au four.
- Dans une soupière allant au four, mettre les tranches de pain grillé. Verser dessus la soupe à l'oignon passée. Saupoudrer de gruyère et faire gratiner à four chaud une dizaine de minutes ou passer quelques instants sous le gril.
- Servir la soupe à l'oignon immédiatement.

Soupe à la casserole

45 min 20 min

**pomme de terre,
graisse d'oie,
carottes, poireaux, navets,
gésiers de canards confits,
3 gousses d'ail,
sel, poivre.**

- Faire revenir dans de la graisse d'oie de petits dés de pommes de terre, carottes, poireaux et navets. Lorsqu'ils sont dorés, couvri d'eau et ajouter des gésiers de canards confits, trois gousses d'ail, sel et poivre.
- Laisser cuire environ trois quarts d'heure, jusqu'à ce que les pommes de terre s'écrasent un peu.

Cette soupe, qui doit être dégustée très chaude, peut constituer un plat complet. Prévoir alors une quantité suffisante.

Soupe à la graisse normande

h 15 20 min

3 ou 4 poireaux,
2 navets,
3 carottes,
4 pommes de terre,
1 petit chou vert,
300 g de haricots verts,
sel,
poivre,
2 l d'eau,
2 c. à soupe de graisse normande.

- Mettre la graisse dans l'eau, ajouter poireaux, carottes, navets et pommes de terre coupés en dés, saler, poivrer.
- Faire cuire 30 min. Faire blanchir le chou 5 min à l'eau bouillante. L'égoutter et le couper grossièrement au couteau. L'ajouter aux autres légumes avec les haricots verts et faire cuire encore 40 min.
- Tailler du pain à soupe dans une grande soupière. Verser la soupe sans la passer. Servir quand le pain a bien gonflé.

Soupe auvergnate

3 h 20 min 6 pers.

à préparer la veille

1,5 kg de palette de porc demi-sel,
150 g de lard maigre,
1 gros chou,
500 g de pommes de terre,
1 gros oignon,
2 clous de girofle,
2 ou 3 tranches de pain.

- Dessaler la viande dans l'eau froide toute la nuit.
  La placer dans un grand pot-au-feu et faire cuire 1 h 30 en écumant de temps en temps.
- Éplucher les pommes de terre. Bien rincer le chou. Piquer l'oignon avec les deux clous de girofle.
  Ajouter le tout, ainsi que le lard et la viande, et laisser encore 1 h 30.
- Couper un peu de pain sec dans une soupière et verser dessus les légumes et le bouillon de pot-au-feu.
- Émietter la palette sur la soupe, avant de servir.

Soupe au basilic

45 min 30 min

pommes de terre,
2 navets,
haricots frais,
1 branche de céleri,
vermicelle,
ail, basilic,
sel.

- Couper en petits morceaux quelques pommes de terre, deux navets, un verre de haricots frais et autant de haricots verts. Ne pas oublier une petite branche de céleri. Faire bouillir le tout dans 3 ou 4 l d'eau.
- En cours de cuisson, ajouter une livre de tomates (sans les graines) coupées en quartiers. Saler et poivrer.
- Après 45 min de cuisson, verser dans la soupe deux bons verres de vermicelle. Pendant la cuisson, écraser une gousse d'ail dans un peu d'huile d'olive versée progressivement et ajouter quelques bonnes pincées de basilic haché. Délayer dans une ou deux cuillerées de bouillon brûlant et verser cette sauce dans la soupe.
- Laisser cuire encore un peu en remuant, puis servir très chaud.

Soupe au potiron

45 min 20 min 4 pers.

1 kg de potiron,
5 ou 6 pommes de terre de grosseur moyenne,
1,25 l d'eau,
sel,
poivre,
4 c. de crème fraîche.

- Éplucher le potiron, enlever les graines et la partie centrale filandreuse. Le laver, le couper en morceaux. Éplucher, laver et couper en rondelles les pommes de terre.
- Mettre à cuire les deux légumes à l'eau bouillante salée et légèrement poivrée. En faitout, il faut compter une demi-heure à trois quarts d'heure de cuisson. En autocuiseur, un quart d'heure suffit à partir de la mise sous pression.
- Passer bouillon et légumes au moulin grille fine ou au mixer.
- Ajouter la crème. Bien mélanger à la louche.
- Servir en soupière, accompagné à volonté de petits croûtons.

Soupe aux betteraves

1 h 20 min 6 pers.

2 betteraves cuites,
1 gros oignon,
1/2 chou blanc,
250 g de carottes,
1 gousse d'ail,
300 g de steak haché,
30 g de beurre,
1 c. à café de concentré de tomate,
1 bouquet garni,
poivre,
sel.

- Peler et hacher l'oignon. Laver le chou, le faire blanchir à l'eau bouillante salée pendant 5 min. L'égoutter et le découper en lanières. Le réserver. Éplucher les carottes et les betteraves, couper ces dernières en petits dés et les carottes en rondelles. Presser l'ail après l'avoir épluché.
- Faire étuver l'oignon dans le beurre à la sauteuse pendant 5 min, ajouter la viande hachée et l'ail. Laisser rissoler pendant 5 min. Ajouter ensuite le concentré de tomate, le bouquet garni et 1,25 l d'eau bouillante. Saler, poivrer et laisser frémir 10 min. Ajouter le chou, les carottes et laisser encore frémir 30 min.
- Incorporer les betteraves en dés et laisser cuire dix autres minutes. Servir chaud après avoir vérifié l'assaisonnement.

Soupe aux choux et jarret de porc

2 h 15 min

300 g de jarret de porc désossé,
150 g d'oignons,
du saindoux ou du beurre,
légumes de saison (choux, carottes, poireaux, raves, pommes de terre),
sel et poivre.

- Couper le jarret en petits dés, émincer les oignons et faire revenir le tout avec le beurre ou le saindoux, mais sans colorer.
- Ajouter les légumes coupés en morceaux.
- Mouiller avec de l'eau ou du bouillon de volaille et laisser cuire deux bonnes heures.
- Servir avec du pain de seigle rassis et coupé en petits dés, disposés au fond de l'assiette.

Soupe aux fanes de radis

15 min 15 min 6 pers.

Fanes de 2 bottes de radis,
3 pommes de terre,
2 oignons,
1,5 l de bouillon de volaille,
2 c. à soupe de crème fraîche épaisse,
20 g de beurre,
sel,
poivre.

- Laver et essorer les fanes de radis comme une salade. Peler et laver les pommes de terre. Les faire cuire à l'eau bouillante salée. Émincer les oignons. Préparer le bouillon de volaille en suivant le mode d'emploi au dos du paquet.
- Dans une sauteuse, faire revenir les oignons émincés avec le beurre. Ajouter les fanes de radis. Laisser cuire pendant 5 min. Saler et poivrer. Dans un faitout, mixer les pommes de terre et les fanes tout en versant le bouillon de volaille.
- Ajouter la crème fraîche avant de réchauffer la soupe sur feu doux. Saler et poivrer.

Éviter de saler si on utilise du concentré de volaille.

Soupe aux haricots, « potage à la bretonne »

2 h 30 15 min

750 g de haricots blancs,
500 g de poireaux,
sel,
poivre,
ail,
laurier,
thym,
cerfeuil ou persil,
beurre demi-sel.

- Les haricots seront mis à tremper la veille.
- Couper les poireaux, les faire revenir au beurre.
- Faire cuire les haricots dans 3 l d'eau avec laurier, thym et ail.
- Mélanger le tout et laisser mijoter 2 h 30. Mettre à feu vif jusqu'à bouillonnement.
- Saler, poivrer. Ajouter cerfeuil ou persil finement haché et un bon morceau de beurre.
- Servir sur des lèches de pain de seigle ou des croûtons frits.

Soupe aux pois cassés

3 h 10 min 6 pers.

400 g de pois cassés,
150 g de jambon cru ou lard fumé,
1 oignon,
1 poireau,
50 g de beurre,
1 baguette de pain rassis,
sel et poivre.

- Rincer les pois cassés dans une passoire sous l'eau courante. Les jeter dans 3 l d'eau froide. Les mettre à bouillir, écumer aussitôt, saler, poivrer et laisser cuire pendant 2 h à feu doux.
- Dans une sauteuse, faire revenir, dans 20 g de beurre, l'oignon et le poireau émincés ainsi que le jambon coupé en dés. Quand ils sont dorés, les verser dans la soupe. Continuer la cuisson à feu très doux encore 1 h. Remuer fortement au fouet à sauce. Servir très chaud, agrémenté de petits croûtons frits dans le reste du beurre.

Soupe campagnarde au petit salé et sa mique

3 h 1 h

1 jambonneau de petit salé,
1 chou,
5 carottes,
2 navets,
1 pomme de céleri-rave,
5 pommes de terre,
3 poireaux,
2 branches de céleri,
2 oignons cloutés de girofle,
1 bouquet garni,
laurier,
éventuellement sel,
3 l d'eau.

Pour la mique

200 g de pain rassis taillé en petits dés,
100 g de lardons,
sel,
poivre,
1 sachet de levure,
1 bol de bouillon,
100 à 150 g de farine (suivant la dextérité à faire la boule de mique),
3 œufs.

- Blanchir le chou coupé grossièrement 5 min à l'eau bouillante. L'égoutter. Plonger le petit salé 15 min dans de l'eau chaude. L'égoutter, le rafraîchir. Dans un gros pot à soupe, faire bouillir 3 l d'eau avec la feuille de laurier, le bouquet garni, les oignons. Mettre le petit salé. Cuire 1 h 30.
- Éplucher tous les légumes, les couper en gros morceaux, les ajouter avec le chou dans le bouillon.
- Cuire doucement encore 1 h. À mi-cuisson, prélever un bol de bouillon et laisser tiédir.

La mique :

- Mettre le pain dans un saladier, le faire gonfler avec le bouillon en réserve.
- Ajouter les œufs battus, les lardons, la levure (dissoute dans un peu de liquide, bouillon ou eau).
- Bien malaxer avec la main.
- Ajouter la farine (100 g).
- Façonner la pâte en boule compacte avec les mains farinées. Laisser reposer 20 min dans le saladier couvert d'un torchon.
- Faire pocher la mique 20 à 30 min dans la cuillère à pot (louche) plongée dans le bouillon qui doit juste frissonner. La retourner à mi-cuisson.
- Laisser égoutter, découper en tranches.
- Servir avec le bouillon. Après, servir le petit salé avec les légumes, des cornichons, de la moutarde.

Soupe chaude d'hiver

1 h 35 min 6 pers.

I gros panais (radis),
3 carottes moyennes,
I grosse pomme de terre,
I gros navet ou I petit chou-fleur,
I oignon,
2 c. à soupe d'huile de tournesol,
2 c. à soupe de beurre,
1,5 l d'eau,
I morceau de gingembre frais,
15 cl de lait,
3 c. à soupe de crème fraîche,
2 c. à soupe de fenouil frais,
I citron,
sel,
poivre noir fraîchement moulu.

- Couper le panais, les carottes, la pomme de terre en dés, le navet ou le chou. Hacher l'oignon. Peler le morceau de gingembre. Hacher le fenouil.
- Placer les carottes, la pomme de terre, le panais, le navet ou le chou-fleur et l'oignon dans une grande casserole avec l'huile et le beurre. Faire revenir doucement puis laisser mijoter à couvert pendant 15 min. Remuer de temps en temps.
- Verser l'eau. Porter à ébullition et assaisonner. Cuire à couvert 20 min jusqu'à ce que les légumes soient tendres.
- Égoutter les légumes et réserver le bouillon. Ajouter le gingembre et mixer les légumes.
- Replacer la purée et le bouillon dans la casserole. Ajouter le lait. Bien mélanger pendant que la soupe réchauffe sur feu modéré.
- Stopper la cuisson. Incorporer la crème fraîche (ou du fromage blanc), le fenouil, le jus de citron et assaisonner. Attention de ne pas faire bouillir, sinon des grumeaux risquent de se former.

Soupe d'endives aux moules

35 min 20 min 4 pers.

4 endives,
1 l de moules de bouchot,
2 c. à soupe de crème fraîche,
1 échalote,
20 g de beurre,
200 g de pâte feuilletée,
1 jaune d'œuf,
1 verre de vin blanc,
sel et poivre.

- Préchauffer le four (th. 6-180 °C).
- Nettoyer les moules, les passer sous l'eau claire. Couper les endives en quatre, puis en dés. Peler et émincer l'échalote, la faire revenir 2 min dans le beurre, dans une casserole. Ajouter les moules, bien mélanger et laisser cuire 2 min. Mouiller avec le vin blanc, laisser cuire 5 min. Égoutter les moules, les décortiquer.
- Remettre les moules dans le jus de cuisson, ajouter les dés d'endives et laisser cuire 5 min dans 1 l d'eau. Saler et poivrer, ajouter la crème.
- Étaler la pâte feuilletée, la couper en quatre carrés.
- Verser la soupe dans des bols allant au four, les recouvrir de pâte en appuyant bien sur les bords pour faire tenir et dorer à l'œuf. Mettre le tout 20 min au four et servir chaud, après avoir cassé la croûte.

Soupe de céleri aux moules

30 min 20 min 4 pers.

1/2 boule de céleri-rave,
1 l de bouillon de volaille,
1 l de moules,
1 petite branche de thym,
1/2 citron,
1 verre de vin blanc sec,
1 bouquet de coriandre,
2 pincées de safran,
1 c. à soupe de crème fraîche,
sel et poivre.

- Éplucher le céleri, le débiter en dés. Préparer un bouillon de volaille express avec des tablettes de concentré. Presser le demi-citron. Laver et ciseler la coriandre.
- Faire bouillir le bouillon de volaille avec le jus de citron et la branche de thym, y faire cuire les dés de céleri pendant 25 min.
- Pendant ce temps, nettoyer les moules, les faire ouvrir dans le vin blanc, ajouter aussi du poivre.
- Retirer le thym et mixer le bouillon avec la coriandre (garder en réserve une bonne cuillerée pour mettre sur la soupe), assaisonner.
- Retirer les moules de leurs coquilles, et filtrer le jus. Ajouter jus et moules au bouillon, ajouter la crème fraîche, le safran, bien mélanger, parsemer du reste de coriandre et servir chaud. Présenter sur la table des petits croûtons dorés.

Soupe de châtaignes

30 min 1 h 4/6 pers.

500 g de châtaignes blanchies et pelées,
1 branche de céleri,
1 oignon piqué de 1 clou de girofle,
1,5 l à 2 l de lait,
1 jaune d'œuf,
sel,
poivre.

- Mettre les châtaignes blanchies dans une casserole avec le céleri et l'oignon piqué. Mouiller avec 1 l de lait, et amener à ébullition. Laisser cuire 30 min sur feu doux en remuant de temps en temps.
- Retirer le céleri et l'oignon. Mixer les châtaignes avec le lait de cuisson. Ajouter du lait frais à volonté jusqu'à obtention d'un velouté. Saler, poivrer, remettre à chauffer.
- Pour servir : délayer le jaune d'œuf au fond d'une soupière avec une petite louche de soupe. Puis, tout en remuant, ajouter le reste de soupe.
- Accompagner de croûtons de pain frits au beurre.

Soupe de légumes au lard

1 h 15 20 min 6 pers.

3 pommes de terre,
3 carottes,
3 navets,
3 poireaux,
3 petits oignons,
1 gousse d'ail,
150 g de lard maigre,
100 g de crème fraîche,
30 g de beurre,
2 l de bouillon de volaille,
sel,
poivre,
croûtons de pain rassis.

- Éplucher et laver tous les légumes. Les détailler en petits morceaux sauf les oignons qui seront coupés en fines rondelles. Faire fondre dans une grande casserole la noix de beurre et y faire suer tous les légumes émincés environ 5 min.
- Couper le lard en petits dés. Ajouter ces lardons aux légumes. Laisser mijoter doucement une dizaine de minutes. Faire chauffer le bouillon de volaille et quand il est brûlant, le verser sur les légumes.
- Après une petite heure de cuisson à feu doux, saler légèrement à cause du lard et poivrer largement.
- Frotter à l'ail la soupière de service préalablement chauffée. Déposer en son fond quelques croûtons de pain rassis. Recouvrir avec la crème fraîche et verser dessus la soupe bouillante. Ne pas remuer !
- Parsemer de persil fraîchement ciselé. C'est rudement bon...

Soupe de miso wakamé-tofu

35 min 4 pers.

1/2 mesure de tofu,
5 g d'algue wakamé,
60 g de miso blanc.
Yakumi :
1 poireau coupé en fines rondelles.
1 l de bouillon dashi-jiru
10 g d'algue kombu,
1 l d'eau.

- Essuyer l'algue kombu avec un torchon humide. L'inciser en sections, faire décocter à feu moyen dans un peu d'eau chaude. Dès frémissement, retirer l'algue. Faire réduire à feu doux
- Faire tremper l'algue wakamé rapidement, retirer l'arête fibreuse dure et la couper en lamelles de 2 cm de largeur.
- Faire chauffer le bouillon dans une casserole jusqu'à ébullition.
- Dans un bol à part, délayer le miso avec quelques cuillerées de bouillon, incorporer en un mélange homogène.
- Couper le tofu en dés en le plaçant sur la main gauche et en évitant qu'il ne se défasse par de trop nombreuses manipulations. L'ajouter au bouillon ainsi que l'algue wakamé. Porter à nouveau à ébullition et couper le feu aussitôt.
- Servir en agrémentant de fines rondelles de poireau.

Soupe de poissons

30 min 20 min

I tête de colin,
3 c. d'huile d'olive,
I oignon,
I blanc de poireau,
3 gousses d'ail,
persil,
aneth,
thym,
laurier frais,
2 l d'eau,
sel,
poivre,
I verre de vin blanc.

- Demander une tête de colin au poissonnier.
- Dans un faitout, mettre deux cuillerées d'huile d'olive. Faire revenir l'oignon et le poireau émincés, ainsi qu'une gousse d'ail hachée menu. Mouiller avec 2 l d'eau, saler, poivrer.
- Mettre la tête de poisson, le vin blanc, des queues de persil, de l'aneth, du laurier et du thym.
- Laisser bouillir 30 min.
- Faire frire des tranches de pain, les frotter avec une gousse d'ail. Passer la soupe dans une soupière.
- Ajouter un hachis d'ail et de persil, une cuillerée d'huile d'olive.
- Servir avec les croûtons et un bol de fromage râpé dont chacun parsèmera sa soupe.

Soupe de poisson bretonne

45 min 20 min 4 pers.

à l'autocuiseur : 25 min

1 kg de poissons,
250 g de lotte,
250 g de congre,
1 merlan ou 1 saint-pierre,
1 rouget grondin,
150 g de tomates (2 tomates),
1 oignon,
2 gousses d'ail,
40 g de beurre ou de margarine,
1 l d'eau,
1 c. de sel,
poivre.

Bouquet garni

1 branche de thym,
1 demi-feuille de laurier,
persil,
1 clou de girofle,
1 pincée de safran,
1 branche de fenouil (facultatif).

- Laver et vider les poissons. Les couper en tronçons. Garder les têtes.
- Hacher l'oignon et le faire revenir doucement dans la matière grasse. Ajouter les tomates en quartiers, l'ail pilé, les poissons en morceaux avec les têtes.
- Laisser cuire à découvert 10 min, en écrasant le poisson avec une cuillère en bois.
- Ajouter les aromates : bouquet garni, clou de girofle, fenouil, safran, sel. Verser l'eau. Couvrir et laisser bouillir : soit 45 min à la cocotte ordinaire, soit 15 min à l'autocuiseur, à partir de la rotation de la soupape.
- Quand la soupe est cuite, la passer à la moulinette.
- Servir avec des croûtons frottés à l'ail.

Vous pouvez ajouter 40 g de vermicelle, soit 2 min avant la fin de la cuisson, pour l'autocuiseur, soit 7 min, avant la fin de la cuisson, pour la cocotte ordinaire.

Soupe de tomates au pistou

25 min 20 min 4 pers.

1 kg de tomates mûres,
1 poireau,
1 tige de céleri,
1 oignon,
2 gousses d'ail,
10 feuilles de basilic,
1 tablette de bouillon de volaille,
80 g de parmesan râpé,
2 c. à soupe de crème fraîche,
2 c. à soupe d'huile d'olive,
1 morceau de sucre,
sel,
poivre.

- Rincer les tomates, le poireau et la tige de céleri. Couper les tomates en morceaux. Émincer le poireau et le céleri. Peler et hacher l'oignon.
- Délayer la tablette de bouillon dans 25 cl d'eau chaude.
- Dans une cocotte, faire cuire doucement le poireau et l'oignon avec deux cuillerées à soupe d'huile d'olive pendant 5 min jusqu'à ce qu'ils blondissent légèrement.
- Ajouter les tomates, le céleri et le morceau de sucre. Mélanger et laisser revenir 2 min. Verser le bouillon. Saler légèrement car le bouillon est déjà salé, poivrer et laisser cuire 20 min.
- Passer la soupe au moulin à légumes équipé de la grille fine et la tenir au chaud. Peler et presser les gousses d'ail. Les mélanger avec le basilic ciselé et le parmesan râpé et incorporer la crème fraîche. Dans une soupière préalablement chauffée, diluer ce mélange en versant progressivement la soupe très chaude.

Soupe du vigneron

30 min 20 min 4 pers.

1 l de bouillon de pot-au-feu,
100 g de pain rassis coupé en petits cubes,
2 gros oignons émincés,
30 g de beurre et 2 c. d'huile,
2 œufs,
100 g de fromage de comté râpé,
1 verre à liqueur de marc de Bourgogne.

- Dans une poêle, faire chauffer le beurre et l'huile et faire dorer le pain; le retirer et mettre à la place les oignons pour les faire dorer, presque caraméliser, puis ajouter un peu de farine et la faire colorer.
- Ajouter alors un peu de bouillon froid et mélanger en fouettant, tout en ajoutant le reste du bouillon à mesure que cela épaissit. Quand tout le bouillon est versé, faire bouillir 30 min en couvrant.
- Faire chauffer le marc, le flamber et l'ajouter au bouillon.
- Dans une soupière, mettre les œufs battus et le fromage râpé; y verser lentement le bouillon tout en remuant.
- Servir dans les assiettes où seront déposés les petits croûtons frits.

Soupe épicée indienne au chou-fleur

35 min 20 min 4/6 pers.

1 grosse pomme de terre,
1 petit chou-fleur,
1 oignon,
1 gousse d'ail,
1 c. à soupe d'huile d'olive,
1 c. à soupe de gingembre,
2 c. à café de safran,
1 c. à café de graines de cumin,
1 c. à café de graines de moutarde,
2 c. à café de grains de coriandre,
1 l de bouillon de légumes,
1 l de yogourt nature,
coriandre et persil frais pour garnir,
sel et poivre noir fraîchement moulu.

- Peler et couper la pomme de terre. Découper le chou-fleur en bouquets. Hacher l'oignon. Écraser la gousse d'ail. Couper le gingembre en petits dés.
- Placer la pomme de terre, le chou-fleur et l'oignon dans une grande casserole avec l'huile et 50 cl d'eau. Porter à ébullition, puis couvrir et baisser le feu. Cuire encore 10 min.
- Ajouter l'ail, le gingembre et les épices. Bien mélanger et cuire 2 min. Remuer de temps en temps. Verser le bouillon et assaisonner. Faire bouillir et laisser mijoter 20 min.
- Incorporer le yogourt. Bien assaisonner et garnir de persil ou de coriandre.

Soupe minestrone

1 h 35 min 4 pers.

**115 g de haricots verts,
1 gros poireau,
2 carottes,
1 courgette,
2 branches de céleri,
3 c. à soupe d'huile d'olive,
1,5 l de bouillon ou d'eau,
1 c. à soupe de basilic frais,
1 c. à soupe de feuilles de thym frais,
400 g de tomates concassées en boîte,
400 g de haricots blancs,
50 g de macaronis,
parmesan et persil frais pour garnir,
sel et poivre noir fraîchement moulu.**

- Équeuter les haricots. Couper finement le poireau. Détailler les carottes et les branches de céleri en dés et la courgette en fines rondelles. Hacher le basilic et le thym.
- Placer tous les légumes frais dans une grande casserole avec l'huile d'olive. Chauffer jusqu'à ce que les ingrédient grésillent. Réduire le feu et laisser les légumes cuire à couvert pendant 15 min. Remuer de temps en temps.
- Ajouter le bouillon, les tomates, les herbes et assaisonner. Porter à ébullition. Replacer le couvercle et laisser mijote environ 30 min.
- Incorporer les haricots et le liquide de la boîte. Ajouter les macaronis et laisser cuire encore 10 min. Vérifier l'assaisonnement et servir chaud, saupoudré de parmesan et de persil.

Soupe savoyarde, dite « soupe fourre-tout »

40 min 15 min 6 pers.

2 l d'eau,
1 kg de toutes sortes de légumes (carottes, navets, chou, pommes de terre, poireaux, etc.),
une dizaine de tranches de pain de campagne,
150 g d'emmental ou de beaufort,
sel,
poivre.

Ustensiles

1 faitout,
1 soupière.

- Éplucher les légumes, les laver, puis les couper en gros morceaux. Réserver les pommes de terre dans un peu d'eau pour qu'elles ne noircissent pas.
- Mettre tous les légumes, mis à part les pommes de terre, dans un faitout en les couvrant de 2 l d'eau. Saler, poivrer et porter à ébullition. Faire cuire alors à feu doux.
- Au bout de 25 min, rectifier l'assaisonnement et y incorporer les pommes de terre. Laisser cuire encore 15 min.
- Servir dans des assiettes à soupe contenant une tranche de pain qui peut avoir été, préalablement, grillée.

Velouté au concombre

20 min 4 pers.

1 beau concombre,
50 g de raisins secs,
1 bulbe de fenouil,
1 petite botte de ciboulette,
aneth frais,
4 yaourts,
1 pincée de cumin en poudre,
sel,
poivre.

- Ébouillanter les raisins secs, les laisser gonfler, puis les égoutter.
- Peler le concombre. Peler légèrement le bulbe de fenouil, le laver à l'eau courante. Laver la ciboulette puis la ciseler.
- Avec un mixer, réduire le concombre et le fenouil en très fine purée. Ajouter la ciboulette, les yaourts, le cumin, sel, poivre et mélanger.
- Au dernier moment ajouter les raisins et servir avec des glaçons.
- On peut compléter ce velouté de la pulpe d'une belle tomate, de quelques cubes de fromage de chèvre ou de brebis frais.
- Saupoudrer d'aneth frais.

Velouté aux champignons

30 min 20 min 4/6 pers.

450 g de champignons de Paris,
115 g de cèpes,
3 c. à soupe d'huile de tournesol,
1 oignon,
1 branche de céleri,
1,2 l de bouillon ou d'eau,
2 c. à soupe de sauce de soja,
50 g de riz long grain,
20 cl de lait,
persil frais et amandes effilées pour garnir,
sel,
poivre fraîchement moulu.

- Couper les champignons de Paris et les cèpes après les avoir lavés sous l'eau froide. Hacher l'oignon et la branche de céleri et le persil.
- Placer les champignons dans une casserole avec l'huile, l'oignon et le céleri. Chauffer jusqu'à ce que le mélange grésille puis laisser mijoter à couvert 10 min en remuant régulièrement.
- Ajouter le bouillon, la sauce de soja et le riz. Assaisonner et faire cuire 20 min jusqu'à ce que les légumes et le riz soient tendres.
- Égoutter les légumes, les mixer et réserver le bouillon. Replacer la purée et le bouillon dans la casserole.
- Incorporer le lait, porter à ébullition et vérifier l'assaisonnement. Servir chaud. Saupoudrer de persil et d'amandes effilées.

Velouté aux mousserons de la Saint-Georges

35 min 45 min 4 pers.

450 g de mousserons de la Saint-Georges (tricholomes), 75 cl de bouillon de poule ou de bœuf, 25 cl de crème fraîche fleurette, 1 jus de citron, sel, noix de muscade râpée, piment de Cayenne, 2 jaunes d'œufs (facultatif), 2 échalotes (hachées finement), 1 noisette de beurre demi-sel.

- Trier et nettoyer les champignons sans les laver.
- Dans une casserole, faire suer les échalotes avec le beurre, incorporer les mousserons et le jus de citron, saler, poivre, ajouter la muscade râpée, mouiller avec le bouillon et la crème (réserver un verre de crème si vous désirez faire une liaison à l'œuf). Laisser cuire à feu moyen durant 30 min, le bouillon doit toujours frémir.
- Quand les champignons sont cuits, passer le tout au mixer. Reverser le tout dans une casserole et à feu doux incorporer la liaison faite du verre de crème et des deux jaunes d'œufs bien battus ensemble.
- Laisser réduire doucement durant 5 min en surveillant fréquemment, rectifier l'assaisonnement et pour avoir une onctuosité extrême, passer le velouté en bol mixer à la vitesse maximale puis servir aussitôt.
- Avant de verser le velouté dans une casserole, vous pouvez si vous le désirez passer cette préparation au chinois, cela liquéfie le velouté mais lui donne une texture plus fine et douce.
- Le bouillon peut être celui d'un pot-au-feu. Le meilleur rendu est de déguster le velouté juste après l'avoir passé au bol mixer (le bol mixer est fortement conseillé).

Velouté de courgettes

30 min 15 min 6 pers.

600 g de courgettes,
300 g de petites tomates,
1 oignon,
3 pommes de terre,
1 bouquet garni,
ail,
feuilles de menthe,
sel et poivre,
beurre.

- Laver les courgettes, enlever les deux extrémités, couper une douzaine de fines tranches et tout le reste des courgettes en petits morceaux. Peler les pommes de terre, les laver et les couper également en petits morceaux. Plonger les tomates dans une casserole d'eau bouillante pour les peler et les couper aussi en morceaux, moins une tomate que l'on découpe en lanières. Peler un oignon et une gousse d'ail et les hacher finement.
- Dans une casserole, faire fondre 20 g de beurre, y mettre le hachis d'ail et d'oignon à cuire très doucement 3 ou 4 min. Ajouter alors les tomates, les pommes de terre et les courgettes, le bouquet garni (persil, thym, laurier), verser 1,5 l d'eau chaude, saler, poivrer et cuire une demi-heure à feu pas trop vif. Au bout de ce temps, retirer le bouquet garni et mixer les légumes. Remettre le velouté dans la casserole et amener doucement à ébullition. Poivrer si besoin est.
- Laver quelques feuilles de menthe et les ciseler. Au moment de servir, verser le velouté dans une soupière parsemer de feuilles de menthe, et décorer avec les lanières de tomate et les rondelles de courgette (Facultatif, accompagner de quelques croûtons frits.)

Velouté de cresson

45 min 20 min 4 pers.

I botte de cresson,
250 g de pommes de terre,
I l de bouillon de volaille,
25 cl de lait,
4 c. à soupe de crème fraîche,
75 g de beurre,
2 jaunes d'œufs,
I poignée de gros sel,
sel et poivre.

- Éplucher les pommes de terre, les laver, les couper en dés. Préparer le cresson, le laver soigneusement.
- Dans une casserole, faire blondir le beurre, ajouter le cresson et le faire fondre à feu doux. Ajouter les pommes de terre, puis le gros sel. Mouiller avec 1 l de bouillon, porter à ébullition.
- Laisser cuire à feu doux pendant 30 min. Passer au mixer. Ajouter les deux jaunes d'œufs, puis le lait pour rendre le velouté plus onctueux. Remuer au fouet. Laisser cuire encore très doucement 10 min.
- Au moment de servir, saler, poivrer, ajouter la crème fraîche (la valeur d'une cuillerée par assiette). Parsemer le potage de feuilles de cresson frais, finement hachées.
- Servir avec des croûtons de pain grillé.

Les hors-d'œuvre

Des recettes actuelles

Asperges aux œufs

30 min30 min

Asperges,
1 ou 2 œufs.

- Faire cuire un ou deux œufs coque par personnes. Servir les œufs coque en coquetier. Chaque convive ouvre son œuf et y plonge son asperge comme il le ferait avec des mouillettes de pain.

Suggestion : dans l'eau de cuisson des asperges, cuire quelques pommes de terre et les morceaux d'asperges que vous cassez. Vous passerez le tout au moulin à légumes et vous ferez un potage avec l'eau de cuisson, un peu de crème fraîche et du cerfeuil.

Asperges de hœrdt

20 min 5 min 4 pers.

- **1,5 kg d'asperges.**

- Après avoir soigneusement pelé les asperges, les lier en petites bottes et les plonger dans une grande quantité d'eau bouillante salée. Laisser cuire 20 min. Une fois égouttées, les disposer sur un plat recouvert d'une serviette de table.
- Servir avec une mayonnaise légère.

Avocats au céleri

2-5 min5 min 4 pers.

2 avocats,
1/2 citron,
3 tomates bien mûres,
1 gousse d'ail,
sel,
poivre de Cayenne,
2 c. à soupe d'huile,
2 petites branches de céleri bien tendre.

- Passer les tomates crues en purée, ajouter l'ail pilé, le sel, le poivre de Cayenne et l'huile. Mélanger bien le tout et amener à ébullition ; laisser cuire quelques minutes seulement pour que la sauce conserve le goût frais de tomates. Laisser refroidir.
- Couper les avocats en deux, retirer le noyau et citronner la chair pour l'empêcher de noircir, couper les branches de céleri nettoyées en petits morceaux, les répartir dans les demi-avocats. Napper de purée de tomates et servir frais avec le reste de sauce à part.

Bouchées à la reine

20 min

**Ris de veau,
sauce Béchamel,
champignons de Paris,
pâte feuilletée.**

- Faire blanchir les ris de veau la veille 3 à 4 min. Les garder au frais.
- Le lendemain, les couper en dés, faire une béchamel au lait et à la crème mais avec peu de farine. Y mettre les morceaux de ris de veau à cuire avec des champignons émincés.
- Bien assaisonner.
- Par ailleurs, prendre de la pâte feuilletée, l'abaisser au rouleau jusqu'à 2 cm d'épaisseur, tailler des ronds avec un verre ordinaire, en tailler un nombre égal avec un verre à liqueur. Poser le plus petit sur le plus grand. Mettre sur tôle mouillée à four bien chaud.
- Une fois les feuilletés cuits, retirer le couvercle et remplir le fond avec la préparation au ris de veau bien chaude.
- Remettre quelques minutes au four.
- Ces feuilletés peuvent être remplis différemment : on accompagne la béchamel de dés de volaille, d'œufs durs coupés en deux, ou encore de morceaux de poisson.

Brochettes de fruits de mer

15 min

Coquilles Saint-Jacques,
queues de langoustines,
moules,
fenouil, tomates, oignons.

- Enfiler sur des brochettes des morceaux de coquille Saint-Jacques fraîche, des queues de langoustine, de grosses moules, en alternance avec de petits morceaux de fenouil sauvage, de tomate et d'oignon.
  On peut également introduire quelques petits carrés de lard fumé.
- Il ne reste qu'à faire cuire.

Buisson d'écrevisses

20 min20 min

Écrevisses,
3 échalotes,
2 oignons,
1 bouquet garni,
1 verre de vinaigre,
sel, poivre.

- Pour être savoureuses, les écrevisses doivent être préparées encore vivantes. Les laver à l'eau claire et préparer le bouillon suivant :
- Faire revenir dans le beurre, trois échalotes, deux oignons coupés, un bouquet garni, sauge, thym, laurier, menthe, une branche de céleri, dix grains de poivre et 1 poignée de gros sel.
- Mouiller de 10 cl d'eau et d'un verre de vinaigre.
- Dès que commence l'ébullition, plonger les écrevisses vivantes dans le court-bouillon. Couvrir la cocotte, ou la poêle, jusqu'à cuisson complète (15 à 20 min environ).
- Égoutter les écrevisses, les ranger sur une coupe, en haute pyramide, en mettant, pour les faire tenir, des touffes de persil. Il faut les maintenir par une ficelle tant qu'elles sont chaudes.
- Les écrevisses ainsi préparées se mangent froides.

Avec les restes du buisson, on peut préparer le potage du soir ou du lendemain.

Buisson d'écrevisses des ruisseaux

15 min25 min

36 écrevisses,
3 branches de céleri,
3 blancs de poireaux,
1 carotte,
1/2 botte de cresson,
2 oignons,
5 échalotes,
estragon,
queues de persil,
thym,
laurier,
graines d'anis,
1 bouquet de persil frisé,
2 ou 3 citrons,
une poignée de sel,
une poignée de poivre en grains,
1 bouteille de Bergerac blanc sec,
1 petit bol de mayonnaise,
2 c. de crème fraîche.

- Étuver les légumes dans la poissonnière à sec quelques instants. Mouiller avec le vin blanc, ajouter épices, aromates, sel et poivre. Laisser réduire de moitié.
- Châtrer les écrevisses (ôter par torsion l'écaille et son petit boyau noir au centre de la queue), les plonger dans un court-bouillon bouillant pendant 15 min. Les égoutter, les faire refroidir, dresser en buisson sur un plat long et garnir de tranches de citron cannelées et de bouquets de persil frisé.
- Servir avec une sauce cressonnette.

Sauce cressonnette :

- Piler le cresson bien lavé et essoré avec la crème fraîche, mélanger avec la mayonnaise.
- Rectifier l'assaisonnement.

Canapés apéritifs

5 min 10 min

**3 petits carrés demi-sel,
30 g de roquefort,
15 g de beurre,
25 g de noix pilées,
25 g de cerneaux de noix,
50 g de biscuits salés,
poivre de Cayenne,
sauce anglaise.**

- Mélanger les fromages, le beurre et les noix hachées ; assaisonner de sauce anglaise et de poivre de Cayenne. Tartiner les biscuits avec le mélange.
- Décorer avec les cerneaux de noix. Passer 5 min à four moyen (th. 5).
- Servir chaud.

Cervelle de canut (claqueret)

20 min 4 pers.

repos 6 h

500 g de fromages blancs,
20 cl de crème fleurette,
30 g d'échalotes grises,
15 g de persil plat,
15 g de cerfeuil,
15 g de ciboulette,
10 cl d'huile d'olive,
5 cl de vinaigre de vin,
5 cl de vin blanc sec,
sel et poivre.

- Les fromages blancs seront achetés 48 h avant la préparation, afin qu'ils s'égouttent dans leur faisselle complètement.
- Eplucher et hacher très finement les échalotes, ainsi que le persil, le cerfeuil et la ciboulette.
- Mettre les fromages égouttés dans une terrine et les mélanger à la spatule avec les herbes, sans trop travailler, car le mélange ne doit pas être lisse.
- Ajouter l'huile d'olive, le vinaigre et le vin blanc, sel et poivre. Bien mélanger.
- Battre la crème fleurette, très froide, sur glace, comme pour une chantilly.
- Incorporer la crème fouettée aux fromages blancs. Vérifier l'assaisonnement.
- Placer au réfrigérateur pendant quelques heures avant de servir très froid.

Coquilles Saint-Jacques à la carnacoise

20-30 min30 min4 pers.

12 coquilles,
2 oignons,
beurre,
sel,
poivre,
1 verre de vin blanc,
1 œuf dur,
1 tranche de pain blanc grillé et transformé en chapelure.

- Réserver le muscle et le corail des coquilles. Dans un petit poêlon, faire blondir les oignons émincés avec du beurre salé. Y ajouter les collerettes après les avoir bien lavées et grossièrement hachées avec une paire de ciseaux. Avant que le mélange ait pris couleur, mouiller avec un verre de muscadet (ou de gros-plant) et un verre d'eau. Poivrer légèrement, sans ajouter aucun aromate. Laisser cuire à découvert pour que le bouillon réduise un peu, avant d'y pocher muscles et coraux. Épaissir avec la chapelure et l'œuf dur écrasé. On fera ensuite gratiner, soit dans les coquilles, soit dans un poêlon, avec quelques noix de beurre.
- Servir très chaud.

Coquilles Saint-Jacques au four

0 min20 min4-5 pers.

2 kg de coquilles avec corail de préférence,
10 échalotes,
quelques gousses d'ail,
persil,
paprika,
sel,
poivre.

- Ouvrir les coquilles, les garder.
- Conserver la noix et le corail ainsi que l'eau de mer restant dans les coquilles. Dans un récipient mettre une bonne noix de beurre. Dans le beurre fondu, non roussi, ajouter les échalotes, ail, persil, paprika, sel, poivre, le tout passé au préalable à la moulinette. Au bout de quelques minutes, mettre les noix et coraux coupés en petits morceaux et ajouter l'eau de mer tamisée dans un linge.
- Laisser cuire à feu très doux pendant 20 min.
- Remplir ensuite les coquilles et les faire gratiner au four avec de la chapelure.

Coquilles Saint-Jacques de Denise Henry (les)

25 min 5 pers.

1 kg de coquilles Saint-Jacques.

- Décortiquer les coquilles, le ébarber et les nettoyer soigneusement. Dans un petit sautoir, mettre un peu d'échalotes hachées finement, 15 cl de champagne (environ dix cuillerées. à soupe) et les coquilles préalablement décortiquées. Saler, poivrer et porter doucement à ébullition.
- Dès le début de celle-ci, ajouter 10 cl de crème fraîche double ; laisser les coquilles jusqu'à ce qu'elles soient raidies, mais bien souples au doigt.
- Égoutter les chairs et laisse cuire doucement jusqu'au nappage.
- Terminer la liaison de la sauce avec du beurre à cru. Relever le goût avec sel, poivre et pointe de Cayenn
- Napper les coquilles et servir.

Cornets de jambon

0 min 20 min 6 pers.

6 tranches d'épaisseur moyenne,
2 carottes,
1 navet,
1 poignée de petits pois,
1 poignée de haricots verts,
1 bol de mayonnaise,
ciboulette,
estragon,
sel,
quelques feuilles de laitue.

- Couper en petits dés les légumes épluchés, les faire cuire 30 min dans de l'eau chaude salée, les égoutter, les laisser refroidir. Les mélanger à la mayonnaise.
- En tartiner chaque tranche de jambon posée à plat, la rouler en cornet.
- Hacher de la ciboulette et de l'estragon.
- Décorer avec des feuilles de salade.

Corniottes

30 min30 min 6 pers.

Pour la pâte feuilletée :
400 g de farine,
300 g de margarine à feuilletage,
20 cl d'eau,
8 g de sel.
Pour la garniture :
1,5 kg de fromage blanc fermier,
100 g de gruyère râpé,
12 g de sel,
2 g de poivre blanc et muscade râpée.

- Pour commencer, il est préférable de mettre le fromage blanc à sécher pendant un à deux jours.
- Laisser la margarine à température ambiante.
- Confectionner tout d'abord sa pâte feuilletée. Pour cela, mettre le sel dans l'eau puis l'incorporer à la farine, travailler jusqu'à obtention d'une pâte homogène.
- Abaisser la pâte en croix et y incorporer la margarin étaler la pâte sur 5 mm d'épaisseur en une bande de 15 à 20 cm de large. La plier en trois (portefeuille) et lui faire fai un quart de tour à droite. Renouveler l'opération cinq fois et la sixième fois, abaisser la pâte et couper des cercles de pâte de 20 cr environ.
- Pour la garniture, mettre le fromage blanc dans une jatte, y ajouter les œufs entiers, le gruyère, le sel, le poivre et la muscade. Mélanger.
- Placer cette préparation au centre des cercles de pâte et refermer en faisant de petits paquets.
- Dorer la corniotte au jaune d'œuf.
- Cuire au four à 180° penda 30 min.
- Servir chaud avec une salac verte.

Croissant au lard (spackernler)

0 min 15 min 2 pers.

100 g de lard fumé maigre,
250 g de pâte feuilletée,
1 jaune d'œuf pour dorer.

■ Abaisser la pâte, y découper des carrés de 5 cm de côté et y disposer le lard coupé en petits carrés de 1 cm de côté. Enrouler l'ensemble en partant d'un angle, dorer avec le jaune d'œuf et cuire à four moyen une dizaine de minutes.

Croûtes au fromage

Autant de tranches de mie de pain bien blanches que de convives.
Pour la béchamel :
50 g de beurre,
2 c. à bouche de farine,
1 tasse à thé de lait,
sel,
poivre et muscade.

- Donner aux tranches de pain une jolie forme de rectangles. Préparer une béchamel très grasse et bien cuite. Y ajouter 120 g de gruyère râpé, 2 œufs entiers, l'un après l'autre. Bien mélanger tout cela qui doit être très épais, étendre sur chaque tranche de pain une cuillerée à soupe de cette préparation, et mettre dans une bonne friture (saindoux de préférence) en plaçant les tranches de pain du côté de la béchamel, qui doit être le premier côté pris et doré.
- Quand la croûte est à point, la retourner du côté du pain pour lui faire prendre la même couleur. Servir tout de suite, ce plat ne peut attendre.

Cuisses de grenouilles au beurre persillé

5-20 min 30 min 6 à 8 pers.

12 cuisses de grenouilles de taille moyenne par personne,
100 g de farine de maïs ou de blé,
120 g de beurre,
sel,
poivre blanc.

Pour le beurre persillé :
300 g de beurre,
40 g de persil haché,
20 g de cerfeuil,
20 g d'ail haché,
20 g d'échalotes,
2 citrons,
sel,
poivre.

Pour le jus de persil :
100 g de persil plat,
20 g de beurre,
sel,
poivre.

Commencer par préparer le jus de persil. Mettre dans une casserole 1 l d'eau à bouillir. Plonger dedans le persil et le cuire pendant 10 à 15 min puis le refroidir à l'eau pour conserver sa couleur. Le hacher au robot pour obtenir une purée, y ajouter 10 cl d'eau et les 20 g de beurre, saler et poivrer. Réserver.

- Préparer un hachis très fin avec l'ail, les échalotes, le persil et le cerfeuil. Presser les citrons.
- Dans une poêle, mettre 100 g de beurre à fondre à feu doux pour enlever toutes les impuretés du beurre et ainsi obtenir un beurre clarifié.
- Saler et poivrer les cuisses de grenouilles puis les fariner. Les mettre à cuire dans le beurre clarifié bien chaud. Les faire cuire des deux côtés jusqu'à ce qu'elles obtiennent une couleur blonde. Une fois bien revenues, enlever les cuisses et les garder au chaud.
- Dans la poêle, mettre le hachis et le beurre restant. Remuer doucement et attendre d'avoir un beurre mousseux. Mettre alors le jus des deux citrons.
- Verser cette préparation sur les cuisses de grenouilles et ajouter un peu de jus de persil sur les assiettes ou le plat.

Daube de queue de bœuf à l'avallonnaise

3 h 6 à 8 pers.

2 kg de queue de bœuf,
5 cl d'huile,
50 g de beurre,
1 pied de veau,
100 g de lardons,
1 kg de carottes,
5 feuilles de gélatine,
sel,
poivre.

Pour la marinade :

1 bouteille de vin rouge (Bourgogne),
1 cuillerée à soupe de vinaigre de vin,
5 cl de marc de Bourgogne,
1 oignon,
2 carottes,
1 poireau,
1 tête d'ail,
1 bouquet garni (persil, thym, laurier).

- Couper la queue avec son os en morceaux (le demander à son boucher). Faire une marinade avec le vin rouge, le vinaigre, le marc de Bourgogne, l'oignon, les deux carottes et le poireau émincés, la tête d'ail coupée en deux et le bouquet garni. Y plonger la queue de bœuf et laisser mariner pendant 12 h.
- Ensuite égoutter la queue. Dans une marmite, mettre l'huile et le beurre et faire revenir la queue avec les lardons. Puis ajouter la marinade avec sa garnitur aromatique et le pied de veau coupé en deux.
- Faire cuire le tout pendant 2 h à couvert, puis récupére la queue, l'enlever de son os et l'émietter. La remettre à cuire pendant 1 h avec les carottes coupées en rondelles et un peu d'eau
- En fin de cuisson, ajouter les cinq feuilles de gélatine (préalablement ramollies à l'eau tiède) dans le jus de cuisson encore chaud.
- Verser le tout dans une terrine et laisser prendre au réfrigérateur. Servir frais

Dodine de canard

h 30 min 4 pers.

**1 beau canard de 3 livres,
500 g de filet de porc,
250 g de veau,
1 jolie tranche de jambon de pays,
1 tranche de foie gras frais,
2 œufs,
25 g de sel,
5 g de poivre,
3 g d'épices,
1 c. de cognac,
2 l de bouillon.**

- Ouvrir le canard par le dos, couper au ras du cou, désosser. Réserver les aiguillettes.
- Détacher la chair de la carcasse, la hacher avec le porc, le veau, le foie, le gésier du canard, le jambon.
- Assaisonner, ajouter les œufs et le cognac, goûter. Étaler le canard, peau en dessous, saler et poivrer un peu, mettre dans tout l'intérieur la farce, placer dessus le foie gras et les aiguillettes légèrement salés.
- Rouler comme un gros saucisson et recoudre le canard. L'enrouler dans un linge (torchon ou manche de chemise usagée), le ficeler aux deux bouts.
- Cuire 2 h dans un bon bouillon frémissant.
- Servir froid, coupé en tranches, avec une salade.

Escargots aux cèpes et aux noix

15 min 30 min 10 pers.

10 douzaines d'escargots,
600 g de cèpes,
250 g de beurre d'escargot,
20 cl de vin blanc sec,
60 cl de crème fraîche,
150 g de noix concassées,
5 cl de cognac,
1 cl d'anis,
sel,
poivre et muscade.

- Flamber les escargots avec le cognac et l'anis.
- Hacher les cèpes et les faire rissoler à l'huile dans une sauteuse. À feu doux, y incorporer les escargots, le beurre d'escargot et le vin blanc.
- Laisser réduire et ajouter la crème fraîche.
- Laisser épaissir, assaisonner et ajouter les noix concassées.
- Servir dans des petits poêlons bien chauds ou dans une croustade feuilletée.

Escargots de bourgogne en coquille

h 30 8 pers.

8 douzaines d'escargots (vivants), 500 g de gros sel, 50 cl de vinaigre, 1 bouteille de vin de Bourgogne blanc, 1 oignon piqué de clous de girofle, 2 carottes, 1 bouquet garni (thym, laurier, persil, une branche de céleri), 4 gousses d'ail, sel et poivre

Pour le beurre d'escargots :

750 g de beurre, 80 g de persil, 40 g d'échalote, 20 g d'ail, 18 g de sel, 4 g de poivre, 20 g de chapelure (facultatif).

- Mettre les escargots à jeûner pendant 24 h (en les recouvrant d'une grille pour qu'ils ne s'échappent pas). Puis les laver à grande eau et enlever l'opercule. Les recouvrir de gros sel et de vinaigre tout en les remuant. Les laisser baver pendant 10 h. Les rincer plusieurs fois à grande eau.
- Les ébouillanter pendant 30 min. Puis les sortir de leur coquille à l'aide d'une fourchette à escargots, supprimer leur intestin et les laver à nouveau.
- Dans une grosse casserole, mettre les escargots avec trois fois leur volume d'eau. Ajouter le vin, l'oignon piqué, les carottes, le bouquet garni, les gousses d'ail, saler et poivrer. Laisser cuire à couvert pendant 3 h.
- Pendant ce temps, remettre les coquilles à bouillir dans beaucoup d'eau puis finir de les laver à la main.
- Mettre le beurre à ramollir en dehors du réfrigérateur. Hacher le persil, les échalotes et l'ail. Incorporer le tout au beurre. Saler, poivre et ajouter la chapelure.
- Prendre les coquilles une par une. Mettre une noisette de beurre au fond de la coquille, puis placer un escargot sans trop l'enfoncer, recouvrir de la préparation au beurre.
- Placer les escargots ainsi préparés dans un plat. Mettre au four, position grill. Les escargots seront bien cuits lorsque le beurre commencera à bouillir.

Feuilletés au maroilles

25 min 20 min 4 pers.

300 g de pâte feuilletée,
2 endives cuites,
1/2 fromage de maroilles,
1/2 c. à café de graines de carvi,
poivre du moulin,
1 jaune d'œuf.

- Étaler la pâte feuilletée au rouleau. Découper quatre rectangles de 8 cm x 16 cm. Préchauffer le four th. 7.
- Bien essorer les endives et les hacher grossièrement. Déposer une cuillerée d'endives hachées sur la moitié droite du feuilleté. Recouvrir de lamelles de maroilles saupoudrées de carvi. Poivrer.
- Fermer délicatement les feuilletés en appuyant bien sur les bords pour souder la pâte. Dorer à l'œuf à l'aide d'un pinceau. Garder les feuilletés dans le réfrigérateur 15 min puis les enfourner. Cuire 25 min. Servir avec une salade d'endives.

Feuilletés de cailles au chou et aux châtaignes

4 pers.

2 cailles,
8 belles feuilles de chou blanchi et assaisonné,
300 g de châtaignes cuites,
1 c. d'huile,
100 g de beurre,
1 échalote et 1 bouquet garni,
10 cl de crème fraîche,
20 cl de cognac,
300 g de pâte feuilletée,
sel et poivre.

- Désosser les cailles, les aplatir, assaisonner et réserver.
- Concasser les carcasses et faire un fumet avec les échalotes et le bouquet garni. Passer au chinois et réserver. Faire dorer vivement les cailles à la poêle, flamber et réserver.
- Abaisser le feuilletage à 3 mm d'épaisseur. Avec un emporte-pièce, faire 8 ovales de 10 x 15 cm.
- Envelopper chaque demi-caille dans une feuille de chou avec 2 ou 3 châtaignes brisées. Poser sur un des socles de feuilletage, recouvrir avec un autre et souder. Dorer à l'œuf et mettre au four à 200° environ, 12 min.
- Réduire le fumet et le monter en beurre.
- Présenter le feuilleté sur une assiette, entouré d'un cordon de sauce, du chou et des châtaignes grossièrement hachées.

Foie de canard aux raisins

6 min 15 min 6 pers.

1 foie frais de 500 g,
3 c. de graisse,
1 grappe de raisins blancs,
1/2 verre de vin blanc doux,
6 toasts,
farine,
sel,
poivre.

- Peler et épépiner les raisins.
- Escaloper le foie en 6 jolies tranches, les fariner légèrement.
- Passer à la poêle dans la graisse les tranches de pain. Les réserver au chaud sur un plat. Les remplacer par les escalopes de foie, les saisir à feu vif 3 min de chaque côté, les saler, les poivrer.
- Déglacer la poêle avec le vin blanc, y pocher les raisins 5 min.
- Les mettre au centre du foie.
- Arroser avec le jus de la poêle.
- Servir aussitôt.

Foie gras en cocotte

0 min30 min

1 foie gras,
raisins,
pommes,
oignons,
sel, poivre.

- Assaisonner abondamment le foie de sel et de poivre.
- Préchauffer une cocotte à fond épais et y placer le foie pour le dorer très rapidement sur les deux faces.
- Diminuer le feu le plus bas possible, ôter le maximum de graisse pour que le foie ne baigne pas dedans et laisser cuire très doucement de 20 à 30 min selon grosseur. Surveiller la cuisson en piquant le foie avec une aiguille à tricoter qui doit ressortir très chaude.
- Retirer le foie, l'égoutter sur un papier absorbant et le servir très chaud, coupé en tranches.
- Quelques minutes avant de servir, faire chauffer dans un peu de graisse de foie des grains de raisin pelés et piqués, des pommes épluchées et cuites au four et des oignons préalablement dorés légèrement.
- Disposer cette garniture dans les assiettes à côté des tranches de foie.

Foie gras frais aux pruneaux

1 foie gras,
graisse d'oie,
1 citron,
ail,
pruneaux.

- Faire cuire à feu très doux dans une cocotte le foie assaisonné avec un peu de graisse d'oie. Contrôler la cuisson.
- Lorsqu'il est cuit, retirer le foie de la cocotte et poser dans le jus de cuisson des pruneaux dénoyautés avec une pointe d'ail. Laisser cuire quelques minutes.
- Servir le foie en tranches entourées de la garniture.

Foies de volaille sautés aux champignons

0 min20 min

foies de volaille,
champignons,
1 verre de madère,
purée de tomates,
farine,
sel, poivre.

- Couper les foies en deux ou trois, les assaisonner de poivre et de sel ; les sauter à la poêle et au beurre bouillant ; les égoutter et faire revenir également une assiettée de champignons crus émincés. Saupoudrer ceux-ci d'une pincée de farine, mouiller avec un verre de madère, ajouter un peu de purée de tomates. Laisser cuire 10 min et y mélanger les foies.
- Les dresser (dans une timbale si l'on veut) avec un peu de fines herbes dessus et quelques croûtons autour.

Gougère champenoise

35 min30 min6/8 pers.

**25 cl d'eau, 100 g de beurre,
1 c. à café de sel, poivre
(trois tours de moulin),
125 g de farine,
4 œufs,
125 g de gruyère en dés
+ 30 g de gruyère râpé.**

- Préchauffer le four à 220° (th. 7-8). Mettre l'eau dans une casserole avec le beurre, le sel et le poivre et porter à ébullition. Quand le beurr est bien fondu, retirer la casserole du feu, et verser la farine tamisée d'un coup, en remuant énergiquement avec une spatule pour mélanger et obtenir une pât épaisse et compacte.
- Remettre alors la casserole sur le feu quelques secondes tourner cette pâte avec la spatule pour la dessécher. La pâte ne doit plus coller, ni à la casserole ni à la spatule.
- Retirer la casserole du feu et incorporer les œufs à la pâte, un à un, en la travaillant après l'addition de chaque œuf. La pâte doit être molle mai pas trop coulante.
- Ajouter le gruyère coupé en petits dés.
- Disposer la pâte en couron sur une plaque à pâtisserie beurrée et parsemer de gruyère râpé.
- Faire cuire à four chaud 30 à 35 min.
- Vous pouvez aussi réaliser des petites gougères individuelles (diminuer alo la cuisson de 5 à 7 min).

MOUTARDE DE MEAUX
POMMERY

Grenouilles en meurette

10 min 10 min 4 pers.

4 douzaines de grenouilles,
100 g de lard maigre,
100 g de petits oignons pour la garniture,
100 g de beurre,
1 bouquet garni,
1 bouteille de cidre.

- Dans un poêlon, faire revenir au beurre les lardons, puis les petits oignons. Faire dorer les grenouilles légèrement farinées.
- Retirer, une fois dorées, et garder au chaud.
- Verser le cidre dans un poêlon, y mettre le bouquet garni. Ajouter les grenouilles en fouettant le beurre.
- Puis napper les grenouilles et servir chaud.

Huîtres chaudes à la crème de reinette

10 min20 min 4 pers.

2 douzaines de grosses huîtres de Normandie,
2 pommes reinettes,
30 g de crème fraîche épaisse,
50 cl de cidre bouché « brut »,
2 échalotes,
quelques brins de ciboulette,
sel et poivre du moulin.

Vous pouvez servir avec cette délicieuse entrée le même cidre qui a servi à sa préparation.

- Peler et épépiner les reinettes. Les couper-les en morceaux. Hacher finement les échalotes. Couper le beurre en parcelles. Laver et ciseler les brins de ciboulette. Ouvrrir les huîtres. Décoller la chair des coquilles.
- Faire chauffer le cidre dans une large casserole et plonger les huîtres dans le liquide frémissant pendant une min puis réserver au chaud. Amener le cidre à ébullition. Ajouter les dés de pommes et le hachis d'échalotes. Faites réduire puis verser la crème fraîche. Remuer doucement et amener à ébullition.
- Monter la préparation avec un fouet à sauce en incorporant progressivement les parcelles de beurre jusqu'à obtenir une consistance bien onctueuse. Saler très légèrement, poivrer.
- Dresser les huîtres dans des assiettes individuelles, préalablement chauffées et napper généreusement de sauce. Décorer de ciboulette ciselée et servir immédiatement.

Huîtres farcies aux amandes

10 min 20 min

Huîtres,
amandes filées,
amandes effilées,
beurre.

- Ouvrir les huîtres, pocher les chairs avec leur eau que l'on aura préalablement passée à l'étamine.
- Lier, ajouter du beurre et des amandes pilées.
- Replacer les huîtres dans la valve creuse de la coquille. Napper et saupoudrer d'amandes effilées.
- Gratiner à four chaud.

Macaroni à la mode de châtelguyon

10 min20 min 6 pers.

3 aubergines,
4 tomates,
400 g de macaronis,
1 gousse d'ail,
champignons des bois (cèpes, girolles ou à défaut champignons de Paris),
10 cl d'huile d'olive ou d'arachide.

- Détailler en bâtonnets les aubergines et les faire sauter vivement à la poêle avec les tomates, l'ail et les champignons préalablement lavés et coupés en petits dés.
- Faire cuire les macaronis à l'eau salée, plus un peu d'huile, 8 à 10 min. Rafraîchir.
- Pour que les macaronis ne cuisent pas trop, les retremper dans l'eau bouillante juste avant de servir. Verser dans un plat creux beurré. Disposer dessus la préparation d'aubergines et servir chaud.

Médaillons de coquilles Saint-Jacques

20 min 20 min 6 pers.

6 coquilles Saint-Jacques, court-bouillon, thym, laurier, oignon, échalote, sel, poivre, beurre.

- Prendre six belles coquilles avec corail. Puis conserver la noix et le corail. Faire un court-bouillon avec thym, oignon, laurier, échalote, sel et poivre. Mettre dans ce court-bouillon noix et corail. Laisser frémir 20 min.
- Prendre les coquilles vides et mettre dedans chaque noix avec son corail. Ajouter sur chaque coquille une noix de beurre, mettre au four quelques minutes et servir très chaud.

Morgate à la sinagote

0 min10 min

Morgate (seiche),
oignons,
persil, thym,
beurre,
1 verre de muscadet,
Madère,
Porto.

- On coupe le blanc de morgate (seiche) en cubes ou en lanières. On fait revenir des oignons au beurre avec du persil et du thym.
- On ajoute alors les morceaux de morgate et on laisse sur un feu doux 10 min.
- On allonge d'un verre de muscadet et d'un peu de Madère ou de Porto.

Mouclade

15 min30 min 6 pers.

2 l de grosses moules,
80 g de beurre,
2 échalotes,
1 verre de vin blanc sec,
sel, poivre,
farine,
persil,
3 œufs.

- Gratter et laver très soigneusement 2 l de grosse moules. Les mettre dans un casserole avec 80 g de beurre, deux échalotes hachées, un verre de vin blanc, sel, poivre. Poser le récipient sur feu vif. Secouer fréquemment la casserole au cours de la cuisson.
- Quand toutes les moules sont ouvertes, enlever la moitié de la coquille, déposer l'autre partie dans un plat, tenir au chaud. Fai rapidement réduire le jus des moules, l'additionner d'une pincée de farine, rectifier l'assaisonnement, puis ajouter trois jaunes d'œufs.
- Chauffer bien sans cesser de remuer. Verser cette sauce sur les moules. Saupoudrer de persil haché

Moules à la poulette

5 min30 min

Moules,
œufs,
citron,
persil.

- Les préparer comme les moules à la marinière. Réduire ensuite la cuisson de moitié, la lier avec velouté, jaunes d'œufs et crème. Compléter avec un filet de citron. Ne pas faire bouillir.
- Verser la sauce poulette sur les moules et saupoudrer d'un peu de persil haché.

Moules marinière

3 min 20 min

**Moules,
muscadet,
oignons,
persil,
cerfeuil,
beurre.**

- Laver les moules. Les mettre dans une casserole avec un bon verre de muscadet, oignons, persil et cerfeuil finement hachés, poivrer. Inutile de saler. Mettre sur le feu vif, pendant 3 min. Remuer de temps en temps. Avant la fin de la cuisson, ajouter un bon morceau de beurre.
- On peut passer le jus s'il apparaît sableux.

Mousse de jambon

20 min 6 pers.

200 g de jambon,
1 c. de béchamel,
poivre,
paprika,
50 cl de gelée,
20 cl de crème fouettée.

- Piler au mortier (ou passer deux fois de suite à la moulinette) 200 g de jambon cuit. Ajouter peu à peu 1 cuillerée. de béchamel, un peu de poivre, une pointe de paprika, puis 50 cl de gelée encore liquide et enfin 20 cl de crème fouettée.
- Mettre au réfrigérateur pendant quelques minutes un moule tapissé de gelée encore liquide.
- Quand elle est presque prise, verser la mousse de jambon dans le moule.
- Remettre à glacer et servir démoulé.

Mousse de foies de volaille (Gfleijlterrin)

3 min 15 min 4 pers.

250 g de foies de volaille,
100 g de crème fraîche,
100 g de beurre,
3 grands verres de vin blanc sec,
1 c. à soupe de porto ou de cognac,
sel,
poivre et épices fines au choix.

- Faire bouillir le vin blanc et placer les foies de façon à ce qu'ils soient bien immergés dans le liquide.
- Laisser 3 min après la reprise de l'ébullition et sortir les foies avec une écumoire. Les réserver et les laisser refroidir.
- Mixer le plus finement possible les foies et y incorporer le beurre ramolli, le sel, le poivre, les épices de votre choix, le porto et enfin la crème battue.
- Verser la mousse dans une terrine et mettre au frais.

Œufs durs farcis de champignons et sauce blanche

min 15 min

Pour la farce :
100 g de champignons,
50 g de jambon cuit,
2 tranches de pain trempées dans le lait,
6 œufs durs.
Pour la sauce blanche :
40 g de farine,
20 g de beurre,
25 cl de lait,
muscade,
sel,
poivre.

- Hacher le jambon et les champignons préalablement lavés.
- Couper les œufs durs en deux et retirer les jaunes qui seront écrasés.
- Dans une terrine bien mélanger les champignons et le jambon hachés, les jaunes d'œufs écrasés, la mie de pain (bien pressée).
- Emplir les blancs d'œufs de cette préparation.
- Pour la sauce blanche, faire fondre doucement le beurre, y incorporer la farine et, en tournant sans cesse, délayer peu à peu avec le lait. Laisser épaissir la sauce quelques minutes toujours à feu doux.
- Napper les œufs de sauce blanche.

Petits choux au comté

35 min30 min 6 pers.

**50 cl de lait, 5 g de sel,
1 pincée de poivre,
120 g de beurre,
250 g de farine,
8 œufs,
125 g de comté,
2 grosses cuillerées de crème fraîche.**

- Dans une casserole, mettre lait, sel, poivre et beurre, porter à ébullition.
- Incorporer la farine en remuant avec la cuillère pour dessécher la pâte qui ne doit pas adhérer au récipient.
- Retirer la casserole du feu.
- Incorporer les œufs deux par deux puis le comté coupé en petits dés, puis la crème. Bien mélanger.
- Disposer la pâte en petits tas moulés à la cuillère sur une plaque beurrée, en laissant d'assez grands espaces.
- Badigeonner le dessus à l'œuf et semer un peu de comté râpé. Cuire au four moyen 20 à 30 min.

En Bourgogne, ces choux se nomment Gougères. Ils conviennent parfaitement pour les dégustations ou l'apéritif.

Salade de cervelas

10 min 6 pers.

6 cervelas,
1 oignon moyen,
échalotes,
ciboulette,
sel,
poivre,
vinaigre,
huile,
moutarde à l'ancienne.

- Retirer la peau des cervelas, les couper en rondelles.
- Composer une vinaigrette à base de moutarde avec les échalotes coupées finement, la ciboulette à volonté.
- Servir à part ou avec la salade de pommes de terre.

Salade de pommes de terre au haddock

10 min 4 pers.

Un reste de haddock cuit (400 g environ), 4 pommes de terre cuites, 1 œuf dur. Assaisonnement : le jus de 2 citrons, 5 c. à soupe d'huile. Sel, poivre, 1 c. à soupe de persil haché.

- Couper le poisson en morceaux. Peler et émincer les pommes de terre. Disposer le tout dans le plat de service et parsemer d'œuf dur haché. Arroser de sauce préparée avec les ingrédients indiqués. Mélanger, laisser reposer 30 minutes avant de servir.
- Si vous avez un reste de haddock que vous compléterez par des pommes de terre spécialement cuites pour cette salade, les arroser de sauce quand elles sont encore tièdes, elles seront plus moelleuses.

Taboulé

30 min 6 pers.

repos 4 h

250 g de blé concassé,
ou de couscous,
1 kg de tomates,
250 g d'oignons nouveaux,
3 petits oignons dorés,
1 échalote,
2 citrons,
persil, estragon, menthe,
huile d'olive,
sel, poivre.

- Dans un grand saladier, verser le blé ou le couscous (suivre le mode d'emploi du paquet, si les graines ont besoin d'être rincées). Passer les tomates sous l'eau, les équeuter et les couper en petits morceaux (sauf deux ou trois à réserver pour la décoration). Les déposer sur le couscous, saler et poivrer. Passer sous l'eau la moitié environ d'un bouquet de persil, quelques brins d'estragon et quelques tiges de menthe, les essorer avant de les découper finement (aux ciseaux) et les mettre sur les tomates.
- Peler et hacher l'échalote, peler et tailler finement les oignons nouveaux. Ajouter le jus des citrons, quatre cuillerées à soupe d'huile d'olive et mélanger le tout dans le saladier en veillant à ce que les grains de couscous ne s'agglomèrent pas en paquet (le mieux est de mélanger avec deux fourchettes). Couvrir le saladier et le placer au frais pendant 3 h.
- Sortir le saladier, remélanger avec les fourchettes, ajouter si besoin un peu d'huile d'olive et d'assaisonnement et remettre 1 h au froid. Couper les deux ou trois tomates restantes en rondelles ainsi que les oignons dorés, et en décorer le plat avant de servir bien frais avec des petits bouquets de menthe.

Saucisse de chou

30 min20 min

2 kg de farce à la saucisse, assez maigre,
1 kg de chou frisé.

- Hacher le chou, assaisonner et mélanger avec la chair à saucisse.
- Couler dans un boyau et cuire à 75° pendant 30 min environ.
- Servir avec des pommes vapeur.

Saucisson de tête et couenne aux charlottes

10 min10 min

1 tête de porc désossée,
2 kg de couenne,
1 kg de collier de bœuf,
20 g de sel au kilo,
1 tête d'ail haché,
1 l de côtes-du-Rhône,
5 m de boyau de bœuf,
2 kg de pommes de terre « charlotte ».

- Hacher ensemble tête, couenne, bœuf et assaisonner de sel, poivre, ail, vin rouge et laisser une nuit au réfrigérateur.
- Mettre en boyau et faire pocher à feu doux.
- 15 min avant de servir, ajouter les « charlottes ».
- Dresser sur un plat et manger très chaud.

Soufflé au bleu d'auvergne

25 min30 min5-6 pers.

250 g de farine,
50 cl de lait,
200 g de beurre,
6 œufs,
200 g de bleu d'Auvergne,
julienne de céleri en branche blanchi et revenu au beurre,
100 g de noix de muscade,
sel et poivre.

- Faire une pâte brisée avec 250 g de farine, 100 g de beurre, un œuf, une pincée de sel, deux ou trois cuillerées. d'eau, ajoutées en deux fois. Travailler le tout et arrêter dès que la pâte est en boule.
- Laisser reposer 20 min.
- Étaler la pâte au rouleau et foncer un moule de 22 cm de diamètre. Garnir le fond de papier d'aluminium et y mettre des haricots secs pour empêcher que la pâte ne boursoufle. Faire cuire sans colorer à feu doux.
- Pour le soufflé, faire un roux blanc avec 100 g de beurre, 100 g de farine. Ajouter le lait bouillant sur le roux refroidi et remuer vivement à l'aide d'un fouet. Porter à ébullition.
- Hors du feu, ajouter 5 jaunes d'œufs, sel, poivre et muscade râpée, le céleri et le bleu d'Auvergne émietté. Mélanger.
- Monter les blancs en neige très fermes et bien serrés. Mélanger doucement avec une spatule pour ne pas les briser.
- Verser le tout dans la croûte, lisser le dôme et cuire à feu doux 20 à 25 min.

Soufflé au bleu de trizac

30 min20 min 4 pers.

70 g de beurre,
50 g de farine,
50 cl de lait,
4 œufs,
100 g de bleu de Trizac,
sel,
poivre et 2 râpées de muscade.

- Préchauffer le four à 180°.
- Écraser le bleu ; faire une béchamel avec le beurre, la farine, le lait et les quatres jaunes.
- Monter les blancs en neige.
- Mélanger délicatement la préparation à ces blancs et verser dans les moules à soufflés beurrés.
- Enfourner et laisser cuire 25 à 30 min.
- Ne pas ouvrir le four pendant les 10 premières minutes de la cuisson.

Terrine de tomates au fromage de chèvre « le vézelay »

45 min 8 pers.

1,5 kg de tomates,
15 cl de lait
(entier si possible),
5 cl d'huile de noix,
4 cl de vinaigre de vin,
15 feuilles de gélatine
(soit 37,5 g),
2 jaunes d'œufs,
10 cl de crème liquide,
10 g d'ail haché,
10 g de persil haché,
1 chèvre frais de 250 g,
sel,
poivre.

- Mettre une casserole d'eau à bouillir. Inciser les tomates sur le dessus (faire une croix au couteau), les plonger 15 s dans l'eau bouillante puis les rafraîchir immédiatement.
- Les peler, les couper en quartiers et les épépiner. Passer la chair de tomates au robot-coupe. Ajouter le vinaigre, l'huile, l'ail, le persil, un peu de sel et de poivre.
- Mettre le lait à bouillir puis y incorporer les feuilles de gélatine préalablement ramollies à l'eau froide. Ajouter le lait à la purée de tomates puis incorporer les deux jaunes d'œufs à la préparation.
- Monter la crème jusqu'à obtention d'une crème fouettée. L'incorporer à la préparation de tomates. Rajouter un peu de sel et de poivre si nécessaire.
- Dans un moule rectangulaire de 24 cm de long environ, monter une terrine en alternant une couche de purée de tomates et une couche de chèvre coupé en morceaux.
- Mettre 6 h au réfrigérateur. Servir très frais.

Tomates farcies à la mayonnaise

20 min

4 tomates,
2 carottes,
250 g de haricots verts,
1 boîte de miettes de thon à l'huile,
mayonnaise,
1 œuf,
1 c. à café du moutarde,
25 cl d'huile,
sel, poivre.

- Laver quatre grosses tomates ; découper une calotte sur chacune d'elles ; enlever les graines ; saler le fond des tomates et les retourner sur un plat pour les faire dégorger ; faire cuire à l'eau bouillante deux carottes et 250 g de haricots verts ; les égoutter ; les couper en petits dés et les mélanger avec une petite boîte de miettes de thon à l'huile ; les lier avec un bol de mayonnaise faite avec un jaune d'œuf, une cuilleré à café de moutarde, 25 cl d'huile, du sel et du poivre.
- Remplir de macédoine l'intérieur des tomates ; les poser sur un plat recouvert de feuilles de laitue ; décorer avec des quartiers d'œufs durs.

Tomates farcies au fromage

20 min 4 pers.

1 tomate par personne.
Pour la farce :
2 belles tranches de jambon du pays hachées,
250 g de fromage blanc,
persil et ciboulette,
1 pincée de paprika,
1 pincée de cannelle,
sel et poivre.

- Couper les tomates en deux parties, les saler légèrement et les retourner sur une passoire pour qu'elles s'égouttent. Préparer la farce : bien mélanger tous les ingrédients et recouvrir de cette préparation les demi-tomates.
- Décorer chacune d'elles d'une petite touffe de persil. Servir frais en entrée.

Les salades

Des recettes actuelles

Asperges du printemps sauce thaïe

10 min 15 min 4 pers.

24 asperges fraîches,
1 oignon émincé,
20 g de menthe fraîche hachée,
20 g de coriandre fraîche hachée,
4 c. à soupe d'huile de soja ou de maïs,
1 c. à soupe de jus de citron,
1 pincée de chili,
2 ml de gingembre moulu,
feuilles de laitue,
1 c. à soupe de sauce au poisson,
sel,
poivre.

- Casser le bout fibreux des asperges, ou les éplucher, puis les couper diagonalement en morceaux de 5 cm. Cuire à la vapeur dans une marguerite jusqu'à tendreté. Passer sous l'eau froide et égoutter.
- Mélanger les asperges, l'oignon, la menthe et la coriandre. Couvrir et mettre au frais au moins 2 h.
- Mélanger l'huile, le jus de citron, le gingembre et le chili. Saler et poivrer. Disposer les feuilles de laitue dans 4 assiettes, répartir le mélange d'asperges et y verser la vinaigrette.

Cul d'artichaut farci

**fond d'artichaut,
semoule de couscous,
tomates,
échalotes,
oignons,
poivrons verts et rouges,
restes de poissons et de crustacés cuits,
citron vert,
sel,
poivre,
ciboulette,
piment.**

- Faire gonfler 1 cuillerée à soupe de semoule de couscous dans de l'eau bouillante. Confectionner une brunoise fine avec tomates, échalotes, oignons, poivrons verts et rouges. Y incorporer des restes de poissons cuits et de crustacés. Assaisonner de citron vert, sel et poivre, ciboulette et d'un peu de piment.
- Garnir le fond d'artichaut de cette préparation.

Cocktail de fruits de mer

30 min 6 pers.

éfrigération : 1 h

500 g de moules de bouchot,
300 g de coques,
6 noix de coquilles Saint-Jacques,
environ 150 à 200 g de chair de crabe ou d'araignée,
6 grosses crevettes roses cuites,
1 pomme,
1 orange,
1 citron pressé,
2 œufs cuits durs,
1 cœur de laitue,
quelques brins de persil.

Pour la mayonnaise

1 jaune d'œuf,
1 verre (20 cl) d'huile,
1 c. à café de moutarde,
1 c. à café de ketchup,
1/2 c. à café de paprika doux,
1/2 c. à café de Worchester sauce,
quelques gouttes de Tabasco,
1 c. à soupe d'armagnac,
1 c. à soupe de crème fraîche épaisse,
sel,
poivre.

Préparer les fruits de mer. Laver les moules et les coques, les faire cuire, les décoquiller, les réserver.

- Verser le jus de citron dans une grande jatte. Y couper les noix de coquilles Saint-Jacques en fines lamelles, laisser macérer 5 min. Ajouter la pomme taillée en petits cubes, les moules, les coques et la chair de crabe Peler l'orange à vif, la couper en quatre, puis en lamelles, verser dans la jatte.
- Préparer la mayonnaise. Placer le jaune d'œuf dans le bol du mixeur. Ajouter la moutarde, le sel et le poivre. Faire tourner le mixeur 1 min avant de verser l'huile en mince filet par l'ouverture du bol. Lorsque la mayonnaise est bien ferme, y incorporer le ketchup, le Tabasco, le paprika, l'armagnac et la crème fraîche.
- Mélanger cette mayonnaise dans la jatte de fruits de mer et mettre 1 h dans le réfrigérateur.
- Pour servir, garnir des coupes à glace d'une feuille tendre de laitue, puis remplir de cocktail de fruits de mer. Poser une rondelle d'œuf dur sur chaque coupe et une crevette rose. Piquer un brin de persil et réfrigérer encore quelques minutes avant de servir.

Fèves au cumin

3 min 30 min 6 pers.

1,2 kg de fèves fraîches,
5 tomates moyennes,
3 oignons blancs,
2 c. à soupe de cumin en grains,
1/2 citron,
10 cl d'huile d'olive,
1 bouquet de persil plat,
sel.

- Laver et couper les tomates en gros dés. Peler et émince les oignons. Presser le citror Laver, hacher le persil. Écosser les fèves.
- Dans une grande casserole d'eau bouillante, plonger les fèves pendant 3 min, les égoutter aussitôt et ôter les peaux.
- Dans un grand saladier, mélanger les fèves, les tomates, les oignons, le cumin, le jus de citron, l'huile d'olive et le persil haché. Réserver au frais jusqu'au moment de servir.

Mitonnée de quinoa

5 min 10 min 2 pers.

85 g de quinoa,
25 cl d'eau,
1 oignon haché finement,
1 carotte en petits dés,
1 branche de céleri en petits dés,
sauce Worcestershire.

■ Bien rincer le quinoa. Cuire dans l'eau pendant 15 min. Réserver. Dorer l'oignon avec la carotte et le céleri dans un peu d'huile jusqu'à tendreté. Ajouter les assaisonnements et le quinoa cuit. Réchauffer en brassant. Servir avec une salade verte.

Le quinoa est une céréale du Chili et du Pérou qui ressemble à du sarrasin.

Œufs en salade

5 min 10 min

œufs durs,
sauce vinaigrette,
moutarde,
persil,
ciboulette.

- Faire cuire des œufs durs, les écaler, les couper en rondelles et les mélanger à une sauce vinaigrette à la moutarde avec du persil et de la ciboulette finement hachés.
- On peut les marier avec de la betterave rouge cuite coupée en petits morceaux, ou avec des endives crues, coupées en lanières ou même les deux, ou encore ajouter des cerneaux de noix.

Salade « pain surprise »

20 min 6 pers.

1 grand pain de mie,
beurre ramolli ou margarine,
quelques feuilles de batavia bien fermes,
4 œufs durs,
350 g de pommes de terre nouvelles,
1 poivron vert,
2 carottes,
3 oignons blancs,
115 g de gouda râpé,
sel et poivre noir fraîchement moulu.

Sauce :

2 c. à soupe de mayonnaise,
2 c. à soupe de yogourt nature,
2 c. à soupe de lait,
1 gousse d'ail écrasée,
1 c. à soupe de fenouil haché.

- Couper le dessus du pain et retirer la mie. (La conserver pour faire de la chapelure que l'on peut congeler et utiliser pour une autre recette.) Beurrer l'intérieur du pain de mie et disposer les feuilles de salade dans le moule improvisé.
- Couper les œufs durs en petits morceaux. Éplucher les carottes et les pommes de terre, couper ces dernières (cuites au préalable) en tranches. Détailler le poivron en lamelles et hacher les oignons.
- Mélanger les œufs, les légumes et le fromage. Battre les ingrédients pour faire la sauce et l'incorporer à la salade.
- Disposer la salade à l'intérieur du pain, puis reposer le chapeau et envelopper dans un film étirable transparent. Placer au froid jusqu'au moment de le déguster. Servir dans des assiettes individuelles et couper la croûte du pain en morceaux.

Salade à la chalutière

30 min 6 pers.

12 filets de hareng saur,
2 verres de lait,
1 verre d'huile d'olive,
2 c. à soupe de moutarde,
4 cornichons,
6 pommes de terre,
1 betterave cuite,
3 c. à soupe d'huile de tournesol,
1 c. à soupe de vinaigre,
persil,
ciboulette,
2 échalotes,
1 verre de vin blanc,
sel,
poivre.

- Faire tremper les filets de hareng dans le lait pendant 1 h puis les égoutter et les sécher. Les faire mariner dans l'huile d'olive pendant une bonne heure. Laver les pommes de terre et les cuire à l'eau avec leur peau.
- Dès qu'elles sont cuites, les retirer de la casserole et les peler encore chaudes. Les couper en rondelles et verser le vin dessus. Bien mélanger. Les pommes de terre absorberont d'autant mieux le vin qu'elles seront plus chaudes.
- Réduire en purée la laitance des harengs et verser l'huile d'olive goutte à goutte, ajouter la moutarde de manière à faire une émulsion. Saler, poivrer. Si vous ne trouvez pas de laitance, remplacer cette émulsion par un verre de mayonnaise.
- Bien égoutter les harengs et les napper avec la sauce. Disposer tout autour des tranches fines de cornichons.
- Éplucher la betterave, la couper en dés et l'ajouter aux pommes de terre tièdes. Préparer une vinaigrette avec l'huile de tournesol et le vinaigre de vin et la verser sur les légumes.
- Saupoudrer la salade de persil, échalotes et ciboulette hachés et servir en même temps que les harengs.

Salade aux filets de canard fumés

30 min 6 pers.

300 g de raisin blanc à gros grains,
1 radis noir moyen,
1 belle salade frisée bien jaune,
20 cerneaux de noix grossièrement écrasés,
1 petit bouquet de cerfeuil ciselé,
200 g de filets de canard fumés,
6 foies de volaille,
3 c. à soupe d'armagnac,
sel,
poivre,
beurre.

Pour la vinaigrette :

1 gousse d'ail écrasée,
1 c. à café de moutarde à l'ancienne,
3 c. à soupe de vinaigre de vin vieux,
3 c. à soupe d'huile de noix,
2 c. à soupe d'huile d'arachide.

- Peler et râper le radis noir (râpe à carottes) dans un bol. Le saupoudrer de sel et laisser dégorger 15 min.
- Couper la frisée en petits tronçons.
- Nettoyer les foies de volaille, les couper en deux ou en quatre. Chauffer une noisette de beurre dans une poêle sur feu vif et y faire dorer les foies 2 à 3 min en remuant. Arroser d'armagnac, saler, poivrer, faire réduire le jus à sec. Réserver dans la poêle.
- Égrener le raisin et éventuellement le peler.

Préparer la vinaigrette

- Mélanger dans un saladier l'ail et la moutarde. Tout en tournant, ajouter le vinaigre, puis les huiles. Saler, poivrer, ajouter les noix.
- Essorer le radis noir en le pressant dans les mains. Le verser dans le saladier. Ajouter la frisée et le raisin.
- Disposer les filets de canard en rosace.

Au moment de servir

- Réchauffer les foies de volaille, les verser sur la salade. Saupoudrer de cerfeuil haché et servir.

Salade aux pamplemousses

20 min 5 min 4 pers.

2 pamplemousses roses,
le cœur d'une salade frisée,
4 beaux foies de volaille,
20 g de beurre,
2 c. à soupe de cognac,
4 c. à soupe d'huile de noix ou d'olive,
2 c. à soupe de vinaigre de cidre,
sel,
poivre.

- Laver et essorer la salade. Éplucher les pamplemousses roses à vif (enlever en même temps la peau colorée et la peau blanche), dégager les tranches en glissant la lame du couteau le long des membranes. Faire cette opération au-dessus d'une assiette pour récupérer le jus que vous ajoutez à la salade.
- Préparer la vinaigrette avec le sel, le vinaigre, l'huile, le poivre, mettre la salade, ajouter les pamplemousses roses.
- Faire raidir les foies de volaille dans le beurre chaud. Hors du feu, flamber au cognac, escaloper les foies et les ajouter encore chauds dans le saladier. Mélanger et servir de suite.

Salade cancalaise

20 min

feuilles de laitue,
huîtres,
pommes de terre,
vinaigre,
citron,
mayonnaise.

■ Ébarbées et égouttées, préalablement pochées dans leur eau, les huîtres sont assaisonnées avec de l'huile, du vinaigre, du jus de citron et du poivre. Les pommes de terre, coupées en petits dés, seront préparées séparément, à la mayonnaise. Tout cela sera présenté en petites portions sur une feuille de laitue, accompagné, encore que cela ne soit nullement breton, d'une lame de truffe.

Salade chinoise au crabe

30 min 6 à 8 pers.

Le temps varie selon le riz utilisé (entre 8 et 20 min).

200 g de riz,
400 g de pousses de soja,
2 boîtes de crabe,
2 poivrons rouges.
Pour la sauce :
5 c. à soupe d'huile,
2 c. à soupe de sauce de soja,
2 bonnes c. à soupe de vinaigre,
1 c. à café de sucre roux,
sel.

- Faire cuire le riz à l'eau bouillante salée, selon le temps indiqué sur le paquet. Égoutter, passer sous l'eau froide et laisser refroidir.
- Rincer les pousses de soja, les égoutter, les jeter dans l'eau bouillante 3 min. Les rafraîchir à l'eau froide, les égoutter à nouveau.
- Égoutter le crabe, ôter les cartilages.
- Passer les poivrons à l'eau bouillante, les peler, les épépiner et les couper en fines lamelles.
- Mélanger tous ces ingrédients.

Préparer la sauce :

- mélanger sel, sucre et vinaigre. Ajouter la sauce de soja et l'huile. Bien mélanger et verser sur la salade. Mêler soigneusement avant de servir frais.

Salade cœurs de palmier

20 min 4 pers.

I petite boîte de cœurs de palmier,
I l de moules,
4 tranches de bacon,
I poignée de mâche,
2 tomates,
I échalote,
I verre de vin blanc sec,
20 g de beurre,
fines herbes.
Vinaigrette :
5 c. à soupe d'huile,
2 c. à soupe de vinaigre de vin,
I c. à soupe de moutarde forte,
sel et poivre.

- Laver la mâche et l'essorer. Nettoyer les moules en les grattant bien. Les laver dans plusieurs eaux. Peler l'échalote et la hacher. Mettre un peu de beurre dans un grand faitout, le faire fondre puis faire revenir l'échalote. Ajouter les moules ainsi que le vin blanc.
- Faire ouvrir les moules. Laisser refroidir puis les décoquiller. Garder quelques moules ouvertes avec leurs coquilles pour la décoration.
- Égoutter les cœurs de palmier et les couper en rondelles. Les disposer ainsi que les moules, la mâche et les tomates coupées en dés dans un grand saladier.
- Préparer la vinaigrette en mélangeant tous les ingrédients : huile, vinaigre de vin, moutarde, sel et poivre. Verser dans le saladier et bien mélanger. Répartir cette salade dans quatre assiettes creuses. Découper les tranches de bacon en lanières, faire revenir dans une poêle et disposer sur les assiettes ains que quelques moules avec leurs coquilles. Parsemer de fines herbes ciselées.

Salade d'andouillette de Chablis aux beursaudes

30 min 8 pers.

4 andouillettes de Chablis,
1 à 2 salades frisées ou pissenlits,
2 pommes de terre,
500 g de panne de porc,
1 échalote,
1 petite cuillerée de moutarde,
10 cl de vinaigre de vin,
30 cl d'huile de colza,
sel et poivre.

- Tout d'abord, dans une casserole, faire fondre à feu doux la panne de porc coupée en petits morceaux. La faire rissoler jusqu'à obtenir des grattons croustillants. C'est ce que l'on nomme en Bourgogne les beursaudes. Réserver les beursaudes et un peu de graisse restante de la cuisson.
- Faire cuire les pommes de terre à l'eau puis les refroidir et les couper en rondelles.
- Préparer la vinaigrette. Pour cela, mettre une petite cuillerée de moutarde, du sel, du poivre, le vinaigre de vin et l'échalote ciselée. émulsionner à la cuillère en incorporant l'huile de colza.
- Éplucher la salade et l'essorer.
- Réchauffer les rondelles de pommes de terre avec un peu de graisse des beursaudes. Couper les andouillettes crues en rondelles. Servir le tout avec la salade.

Salade d'artichauts à la ventrèche

5 min 25 min 4 pers.

2 beaux artichauts de Macau,
8 fines tranches de ventrèche (poitrine de porc),
250 g de salades mélangées (roquette, sucrine, frisée),
200 g de fèves,
1 botte de radis rouges,
8 petits oignons nouveaux,
4 brins de ciboulette,
4 brins de persil plat,
4 brins de cerfeuil,
1 citron,
1 c. à soupe d'huile d'olive.

Pour la vinaigrette :

5 c. à soupe d'huile de tournesol,
1 c. à soupe de vinaigre de vin,
poivre et sel.

- Nettoyer les salades et les radis. Couper ces dernier en deux, écosser les fèves, éplucher et émincer les oignons.
- Couper la ventrèche en morceaux de 5 cm.

Préparer la vinaigrette.

- Éplucher les artichauts de manière à ne garder que les fonds. Retirer le foin. Les couper en huit quartiers et les citronner légèrement.
- Faire chauffer l'huile d'olive dans une poêle, y faire saute les fonds d'artichaut pendan 5 min.
- Faire dorer la ventrèche dans une poêle antiadhésive
- Assaisonner la salade, la disposer sur quatre assiettes. Répartir les fonds d'artichaut, fèves, radis, oignons, ventrèche, ciboulette, persil, cerfeuil.

Salade d'artichauts aux fèves et pois gourmands

0 min 4 pers.

6 artichauts violets,
300 g de pois gourmands,
100 g de fèves dépouillées,
1 oignon rouge,
2 citrons,
3 brins de cerfeuil,
1 gousse d'ail,
2 c. à soupe de vin blanc,
6 c. à soupe d'huile d'olive,
1 piment rouge doux,
poivre et sel.

Enlever en la brisant la queue des artichauts. Retirer les feuilles dures et couper le sommet des feuilles restantes à 1 cm du cœur. Laver les artichauts et les faire cuire à l'eau bouillante salée pendant 15 min environ, jusqu'à ce qu'ils soient bien tendres. Les égoutter tête en bas. Faire cuire 3 à 4 min les pois gourmands effilés et les fèves dans de l'eau bouillante salée. Les garder croquants. Rafraîchir et égoutter.

- Enlever le pédoncule du piment, le fendre en deux, retirer les graines et les cloisons, le couper en lamelles. Émincer l'oignon pelé en rondelles, détacher les anneaux. Peler, dégermer et hacher la gousse d'ail. Couper les artichauts en quartiers.
- Émulsionner l'huile d'olive avec le jus d'un citron et le vin blanc, du sel, du poivre dans un saladier. Ajouter oignon, ail, piment et artichauts tièdes puis mélanger pour bien les imprégner de sauce. Laisser refroidir.
- Juste au moment de servir, ajouter les pois gourmands, les fèves et les pluches de cerfeuil. Mélanger délicatement et verser dans un plat creux. Décorer de rondelles de citron et servir.

Salade d'endives aux fruits

30 min 6 pers.

800 g d'endives,
2 oranges sanguines,
1 pamplemousse rose,
1 citron,
1 pomme verte,
1 cœur de céleri en branches,
1 oignon rouge,
1 fenouil,
1 bouquet de ciboulette,
200 g de fromage blanc lisse,
5 c. à soupe d'huile d'olive,
sel et poivre.

- Peler les oranges et le pamplemousse, puis les détacher en quartiers en retirant les peaux blanches. Presser le citron. Éplucher la pomme et la couper en tranches, ajouter la moitié du jus de citron. Ôter les feuilles extérieures des endives puis les couper en quatre ou en six dans le sens de la longueur. Laver les feuill de céleri en branches. Peler l'oignon et le couper en tranches. Faire de même avec le fenouil. Hacher la ciboulette.
- Mélanger le fromage blanc et la ciboulette dans un bol. Saler, poivrer. Assaisonner les endives avec l'huile d'olive et le jus de citron restant.
- Servir très frais à l'assiette en disposant délicatement et séparément les fruits et les légumes. Présenter à cô la sauce au fromage blanc.

Salade d'hiver au cidre

30 min 6 pers.

1 scarole,
2 pommes reinettes,
1 petit céleri rave,
4 pommes de terre,
1 citron,
1 verre de cidre bien sec,
2 blancs de poulet cuit,
1 œuf,
moutarde,
huile,
sel et poivre.

- Peler les pommes de terre et les faire cuire à la vapeur. Presser le citron.
- Préparer la mayonnaise : mettre dans un bol le jaune d'un œuf cru, une cuillerée à café de moutarde, du sel et du poivre. Mélanger bien. Ajouter un filet de citron et monter la mayonnaise au fouet en versant progressivement l'huile.
- Laver la scarole. Ne conserver que les feuilles tendres. Couper en lanières feuilles de scarole essorées et blancs de poulet.
- Nettoyer le cœur du céleri. Le détailler en lamelles fines ainsi que les pommes reinettes épluchées et débarrassées de leurs pépins. Les arroser de citron pour qu'elles ne noircissent pas.
- Quand les pommes de terre sont cuites et encore chaudes, les couper en rondelles régulières et les arroser de cidre. Laisser refroidir.
- Mélanger dans un saladier les lanières de poulet et les lamelles de céleri et de pommes. Ajouter les rondelles de pommes de terre.
- Au dernier moment, ajouter la salade et la mayonnaise. Retourner le tout délicatement.
- Servir frais dans de jolies petites assiettes en soignant la présentation.

Salade de cèpes aux aromates

20 min 15 min 4 pers.

500 g de cèpes de Bordeaux ou têtes-de-nègre,
3 tomates en branche,
1 oignon rouge,
2 gousses d'ail,
1 feuille de laurier,
1 brin de romarin,
5 cl d'huile d'olive,
sel et poivre du moulin,
1 clou de girofle.

- Trier et nettoyer les cèpes, les plonger 2 à 3 min dans une eau bouillante et salée, les égoutter. Les faire revenir à l'huile d'olive dans une poêle après les avoir assaisonnés de sel et poivre du moulin.
- Peler les tomates après les avoir plongées un instant dans l'eau bouillante. Écraser l'ail et émincer finement l'oignon, les faire revenir dans une seconde poêle à l'huile d'olive. Ajouter la tomate coupée en petits dés, le laurier, le romarin, le clou de girofle, le sel et poivre du moulin, laisser cuire environ 20 min avant de reverser cette préparation dans la poêle des champignons.
- Prolonger la cuisson de 3 min avant de verser le tout dans un plat en terre cuite. Laisser refroidir. Servir très frais en salade d'été.

Salade de cervelas

10 min 6 pers.

6 cervelas,
1 oignon moyen,
échalotes,
ciboulette,
sel,
poivre,
vinaigre,
huile.

- Retirer la peau des cervelas, les couper en rondelles. Composer une vinaigrette à base de moutarde, avec les échalotes coupées finement, la ciboulette à volonté.
- Servir à part ou avec la salade de pommes de terre.

Salade de champignons à la grecque

7 min 4 pers.

500 g de champignons de Paris,
3 c. à soupe d'huile d'olive,
1 brin de thym,
1 feuille de laurier,
1/2 citron,
sel et poivre.

- Faire chauffer l'huile dans une casserole. Ajouter les champignons de Paris bien séchés, le laurier, le thym. Saler et poivrer.
- Faire revenir 2 min, puis ajouter le jus du demi-citron.
- Laisser cuire 5 min et servir glacé.

Salade de chevrettes aux crevettes bouquets

15 min 25 min 4 pers.

350 g de crevettes bouquets,
200 g de pieds-de-mouton (chevrettes, autre nom vulgaire de l'hydne sinué),
150 g de mousserons,
1 citron non traité,
1 oignon rouge,
4 c. à soupe d'huile d'olive,
1 pincée de curry des Indes,
3 gouttes de Tabasco,
fanes d'oignon (à défaut prendre de la ciboulette),
sel et poivre du moulin.

- Laver le citron, le zester puis en extraire le jus. Décortiquer les crevettes et les déposer dans une jatte en terre, les arroser de citron, de deux cuillerées d'huile d'olive, de Tabasco, des zestes du citron et de la pincée de curry, bien mélanger le tout et laisser mariner.
- Trier et nettoyer les champignons séparément. Dans une eau bouillante salée, plonger les pieds-de-mouton durant 5 min, renouveler l'opération pour les mousserons en ne les laissant que 2 min. Dans une poêle chaude, faire revenir avec une cuillerée d'huile les pieds-de-mouton. Au bout de 3 min, ajouter les mousserons, cuire jusqu'à évaporation de l'eau de végétation, les égoutter.
- Dans la même poêle, faire revenir l'oignon rouge émincé finement avec une cuillerée d'huile durant 2 à 3 min. Ajouter les champignons et les crevettes avec leur marinade, bien mélanger vivement et sur feu vif durant 5 min environ, ajouter avant de servir les fanes ou la ciboulette émincée finement.
- Rectifier l'assaisonnement au dernier moment (attention : la marinade assaisonne fortement).

Salade de crabe à la vietnamienne

25 à 30 min 6 pers.

600 g de chair de crabe (ou d'araignée) décortiqué,
1 petit bulbe de fenouil,
1 poivron,
4 à 5 tiges tendres de céleri,
250 g de germes de soja,
2 petites tomates fermes,
2 citrons,
2 c. à soupe de sauce de soja,
2 c. à soupe de nuoc-mam,
2 c. à soupe d'huile,
1 c. à café de gingembre frais râpé,
1 petit bouquet de coriandre fraîche,
sel,
poivre,
Tabasco.

- Couper le poivron en petits bâtonnets. Émincer finement le fenouil et le céleri. Couper les tomates en petits cubes.
- Laver les germes de soja et les égoutter. Mélanger ces légumes dans un saladier avec le crabe.
- Presser le jus des citrons dans un bol.
- Ajouter l'huile, la sauce de soja, le nuoc-mam, le gingembre, sel, poivre et quelques gouttes de Tabasco. En arroser la salade.
- Parsemer de coriandre ciselé.

Salade de crabe au concombre

5 min 25 min 4 pers.

Pour la salade de crabe :
750 g de pinces de crabe,
1 concombre moyen,
1 petit melon,
2 tomates vertes,
150 g de mâche,
1 brin d'aneth.
Pour le court-bouillon :
1 oignon,
2 clous de girofle,
1 feuille de laurier,
1 c. à soupe de poivre en grains,
sel.
Pour la sauce :
1 jaune d'œuf,
1/2 c. à café de moutarde de Meaux,
15 cl de crème liquide,
2 c. à café de ketchup,
1 c. à soupe de cognac,
poivre et sel.

- Peler et émincer le concombre. Le saler et le laisser égoutter 15 min.
- À l'aide d'une cuillère parisienne, prélever des billes dans la chair du melon. Les placer dans un bol et couvrir celui-ci de film plastique.
- Rincer et sécher les tomates. Les couper en quartiers.
- Laver, rincer et essorer la mâche. Réserver tous ces ingrédients au réfrigérateur pendant 2 h.

Préparer la sauce :

- dans un bol, mélanger le jaune d'œuf avec la moutarde et les monter comme une mayonnaise, en versant progressivement la crème et en tournant régulièrement. Saler et poivrer. Incorporer le ketchup et le cognac. Réserver la sauce également au réfrigérateur.
- Verser 3 l d'eau dans un faitout. Ajouter l'oignon piqué des clous de girofle, le laurier, le poivre en grains, ainsi que deux cuillerées à soupe de sel. Ajouter les pinces de crabe. Les faire cuire pendant 5 min puis les laisser refroidir dans le court-bouillon.
- Décortiquer les pinces de crabe et retirer tous les cartilages.
- Dans un plat de service, disposer, sur un lit de mâche, le concombre, les billes de melon, les quartiers de tomates ainsi que les morceaux de crabe. Parsemer de l'aneth ciselé.
- Servir frais et présenter la sauce à part.

Salade de gésiers et foie gras de canard aux pleurotes

15 min 10 min 4 pers.

4 gésiers de canard confit,
4 escalopes de foie gras,
300 g de salade de saison mélangée,
150 g de pleurotes,
1 échalote,
50 g de beurre,
huile,
vinaigre vieux de vin,
sel et poivre du moulin.

- Confectionner la sauce avec le sel et le poivre du moulin, l'huile et le vinaigre et l'échalote hachée très finement, fouetter le tout vivement et réserver.
- Trier et nettoyer les pleurotes, les faire revenir à feu vif dans une poêle antiadhésive avec le beurre.
- En fin de cuisson, ajouter les gésiers de canard coupés en lamelles, réserver le tout hors du feu et sur un papier absorbant.
- Nettoyer et égoutter la salade, l'assaisonner légèrement avec la vinaigrette faite avec l'huile et le vinaigre de vin vieux, le sel et le poivre du moulin, en garder un peu.
- Dans une poêle très chaude, faire revenir les escalopes de foie gras (sans matière grasse) pour obtenir une coloration blonde de chaque côté, l'escalope doit être moelleuse. L'égoutter sur papier absorbant.
- Disposer les champignons sur la salade au centre d'une assiette, poser délicatement le foie gras dessus et verser le reste de vinaigrette autour puis un tour de poivre du moulin sur le foie.

Salade de haricots verts

5 min 2 pers.

400 g de haricots verts,
1 œuf dur écrasé,
1 oignon haché,
1 c. de vinaigrette faite avec l'huile de régime,
2 cornichons.

■ Lorsque les haricots sont cuits et froids, les mélanger avec l'oignon haché, l'œuf dur et la vinaigrette. Saler, poivrer. Servir bien frais. Décorer avec les cornichons.

Salade de lactaires délicieux marinés, au vieux cantal

3 min 20 min 4 pers.

**400 g de lactaires,
3 cl de vinaigre de Xérès,
4 cl de vinaigre balsamique,
25 cl d'huile d'olive,
10 cl d'huile d'arachide,
thym frais,
vieux cantal,
sel et poivre du moulin,
15 cl de vinaigre blanc,
gros sel de mer.**

Préparation des champignons

- Trier et plonger les lactaires dans une casserole d'eau bouillante avec le vinaigre blanc et le gros sel pendant environ 3 min. Rafraîchir les lactaires sous l'eau courante et les égoutter sous presse.
- Pour la marinade, mélanger au fouet les vinaigres et les huiles ensemble avec l'assaisonnement et le thym frais. Disposer les lactaires dans un plat en terre et verser votre marinade dessus, elle doit recouvrir les champignons. Le temps de marinade est à votre souhait, cette préparation se conserve de quelques heures à plusieurs jours au frais.
- Pour valoriser votre assiette, il est conseillé de dresser les champignons en dôme et de disposer dessus des copeaux finement taillés de vieux cantal.

La recette est très simple à réaliser. Le plus difficile est de trouver ces fameux champignons et de prendre du vrai cantal affiné.

Salade de langoustines en corset de lard croustillant

30 min 4 pers.

300 g de pissenlit,
12 tranches très fines de lard fumé,
12 grosses langoustines,
1 morceau d'algue séchée,
3 œufs durs,
20 g de beurre,
55 cl d'huile,
2 c. à soupe de vinaigre blanc,
1 c. à café de moutarde,
sel,
poivre moulu.

- Couper l'extrémité des pissenlits et la base des feuilles très amère, puis les rincer soigneusement. Les essorer et faire sécher. Faire tremper l'algue à l'eau tiède. Écaler les œufs, couper les blancs en dés et émietter les jaunes.
- Dans un bol, mélanger le vinaigre, la moutarde, du sel et du poivre. Verser trois cuillerées d'huile en émulsionnant à la fourchette.
- Détacher la tête des langoustines, décortiquer les queues encore crues en conservant l'éventail qui les termine. Poser une lanière d'algue égouttée sur le dos de chacune, envelopper d'une tranche de lard et piquer avec un bâtonnet en bois.

Salade de lentilles

20 min

500 g de lentilles,
6 fines tranches de poitrine fumée,
1 oignon,
2 gousses d'ail,
3 carottes,
1 clou de girofle,
moutarde,
vinaigre,
huile,
sel,
poivre,
ciboulette.

- Faire cuire les lentilles dans l'eau froide avec l'oignon, le girofle, l'ail épluché, les carottes coupées en rondelles, la poitrine fumée coupée en lardons.
- Égoutter les lentilles et retirer le girofle.
- Faire une sauce avec la moutarde, le vinaigre, l'huile, le sel, le poivre, la ciboulette.
- Verser sur les lentilles chaudes et servir immédiatement.

Salade de pieds-de-mouton (clapotons)

20 min 4 pers.

macération 24 h

8 pieds-de-mouton cuits,
2 jaunes d'œufs,
2 c. de moutarde,
3 c. de crème,
25 cl d'huile d'arachide,
1 verre de vinaigre,
sel et poivre.

- Faire tiédir les pieds-de-mouton pour les rendre souples. Les fendre en deux et supprimer les poils intérieurs. Désosser complètement les pieds et les détailler en morceaux. Les mettre dans une terrine avec un verre de vinaigre et une cuillerée de moutarde blanche. Brasser et laisser macérer 24 h.
- Le lendemain, égoutter les clapotons et les mettre dans un saladier.
- Dans un bol, mélanger les jaunes d'œufs, une cuillerée de moutarde, trois cuillerées de crème fraîche, sel et poivre.
- Fouetter vivement et incorporer peu à peu 25 cl d'huile.
- Saupoudrer les clapotons de persil haché, verser la sauce et mélanger longuement.
- Servir en hors-d'œuvre.

Salade de pommes de terre à la nordique

20 min 20 min 4 pers.

1 kg de rattes,
1 bocal de rollmops,
250 g de fromage de Hollande (édam),
1 yaourt bulgare,
15 cl de crème liquide,
aneth,
moutarde à l'ancienne,
sucre en poudre,
poudre de curry,
sel.

- Cuire les pommes de terre à l'eau salée (ou à la vapeur) 20 min environ jusqu'à ce qu'elles soient tendres sous la pointe d'un couteau.
- Préparer la sauce : mélanger la crème, le yaourt, une cuillerée à soupe de moutarde, une cuillerée à café de sucre en poudre, une demi-cuillerée à café de poudre de curry et une pincée de sel. Émulsionner à la fourchette pour que la sauce soit homogène.
- Couper le fromage en fines lamelles, puis recouper les lamelles en lanières.
- Laisser tiédir un peu les pommes de terre, les peler et les détailler en gros dés.
- Égoutter les rollmops, les dérouler et en faire des tronçons.
- Disposer fromage, pommes de terre et rollmops sur les assiettes, répartir la sauce parsemer d'aneth ciselé et servir aussitôt, les pommes de terre doivent être encore tièdes.

Salade de pommes de terre aux harengs

10 min

600 g de pommes de terre,
6 filets de harengs,
marinés,
1 c. à soupe d'oignons
hachés,
3 c. à soupe de vin blanc,
2 c. à soupe de vinaigre,
10 cl de crème fraîche,
sel,
poivre,
moutarde,
ciboulette hachée.

■ Couper en tranches les pommes de terre cuites en robe de chambre. Préparer la sauce avec la moutarde, le sel, le vinaigre, les oignons, la crème et la ciboulette. Ajouter les pommes de terre et les harengs, arroser de vin blanc et mélanger légèrement.

Salade de ris de veau aux copeaux de truffes

20 min 4 pers.

2 salades frisées (selon la grosseur),
300 g de ris de veau (braisés),
10 g de truffe,
2 c. à soupe de vinaigre de Xérès,
2 c. à soupe d'huile tournesol ou noisette,
un peu de jus de truffes.

- Faire un nid de salade sur les assiettes.
- Poêler les ris de veau préalablement braisés.
- Disposer les ris ainsi que les copeaux de truffes sur la salade.
- Déglacer avec le vinaigre, ajouter l'huile et le jus de truffe, vérifier l'assaisonnement et verser la vinaigrette sur la salade.
- Servir aussitôt.

Salade des premières fraîcheurs d'automne

15 min 4 pers.

**150 g de girolles,
200 g de cèpes,
2 échalotes grises,
4 c. à soupe d'huile de noisette,
50 g de noisettes fraîches,
1 branche de persil plat et quelques brins de ciboulette,
sel et poivre du moulin,
un filet de vinaigre de vin vieux ou mieux encore du vinaigre balsamique,
1 citron non traité.**

- Trier et nettoyer les cèpes e les girolles (pour les girolles qui restent un champignon amer cru, il est parfois préférable de les blanchir dans une eau bouillante et salée durant quelques secondes).
- Les émincer et les déposer dans un plat en terre, les arroser d'un petit filet de jus de citron et bien les mélanger. Incorporer ensuite l'huile de noisette, les échalotes hachées finement et la poudre de noisettes fraîches que vous aurez préalablement écrasées.
- Répartir les champignons sur les assiettes en forme de rosace si possible, puis les parsemer de ciboulette finement hachée, les arrose du filet de vinaigre ainsi que d'un cordon d'huile de noisette, déposer au centre le persil plat en brin Avant de servir, déposer dessus un tour de poivre du moulin, servir rapideme et très frais.

Salade du pêcheur

4 pers.

préparation et cuisson : 30 min

4 petits maquereaux (ou 2 gros),
4 c. à soupe de vinaigre de cidre,
1 verre (20 cl) de vin blanc (muscadet),
4 grosses pommes de terre,
1/2 céleri-branche,
3 échalotes hachées,
2 œufs durs,
1 c. à café de moutarde,
1/2 verre (10 cl) de vinaigre de cidre,
6 c. à soupe d'huile,
sel,
poivre.

- Étêter les maquereaux.
- Lever les filets en glissant une lame fine de couteau pointu le long de l'arête dorsale, puis des arêtes ventrales. Poser ces filets dans une grande poêle antiadhésive, peau au-dessus.
- Les saler, poivrer et les arroser avec les quatre cuillerées de vinaigre de cidre plus le vin blanc. Amener à frémissement sur feu moyen.
- Laisser frémir quelques secondes ; retirer du feu et laisser refroidir.
- Par ailleurs, faire cuire les pommes de terre en robe des champs (20 min).
- Pendant ce temps, préparer la vinaigrette dans un plat creux : délayer la moutarde avec le demi-verre de vinaigre de cidre. Ajouter les échalotes puis peu à peu l'huile en remuant vivement. Saler, poivrer, y émincer les tiges et les feuilles tendres du céleri-branche.
- Peler les pommes de terre encore très chaudes. Les couper en rondelles dans la salade. Ajouter trois ou quatre cuillerées à soupe de jus de cuisson des filets de maquereaux et mélanger le tout.
- Poser les filets de maquereaux sur la salade.
- Écraser les œufs durs à la fourchette et en saupoudrer le tour du plat.
- Servir à température ambiante.

Salade floréale

20 min 6 pers.

200 g de grosses crevettes roses cuites,
1 petit bulbe de fenouil,
1 avocat pas très mûr,
2 kiwis,
2 bananes,
150 g de petits champignons très frais et bien fermés,
2 citrons pressés,
2 gros oignons doux,
50 g d'amandes effilées,
1 jeune laitue tendre,
1 petit bouquet de cerfeuil ou de ciboulette,
sel,
poivre.

Pour la sauce :

100 g de petits champignons,
5 c. à soupe de mayonnaise,
2 c. à soupe de crème fraîche,
1 échalote finement hachée,
1 citron pressé.

- Éplucher les oignons, les couper en fines lamelles et les faire rafraîchir 10 min dans une bassine d'eau froide. Les égoutter.
- Couper le bulbe de fenouil en deux puis en fines lamelles dans une jatte. Saupoudrer de sel. Ajouter l'avocat en petits morceaux et les bananes en rondelles. Arroser de jus de citron.
- Ajouter les kiwis pelés, coupés en quatre puis en cubes, les champignons émincés, les oignons et les amandes. Saler, poivrer, mélanger délicatement en ajoutant les crevettes.
- Préparer la sauce. Mixer les champignons avec le jus de citron et l'échalote. Ajouter la mayonnaise, la crème fraîche, sel et poivre. Mixer encore le tout en crème.
- Pour servir. Préparer un lit de feuilles de laitue sur chaque assiette. Recouvrir le centre de salade floréale et napper d'un peu de sauce. Servir le reste de sauce en saucière.

Salade francillon

20 min 1 h 6 pers.

300 g de moules,
1 oignon,
1 branche de céleri,
1 gousse d'ail,
thym,
laurier,
500 g de pommes de terre charlotte,
1 bouteille de sauternes,
3 petites truffes.

Pour la vinaigrette :

1 c. à soupe de vinaigre de vin rouge,
2 c. à soupe d'huile d'olive,
1 c. à soupe de sauternes,
sel,
poivre.

- Laver les pommes de terre, les mettre dans une casserole d'eau froide avec une poignée de gros sel, et porter à ébullition. Réduire le feu et laisser cuire 20 min environ (vérifier la cuisson à la pointe d'un couteau).
- Pendant ce temps, faire revenir un oignon émincé et un morceau de céleri branche, dans de l'huile d'olive, réduire le feu, ajouter de l'ail haché, du thym et du laurier, un verre de sauternes, remettre à feu vif. Verser alors les moules, remuer de temps en temps. Quand toutes les moules sont ouvertes, les ôter de la casserole et les réserver.
- Une fois les pommes de terre cuites, les éplucher encore chaudes, les découper en lamelles régulières et les disposer dans un saladier dans lequel vous aurez versé deux verres de sauternes. Remuer délicatement.
- Décortiquer les moules.
- Émincer les truffes en très fines lamelles, et les faire suer dans une poêle avec un filet d'huile d'olive et un doigt de sauternes, à couvert et à feu doux, pendant 5 min.
- Préparer votre vinaigrette en mélangeant le vinaigre de vin, l'huile d'olive, le filet de sauternes, sel et poivre.
- Égoutter les pommes de terre qui ont mariné dans le vin.
- Dans un plat de service, mélanger les pommes de terre et les moules avec la vinaigrette et déposer les lamelles de truffe.
- Cette salade se déguste tiède, avec le reste du sauternes.

Salade frisée des lords

20 min 4 pers.

1 salade frisée,
1 orange,
10 noix,
10 amandes,
2 c. à soupe de crème fraîche,
1/2 citron,
sel et poivre.

- Peler l'orange avec un économe. Détailler le zeste en fines lamelles.
- Presser les jus du demi-citron et de l'orange et réserver.
- Hacher finement la moitié des noix et des amandes. Couper les autres en gros morceaux. Mélanger le tout dans un saladier avec la crème fraîche, les jus de citron et d'orange, le sel et le poivre.
- Disposer les feuilles de salade dans le saladier. Décorer avec les morceaux de noix et d'amandes en couronne
- Mélanger au moment de servir.

Salade nantaise

10 min

riz,
thym,
tomates,
vinaigrette.

- Elle comprend du riz cuit à l'eau bouillante salée, avec du thon et des tomates coupées en dés. La vinaigrette est préparée avec du cerfeuil, de l'estragon et de la ciboulette hachée.

Salade paysanne à la feta

5 min 10 min 4 pers.

**300 g de pissenlit,
150 g de lardons fumés,
180 g de feta,
2 tranches de pain
de campagne,
3 c. à soupe d'huile d'olive,
2 c. à soupe d'huile
de tournesol,
2 c. à soupe de vinaigre,
1 c. à café de moutarde,
sel,
poivre moulu.**

- Couper l'extrémité des pissenlits et raccourcir la base des feuilles de 2 ou 3 cm. Laver et essorer.
  Les mettre dans un saladier, ajouter la feta coupée en morceaux. Tailler les tranches de pain en cubes.
- Dans un bol, mélanger le vinaigre, la moutarde, du sel et du poivre.
  Verser l'huile d'olive en émulsionnant à la fourchette puis en arroser les pissenlits.
- Faire rissoler les lardons dans 1 c. d'huile de tournesol bien chaude, les réserver sur une assiette. Dans la même poêle, faire chauffer la dernière cuillerée d'huile, faire dorer les cubes de pain de campagne.
- Ajouter les lardons tiédis dans la salade de pissenlits, la remuer une dernière fois, puis la répartir dans des assiettes de service. Parsemer de croûtons chauds et servir aussitôt.

Salade tartare

20 min 4 pers.

400 g de steak haché,
1 botte de radis,
1/2 concombre,
1/2 pied de céleri,
1 cœur de romaine,
1 œuf,
1 c. à café de moutarde,
1 c. à soupe de ketchup,
quelques gouttes de Tabasco,
huile de tournesol,
1 c. à café de cognac,
1 échalote,
1 bouquet de persil,
1 botte de ciboulette,
sel et poivre.

- Préparer un hachis très fin avec l'échalote, le persil et la ciboulette.
- Du bout des doigts, façonner des boulettes de steak haché de la taille d'une grosse noix et rouler ces boulettes dans le hachis échalote-fines herbes. Garder au réfrigérateur.
- Laver les radis, les découper en rondelles. Peler le concombre, le partager en deux dans le sens de la longueur, retirer les graines. Découper la pulpe en petits cubes. Peler les côtes du céleri, les découper en petits tronçons. Laver et essorer la salade, en ciseler les feuilles.
- Sur un grand plat, disposer joliment tous les légumes ainsi que les boulettes de viande hachée.
- Préparer une mayonnaise avec le jaune d'œuf, la moutarde, le sel, le poivre moulu et l'huile.
- Quand la mayonnaise est ferme, lui ajouter le ketchup, le Tabasco et le cognac. Goûter pour vérifier l'assaisonnement. Servir en saucière.

À noter. Ce plat se prépare à la dernière minute. Veiller à avoir les mains propres pour manipuler la viande et garder la viande en attente au réfrigérateur.

Salade tiède aux langoustines

6 pers.

préparation et cuisson : 30 min

**1 kg de grosses langoustines,
1 gros blanc de poireau,
1 carotte râpée,
6 petits champignons bien blancs,
1 tomate moyenne,
250 g de haricots verts extra-fins,
1 gros oignon,
3 grosses cuillerées à soupe de crème fraîche épaisse,
10 cl (1/2 verre) de xérès,
1/2 c. à café de curry,
2 c. à café de nuoc-mam,
1 c. à soupe de ketchup,
2 c. à soupe de jus de citron vert,
quelques gouttes de Tabasco,
50 g de beurre,
sel, poivre, vinaigre.**

- Amener à ébullition une marmite d'eau salée et additionnée de trois cuillerées à soupe de vinaigre, y plonger les langoustines vivantes et les laisser 1 min en remuant. Les égoutter (elles ne doivent pas être tout à fait cuites).
- Jeter les têtes, décortiquer les corps et les grosses pinces. Les réserver dans un bol, les saupoudrer de curry, mélanger.
- Couper le blanc de poireau en tronçons de 5 cm, puis couper chaque tronçon en deux dans l'épaisseur et détailler en fines lanières. Couper les queues des champignons au ras des têtes ; émincer les têtes.
- Faire fondre les légumes poireau, carotte, champignons avec le beurre dans une poêle sur feu doux 2 min. Mouiller avec le xérès, ajouter le nuoc-mam, le ketchup, le Tabasco, le jus de citron vert, la crème fraîche, sel et poivre. Augmenter le feu et cuire 2 min. Ajouter les langoustines. Cuire encore 2 min. Retirer du feu.
- D'autre part, couper les haricots verts en bâtonnets et les faire cuire al dente, c'est-à-dire encore croquants. Pour qu'ils conservent leur couleur les jeter dans beaucoup d'eau salée en pleine ébullition. Les égoutter et les jeter dans de l'eau très froide.
- Peler et épépiner la tomate, couper la chair en petits dés.
- Émincer l'oignon en fines lamelles, les rafraîchir à l'eau froide.
- Au moment de servir, disposer sur chaque assiette une couronne de haricots verts. Réchauffer les langoustines et les verser au centre, décorer de petits dés de tomate et de lamelles d'oignons. Servir aussitôt.

Salade tiède d'andouille au poireau vinaigrette

15 min 10 min 4 pers.

16 tranches d'andouille,
8 poireaux moyens,
2 échalotes,
1 verre d'huile,
2 à 3 c. à soupe de vinaigre de vin,
sel,
poivre,
persil plat,
estragon,
moutarde et graines de moutarde

- Séparer le vert et le blanc des poireaux. Cuire les blancs dans un bouillon, égoutter, conserver au chaud. Poêler rapidement les tranches d'andouille. Pendant ce temps, confectionner une vinaigrette avec l'huile, la moutarde et les graines, le vinaigre, sel, poivre. Emincer finement les échalotes, les blanchir rapidement dans de l'eau bouillante. Egoutter.
- Dresser les poireaux au centre des assiettes, déposer les andouilles rôties dessus. Parsemer d'herbes et assaisonner de vinaigrette.

Salade tricolore

20 min4 à 6 pers.

6 grosses tomates,
1 petit oignon rouge,
huile d'olive extra-vierge pour arroser le plat,
50 g de cresson,
2 c. à soupe de pignons (facultatif),
175 g de mozzarella,
sel,
poivre noir fraîchement moulu.

- Couper grossièrement le cresson. Découper la mozzarella en fines tranches.
- Trancher les oignons en lamelles en éliminant le cœur. Faire tremper les tranches d'oignon dans de l'eau froide 30 min, puis égoutter et laisser sécher. Peler les tomates en les trempant dans de l'eau bouillante.
- Couper les tomates et en disposer la moitié dans des assiettes individuelles ou dans un grand saladier.
- Arroser généreusement d'huile d'olive. Disposer le cresson, les rondelles d'oignon et assaisonner. Ajouter le fromage, un peu d'huile d'olive et rectifier l'assaisonnement si nécessaire.
- Répéter l'opération précédente, tomates, feuilles de salade, fromage et huile.
- Assaisonner et parsemer de pignons. Couvrir le plat d'un film plastique. Conserver au froid 2 h et servir très frais.

Salade verte aux lardons et aux croûtons

20 min 6 pers.

2 têtes de salade verte, de préférence frisée, 200 g de petits lardons fumés, 6 œufs et 6 tranches de pain, du vinaigre de vin, 2 ou 3 c. d'huile, 1 ou 2 gousses d'ail, sel et poivre.

- Éplucher et laver la salade.
- Plonger les lardons dans de l'eau bouillante 1 min et les égoutter sur un papier absorbant.
- Faire pocher les œufs dans de l'eau bouillante additionnée de vinaigre pendant 2 min environ pour que le blanc soit pris, sans plus, et les égoutter également sur un papier absorbant.
- Faire griller les tranches de pain au grille-pain, les frotter à l'ail et les découper en petits cubes ; les poser sur une assiette.
- Dans une poêle faire revenir les lardons dans l'huile, les sortir et les poser aussi sur l'assiette.
- Mettre un peu de vinaigre dans la poêle libérée des lardons et le faire bien chauffer en lui ajoutant du sel et du poivre moulu.
- Placer la salade bien essorée dans un saladier, poser dessus les lardons et les croûtons, verser le vinaigre chaud et remuer.
- Pour finir, poser les œufs pochés par-dessus et servir.

Salade vitaminée

10 min 4 pers.

I endive,
1/4 de chou rouge,
40 g de raisins secs de Corinthe,
2 oranges,
3 c. à soupe d'huile de tournesol,
3 c. à café de vinaigre de cidre,
I c. à café de moutarde,
2 petites échalotes,
I c. à soupe de persil haché,
sel et poivre.

- Laver le chou et faire tremper les raisins de Corinthe dans un verre d'eau tiède.
- Ôter la partie centrale de l'endive et la couper en rondelles. Râper le chou rouge. Peler à vif les quartiers d'orange.
- Dans un plat de service, placer le chou rouge râpé puis les rondelles d'endive et les quartiers d'orange. Répartir les raisins de Corinthe sur les ingrédients.
- Préparer une vinaigrette avec la moutarde, l'huile, le vinaigre, le persil, les échalotes hachées, le sel et le poivre.
- Verser sur la salade et mélanger.

Sushis en salade

40 min 4 pers.

1,3 l de sushi-meshi,
1 feuille d'algue nori,
5 c. à soupe de sésame blanc,
20 crevettes,
3 c. à soupe d'œufs de saumon,
1 tomate,
1 petit concombre,
8 feuilles blanches de laitue,
3 branches de cresson.
Sauce vinaigrette :
3 c. à soupe d'huile,
1 c. à soupe de vinaigre,
sel et poivre.

- Faire dorer légèrement à la flamme la feuille d'algue sur les deux faces, puis la broyer finement entre les mains.
- Faire griller le sésame blanc, jusqu'à ce que le parfum s'en dégage. Faire blanchir les crevettes dans un peu d'eau salée. Retirer la tête et la carapace en conservant la dernière section ainsi que la queue.
- Ébouillanter la tomate. La peler, l'épépiner et la couper en lamelles de 3 cm de long. Éplucher le concombre et le découper en fines rondelles.
- Laver la salade et la couper en chiffonnade. Mélanger sushi-meshi, sésame grillé et brisures d'algue.
- Dans un saladier, disposer concombre, tomate, laitue et arroser le tout avec la vinaigrette. Ajouter le premier mélange en remuant délicatement l'ensemble de la salade.
- Présenter sur un plat de service en décorant de crevettes, cresson et œufs de saumon.

Tartare de tomates aux herbes et échalote crue, vinaigrette à l'huile d'olive

10 min 6 pers.

10 belles tomates,
1 échalote,
1 bouquet de basilic,
huile d'olive de Maussane,
sel,
poivre,
vinaigre balsamique.

- Monder les tomates, les couper en quatre et ôter les graines. Les mettre sous presse le plus longtemps possible. Les réhydrater avec l'huile d'olive.
- Assaisonner avec le sel, le poivre et adjoindre le basilic haché et échalote ciselée et quelques gouttes de vinaigre balsamique.
- Mettre dans des moules ronds pour la présentation et arroser d'huile d'olive au moment de servir.
- C'est une entrée très simple. Le fait de presser les tomate tout une nuit leur fait rejeter le trop d'eau qu'elles contiennent. En les réhydratant avec une bonne huile d'olive, elles vous laissent un parfum encore plus délicat et plus agréable, surtout quand les tomates sont bonnes et bien mûres.

Les viandes

Des recettes actuelles

Andouillettes au vouvray

45 min 10 min 4 pers.
repos : 1 nuit

4 belles andouillettes,
500 g de champignons émincés,
300 g d'échalotes émincées,
1 petite gousse d'ail hachée,
2 c. à soupe de persil haché,
2 grosses c. à soupe de chapelure,
2 verres de vin de vouvray,
4 c. à soupe de vieux marc (ou de cognac),
sel,
poivre,
beurre.

La veille :

- Mettre les andouillettes à mariner dans le vin et le vieux marc. Les retourner de temps en temps.

Le lendemain :

- Chauffer une noix (50 g) de beurre dans une grande poêle, y blondir les échalotes et l'ail 3 à 4 min. Ajouter les champignons, blondir le tout 5 min. Verser le mélange dans un plat à four. Y enfouir les andouillettes, mouiller avec la marinade.
- Saupoudrer de persil haché et de chapelure. Saler, poivrer, faire cuire 45 min dans le four préchauffé sur th. 5. Servir avec une purée de pommes de terre.

Andouillettes de Troyes au vin blanc

15 min 10 min 4 pers.

4 andouillettes de Troyes,
2 échalotes,
2 c. à soupe d'huile,
40 g de beurre (20 + 20),
1 bon verre de vin blanc sec,
sel,
poivre.

- Piquer les andouillettes de place en place avec les dents d'une fourchette. Eplucher les échalotes et les hacher finement.
- Faire chauffer l'huile et la moitié du beurre dans une poêle. Y déposer les andouillettes et les faire dorer pendant 10 min en les retournant à mi-cuisson.
- Les retirer et les réserver sur un plat de service chaud. Mettre le reste du beurre dans la poêle et ajouter les échalotes. Les faire dorer en remuant à la spatule pour qu'elles ne brûlent pas. Déglacer la poêle avec le vin blanc, saler, poivrer.
- Faire cuire 4 min. Verser la sauce sur les andouillettes et servir chaud avec de la moutarde.

Biftecks à la montaigu

15 min 90 min 4 pers.

500 g de noix de bœuf,
3 œufs,
40 g de mie de pain,
6 c. de lait,
1 oignon,
1 c. de semoule fine,
50 g de beurre,
sel,
poivre,
muscade,
1/2 verre de vin blanc,
persil haché.

- Hacher la viande et la mettre dans une terrine.
- Mettre la mie de pain et le lait dans un bol. Laisser reposer. Hacher finement l'oignon et le faire revenir, sans roussir, dans un petit peu de beurre.
- Ecraser le pain, l'égoutter et le mettre dans la terrine, ainsi que l'oignon revenu. Saler, poivrer, ajouter un peu de muscade râpée. Mélanger le tout en incorporant les œufs l'un après l'autre.
- Ajouter la semoule. Le mélange doit être assez consistant. Laisser reposer 1 h.
- A l'aide de deux cuillères, former des biftecks de taille moyenne de 3 cm d'épaisseur.
- Faire chauffer le beurre dans une poêle, y placer les biftecks, couvrir et faire cuire à feu modéré pendant 15 min.
- Les retourner à mi-cuisson.
- Placer les biftecks sur un plat chauffé. Verser le vin blanc dans la poêle, mélanger à l'aide d'une fourchette et verser la sauce obtenue sur les biftecks qui doivent être moelleux, mais dorés et légèrement croustillants.

Blanquette à l'ancienne (veau ou agneau)

1 h 45 30 min

I épaule d'agneau ou 750 g d'épaule et de poitrine de veau,
I l d'eau froide,
sel,
thym,
I feuille de laurier,
3 gousses d'ail,
I oignon,
I blanc de poireau,
I branche de céleri,
2 carottes,
I navet,
I citron,
30 g de beurre,
2 c. de farine,
2 jaunes d'œufs,
2 c. de crème.

- Couper la viande en gros morceaux.
- La mettre dans une cocotte et couvrir d'eau froide. Faire bouillir, écumer, saler.
- Ajouter du thym, le laurier, le zeste du citron, l'ail, l'oignon coupé en quatre.
- Au bout de 1 h, mettre le poireau et le céleri en tronçons, les carottes et le navet en morceaux.
- Faire cuire encore 45 min.
- Préparer un roux avec le beurre, la farine et deux louches de bouillon tiède.
- Délayer les jaunes d'œufs avec la crème fraîche. Verser sur le roux, remuer sans laisser bouillir.
- Mettre la viande dans un plat creux, verser la sauce, servir avec du riz.

On peut garder le bouillon de la cocotte pour agrémenter un potage.

Bœuf bourguignon

2 h 30 min 4 pers.

1 kg de viande de bœuf destinée à cette recette (le préciser au boucher qui donnera gîte, culotte ou paleron etc., suivant l'appellation régionale), coupée en morceaux assez petits pour qu'il y en ait 3 ou 4 par personne,
150 g de petits lardons fumés,
50 g de beurre et 1 c. d'huile,
1 carotte et 1 oignon coupés en rondelles,
1 ou 2 gousses d'ail fendues en 2 pour pouvoir ôter le germe,
2 c. à soupe de farine (environ 30 g),
1/2 bouteille de vin rouge et 1 verre d'eau,
bouquet garni,
sel,
poivre.

- Dans le beurre et l'huile mélangés et chauffés, faire fondre les petits lardons et faire roussir de toutes parts les morceaux de viande. Pour plus de commodité, on peut faire cette opération dans une poêle et passer à mesure les morceaux bien dorés dans la cocotte qui servira à finir la cuisson.
- Ajouter carotte et oignon puis saupoudrer de farine en mélangeant bien pour faire dorer celle-ci.
- Verser le vin rouge et l'eau d'abord dans la poêle pour la déglacer, puis sur la viande de façon à presque la couvrir, amener à ébullition et laisser frémir environ 2 h, en mettant le couvercle de la cocotte.
- Ajouter le bouquet garni et l'ail seulement au bout d'une heure de cuisson de façon à ce qu'ils conservent mieux leur parfum.
- Au moment de servir, retirer le bouquet garni, l'ail et l'oignon, à moins qu'il n'y ait des amateurs pour les manger avec les pommes de terre cuites à la vapeur qui sont les légumes conseillés avec ce plat.
- On peut aussi servir avec une purée de pois cassés ; dans ce cas prévoir une quantité de liquide (vin et eau) un peu plus importante.

Bœuf miroton

45 min 30 min 4 pers.

600 g de bœuf cuit (reste de pot-au-feu), 150 g de petits lardons, 1 c. à soupe d'huile, 2 gros oignons, 2 tomates et 1 c. à soupe de concentré de tomates, 1 c. à café de farine, 6 gros cornichons au vinaigre, 1 verre de bouillon de pot-au-feu, 1/2 verre de vin blanc sec, sel et poivre.

- Couper le bœuf en lamelles régulières, les cornichons en rondelles, les tomates épluchées et épépinées en petits cubes.
- Éplucher et émincer les oignons et les faire fondre, à feu doux, dans une poêle, avec l'huile, jusqu'à ce qu'ils deviennent transparents ; les sortir alors de la poêle.
- Faire revenir les lardons à leur tour dans la poêle.
- Remettre les oignons avec les lardons, saupoudrer de farine, mélanger et verser le bouillon ainsi que le vin blanc, puis laisser épaissir la sauce à feu doux en remuant quelques minutes.
- Ajouter les cubes de tomate et le concentré, ainsi que les rondelles de cornichon, saler et poivrer.
- Installer les lamelles de viande dans un plat à four, verser la sauce dessus et mettre 45 min au four (th. 5).

Boles de picolats des Albères (boulettes de viande)

30 min 20 min 4 pers.

200 g de viande de bœuf hachée,
500 g de chair à saucisse,
6 gousses d'ail,
3 c. de farine,
2 œufs,
persil,
sel et poivre.
Pour la sauce :
100 g de lardons,
50 g de jambon cru,
1 gros oignon,
2 tomates bien mûres,
200 g d'olives dénoyautées,
50 cl de bouillon,
2 c. d'huile d'olive,
piment de Cayenne,
cannelle,
sel,
poivre.

- Mélanger à la main, dans une terrine, le bœuf haché et la chair à saucisse. Ajouter l'ail et le persil hachés finement, les œufs entiers, sel et poivre.
- Pétrir l'ensemble et diviser cette farce en une vingtaine de boulettes. Les rouler dans la farine.
- Dans une cocotte en terre, chauffer l'huile et faire dorer rapidement les boulettes, puis les retirer. Mettre les lardons et le jambon coupé en dés. Faire revenir puis ajouter l'oignon haché, les tomates pelées, épépinées et concassées, une pointe de cayenne, une cuillerée à café de cannelle en poudre, une cuillerée de farine.
- Mélanger à la spatule et laisser cuire et réduire.
- Ajouter le bouillon et faire bouillir.
- Déposer les boulettes, couvrir la cocotte et faire mijoter 30 min. Blanchir les olives 5 min à l'eau bouillante. Les égoutter et les mettre dans la cocotte.
- Laisser mijoter à nouveau à feu doux et à couvert pendant 30 min.
- Servir dans la cocotte, accompagné de haricots en « salpiquet ».

Caghuse

1 h 30 20 min 6 pers.

1 rouelle de porc de 1,2 kg (ou un jarret),
600 g d'oignons,
80 g de beurre,
30 g de saindoux,
sel,
poivre,
5 cl de vinaigre de cidre.

- Graisser une terrine en grès avec du saindoux. Éplucher les oignons et les émincer. Déposer le porc dans la terrine sur une couche d'oignons, recouvrir avec les oignons restants, saler, poivrer. Arroser de beurre fondu et mettre à four chaud (th. 7/8) pendant 30 min en faisant dorer des deux côtés.
- Arroser avec le vinaigre et un verre d'eau et remettre au four pendant 1 h environ en l'arrosant fréquemment.
- Servir froid.

Carbonade flamande

h 30 min 6 pers.

1,250 kg de bœuf à braiser (basses-côtes, tranche ou paleron),
2 gros oignons,
50 g de saindoux,
1 c. à soupe de cassonade,
1 bouquet garni (2 branches de thym, 1 feuille de laurier, 1 feuille de poireau),
50 cl de bière blonde,
2 c. à soupe de moutarde forte,
1 c. à soupe

- Dans une cocotte en fonte, faire revenir les tranches de viande dans la moitié du saindoux bien chaud.
- Les retirer et jeter la matière grasse. Faire blondir les oignons émincés dans le reste du saindoux pendant une dizaine de minutes, ajouter la cassonade et le vinaigre puis remettre la viande avec le bouquet garni. Saler, poivrer. Couvrir avec la bière. Tartiner de moutarde sur les deux faces la tranche de pain d'épice

Suite page 174

Carbonade flamande

Suite de la page 173

de vinaigre de vin,
1 tranche de pain d'épice,
sel,
poivre.

et la placer au centre de la cocotte.

- Couvrir hermétiquement et laisser cuire à feu doux pendant 3 h.

Cassoulet de Castelnaudary

4 h | 45 min | 8 pers.

1,2 kg de haricots blancs,
1 saucisson à cuire à l'ail de 300 g,
800 g d'épaule de mouton,
500 g de longe de porc,
1 jarret demi-sel,
300 g de lard de poitrine demi-sel,
200 g de couennes de porc fraîches,
100 g de saindoux,
5 gousses d'ail,
2 oignons dont 1 piqué d'un clou de girofle,
2 carottes,
1 bouquet de persil,
2 tomates,
thym,
laurier,
chapelure,
sel et poivre.

- La veille, faire tremper les haricots blancs à l'eau fraîche.
- Piquer la longe de porc de quelques éclats de gousses d'ail, et la frotter avec des feuilles de thym.
- Le lendemain, désosser l'épaule de mouton et la découper en morceaux ainsi que la longe de porc. Blanchir pendant 10 min à l'eau bouillante le jambonneau et le lard de poitrine (dit « coustelou »). Les laisser égoutter. Dans un faitout ou une grande cocotte, verser les haricots et les recouvrir d'eau froide. Porter à ébullition et lorsque l'eau bout, mettre le lard de poitrine, le jarret, les couennes, un oignon piqué d'un clou de girofle,

Suite page 1

Cassoulet de Castelnaudary

Suite de la page 174

les carottes, les tomates pelées et épépinées, thym, laurier. Faire chauffer jusqu'à ébullition, à couvert, et cuire doucement pendant 3 h. Pendant ce temps, dans une cocotte, faire revenir au saindoux les morceaux de longe de porc et d'épaule de mouton avec un oignon haché. Saler et poivrer. Lorsque les morceaux de viandes sont bien dorés, de tous côtés, ajouter deux louches du jus des haricots, couvrir la cocotte et laisser cuire doucement pendant 20 min en remuant souvent. Lorsque les haricots sont presque cuits, retirer les légumes de garniture et mettre les morceaux de mouton et de longe de porc avec leur jus de cuisson.

- Ajouter le saucisson. Faire mijoter doucement pendant 1 h.
- Prendre un grand plat à haut bord, en terre vernissée - la tradition veut qu'elle soit d'Issel - et frotter copieusement l'intérieur avec de l'ail.
- Tapisser le fond avec les couennes, puis verser la moitié des haricots égouttés et disposer dessus les morceaux de longe et de mouton, le jambonneau et le « coustelou » coupés en morceaux, le saucisson (la peau retirée) en tranches. Couvrir avec le reste de haricots, poivrer copieusement, mouiller avec le jus de cuisson et parsemer le dessus du plat avec quelques noisettes de saindoux.
- Mettre à four très doux, pendant 2 h au moins.
- Toutes les 20 min, crever la croûte dorée qui se forme au-dessus du plat et l'enfoncer avec une cuillère de bois. On dit qu'il faut le faire sept fois...
- Une demi-heure avant de servir, saupoudrer la surface du cassoulet de chapelure. Servir dans le plat.

Accompagner le cassoulet d'un vin rouge léger et frais.

Civet de porc façon Hugon

1 h 30 min 6 pers.

1,2 kg d'échine,
2 oignons,
3 carottes,
bouquet garni,
sel,
poivre,
thym,
1 l de vin rouge,
1 c. de farine,
1 verre de sang de lapin (ou volaille)

- Couper la viande en cubes, la faire revenir au beurre et à l'huile. Lorsque ceux-ci sont bien dorés, saupoudrer de farine.
- Mélanger le tout avec le litre de vin rouge. Ajouter le sel, le poivre, thym, bouquet garni, trois clous de girofle, faire cuire 1 h environ.
- Retirer la viande et lier la cuisson avec le verre de sang.
- Vérifier l'assaisonnement et servir avec des pâtes fraîches.

Côte de bœuf à la nantaise

1 h 2 pers.

1,2 kg environ de côte de bœuf,
100 g de petits oignons,
60 g de lard fumé,
150 g de champignons (cèpes, girolles, pleurotes ou champignons de Paris),
400 g de pommes de terre grenailles de Noirmoutier,
150 g de beurre,
5 cl d'huile d'arachide,
sel de Guérande,
poivre,

Garniture

- Blanchir puis faire sauter les pommes de Noirmoutier au beurre avec une goutte d'huile et finir la cuisson au four après avoir assaisonné.
- Eplucher les petits oignons et les cuire avec 20 g de beurre, une pincée de sucre, sel et un petit peu d'eau, jusqu'à évaporation de l'eau et laisser colorer légèrement.

Suite page

Côte de bœuf à la nantaise

Suite de la page 176

10 cl de muscadet,
1/2 botte de cresson

■ Couper le lard en petits lardons, les blanchir, et les faire sauter dans un peu d'huile à la poêle, garder la cuisson pour faire cuire les champignons nettoyés et coupés en quartiers.

Côte de bœuf

■ Poser la côte de bœuf dans une sauteuse bien chaude avec un peu d'huile et de beurre, la cuire selon son goût, puis la retirer et la garder au chaud entre deux assiettes.

Sauce

■ Dégraisser la sauteuse, ajouter le muscadet, flamber et laisser réduire aux trois quarts, ajouter le sang de la côte de bœuf et le beurre restant, coupé en petits morceaux, en chauffant légèrement et en mélangeant avec un fouet sans faire bouillir, ajouter les oignons, lardons et champignons, vérifier l'assaisonnement.

Présentation

■ Couper la côte de bœuf en tranches épaisses et la reconstituer sur un plat chaud, napper avec la sauce et garniture, ajouter les pommes de terre autour ainsi que le cresson en bouquet.

Daube au vin d'Arbois

2 h 15 6 pers.

**1,5 kg de gîte à la noix de bœuf,
50 g de beurre,
2 c. d'huile,
3 oignons,
2 c. de farine,
1 bouteille de vin d'Arbois,
2 pieds de porc coupés en quatre,
50 g de couennes maigre,
1 kg de carrotes,
2 gousses d'ail,
1 bouquet garni,
sel,
poivre.**

- Découper la viande en cubes de 5 cm de côté.
- Dans une grande cocotte, les faire revenir dans le beurre et l'huile.
- Ajouter les oignons émincés, laisser suer quelques minutes, saupoudrer de farine et ajouter le vin, les pieds, la couenne taillée en larges bandes, les carottes coupées en rondelles, l'ail, le bouquet garni, le sel et le poivre.
- Couvrir et laisser cuire doucement pendant 2 h en remuant de temps en temps.

Daube de pieds de porc à la paysanne

4 h 4/6 pers.

**400 g de poitrine salée (ventrèche),
2 pieds de porc par personne,
200 g de carottes,
200 g d'oignons,
cognac et vin rouge,
200 g de couenne,
sel et poivre.**

- Faire fondre la ventrèche détaillée en petits morceaux.
- Ajouter les carottes et les oignons émincés, et disposer les pieds de porc que l'on aura blanchis.
- Flamber au cognac, mouiller au vin rouge, laisser mijoter à couvert pendant 4 h environ, après avoir luté le couvercle.

Échine de porc aux abricots secs et au miel de Cavaillon

3 h 20 min 6 pers.

1,5 kg d'échine de porc dégraissée et coupée en gros cubes,
20 abricots secs,
100 g de raisins blonds,
3 c. à soupe de vinaigre fin,
1 c. à soupe de miel,
2 oignons émincés,
1 c. à café de gingembre en poudre,
1/2 c. de cannelle en poudre,
1/2 c. de cumin,
3 c. à soupe d'huile d'olive,
sel,
poivre

- Mettre les abricots et les raisins dans une jatte et les arroser d'eau bouillante. Les laisser gonfler.
- Dans une cocotte, faire suer les oignons dans un peu d'huile. Faire dorer les morceaux de porc dans une sauteuse. Les retirer au fur et à mesure et les mettre dans la cocotte avec les oignons. Jeter le gras de cuisson du porc, et déglacer les sucs avec le vinaigre. Verser sur le porc et les oignons. Ajouter le miel et les épices. Mouiller de 70 cl d'eau. Saler, poivrer.
- Egoutter abricots et raisins secs. Les ajouter à la viande en cocotte. Couvrir et mettre à four doux th. 4-5 pendant au moins 3 h pour obtenir une compote onctueuse.

Suggestion : à servir avec des pâtes fraîches, du riz créole ou des pommes vapeur, et quelques feuilles de coriandre ou de menthe.

Épaule de porc (façon sanglier)

30 min 4 pers.

marinade : au moins 48 h

1 épaule de porc frais marinée pendant au moins 48 h avec 1 bouteille de bon vin rouge,
1 c. à soupe d'huile d'olive,
sel,
poivre en grains,
clous de girofle,
thym,
laurier,
persil,
ail,
oignons,
carottes coupées en rondelles et 1 morceau de rave qui va donner le goût de sauvage.

- Sortir le morceau de la marinade, bien l'éponger et le faire dorer dans une cocotte allant au four, en fonte de préférence.
- Arroser avec une bonne partie du jus de la marinade et cuire au four (1/2 h par livre environ).
- Pendant ce temps, mettre dans une petite casserole 1 verre de vinaigre de vin (10 cl), thym et laurier émiettés (bien secs), poivre du moulin, carottes en rondelles, 1 grosse échalote émincée, persil. Faire cuire très doucement à découvert pour réduire à la valeur d'une cuillère à soupe (on peut ajouter un peu d'eau en cours de cuisson si la réduction est trop rapide).
- Préparer aussi un beurre manié.

Au moment de servir :

- déposer l'épaule coupée en tranches dans un plat creux tenu au chaud, mêler la réduction au vinaigre au jus de cuisson et passer au chinois avant d'ajouter le beurre manié, verser sur la viande.
- Servir avec tout légume et garniture convenant au gibier tels que marrons, pommes fruits, crosnes, gelé de groseilles ou de myrtilles etc.

Escalopes de veau comtoises

25 min 10 min 6 pers.

6 belles escalopes de veau,
3 c. d'huile,
100 g de champignons de Paris cuits,
6 tranches de jambon cru fumé,
100 g de gruyère râpé,
10 cl de crème fraîche,
sel,
poivre.

- Saler et poivrer les escalopes, les faire dorer dans l'huile dans une grande poêle, 10 min de chaque côté.
- Les recouvrir de jambon cru et du gruyère râpé.
- Les mettre sur un plat allant au four.
- Dans la poêle ajouter les champignons émincés puis la crème fraîche.
- Laisser cuire 4 à 5 min.
- Assaisonner et napper les escalopes.

Falette de veau farcie à l'auvergnate

2 h 1 h 8 pers.

2 kg de poitrine de veau entière,
450 g de gorge de porc,
350 g de poitrine de porc,
100 g de mie de pain trempée dans du lait,
3 œufs,
200 g d'oignons,
200 g de raisins secs,
2 gousses d'ail,
50 g de persil,
muscade,
saindoux,
gros sel et poivre.

- Ouvrir délicatement la poitrine, inciser avec un long couteau le milieu des chairs de façon à créer une poche, sans déborder sur les extrémités. Cette poche est destinée à enfermer la farce.

Pour la farce :

- Hacher la gorge, la poitrine de porc avec la mie de pain bien homogène, une gousse d'ail et le persil. Ajouter trois œufs entiers et les raisins secs gonflés à l'eau tiède et égouttés.

Suite page 182

Falette de veau farcie à l'auvergnate

Suite de la page 181

- Mettre le sel, le poivre et une pointe de muscade râpée.
- Garnir l'intérieur de la poitrine et coudre avec de la ficelle de manière à former un coussin. Si la farce s'échappait par un côté, il faudrait le coudre également.
- Faire dorer avec le saindoux dans une cocotte assez grande pour y laisser la falette à plat.
- La retourner pour dorer l'autre côté.
- Ajouter les oignons émincés et la gousse d'ail pilée.
- Couvrir et cuire à four moyen 2 h environ.
- À mi-cuisson, on peut ajouter un verre d'eau si nécessaire.
- Pour servir, retirer la falette et attendre avant de la découdre, car elle pourrait s'ouvrir en laissant s'échapper la farce. Découper en tranches, dresser sur un plat et napper avec le jus.
- Ce plat peut s'accompagner de lentilles vertes du Puy mais aussi de petits choux, de pommes rissolées ou de girolles.
- Cette falette se réchauffe très bien et peut aussi bien se servir froide.

Filet de bœuf Périgueux

1 h 15 30 min 4 pers.

1 kg de bœuf dans le filet,
1 lobe de foie de canard frais,
1 tranche de jambon de pays,
2 petites truffes,
sel,
poivre,
3 échalotes,
1 oignon,
1 louche de bouillon,
1 verre de vin blanc sec,
2 c. d'eau-de-vie,
1 c. de graisse.

- Préparer d'abord la sauce en faisant revenir dans la graisse les échalotes et l'oignon émincés finement, ainsi que le jambon en petits dés.
- Mouiller avec le bouillon.
- Ajouter quelques grains de poivre.
- Dans une autre casserole, chauffer le vin blanc et l'eau-de-vie, les flamber dans la sauce.
- Faire réduire à petit feu 45 min, passer à la passoire fine, remettre sur le feu 10 min avec une truffe coupée en petits dés.
- Ouvrir le rôti, le farcir avec le foie de canard légèrement salé, le refermer, le larder avec des lamelles de truffe. Le mettre au four chaud (th. 7-8) 30 min. Le saler sur les deux faces en fin de cuisson.
- Mettre sur un plat chaud, le napper de sauce.

Gigot d'agneau aux fèves fraîches

1 h 30 min 6 pers.

I petit gigot d'agneau désossé,
lard à piquer,
I kg de fèves fraîches,
50 g de saindoux,
I verre de vin blanc sec,
sel,
poivre.

- Le petit gigot doit être désossé, salé et poivré intérieurement, roulé et ficelé puis piqué de lardons.
- Ecosser les fèves fraîches et les éplucher pour retirer la peau de chacune.
- Dans une cocotte, chauffer le saindoux et faire revenir le gigot, à feu moyen, de façon à ce qu'il soit bien doré de tous côtés, en le retournant souvent. Verser alors le vin dans la cocotte, la couvrir et la mettre à four chaud préchauffé (th. 7) pendant 30 min.
- Ce temps passé, ajouter les fèves autour du gigot, saler, poivrer, couvrir et cuire encore 30 min.
- Pour servir, enlever le gigot, retirer les ficelles, le découper et placer les tranches sur un plat de service chauffé. Disposer les fèves tout autour.
- Servir le jus de cuisson en saucière.

Collection
1996
Fiefs Vendéens
MAREUIL ROUGE

Grenadin de veau aux morilles

5 min 4 pers.

I filet de veau entier,
200 g de morilles,
25 cl de jus de veau,
25 cl crème réduite.

- Poêler le filet.
- Ajouter le jus de veau et laisser réduire avec la crème et les morilles poêlées.
- Le servir avec des pâtes fraîches.

Jambon d'York « route de l'Orient »

20 min 20 min 4 pers.

4 morceaux de sucre,
2 c. à soupe de bon vinaigre,
2 c. à soupe de fond de veau déshydraté,
20 g de raisins de Corinthe,
I c. à soupe de miel,
cannelle,
cumin,
coriandre,
genièvre,
poivre rose,
cardamome,
graines de moutarde,
4 tranches épaisses

- Délayer le fond de veau dans 20 cl d'eau. Mettre les raisins à gonfler dans un peu d'eau tiède.
- Concasser grossièrement le sucre. Le mettre sur feu doux dans une casserole jusqu'à l'obtention d'un caramel blond. Ajouter le vinaigre. Laisser bouillir jusqu'à la limite de l'évaporation puis verser le fond de veau.
- Ajouter ensuite les raisins et une cuillerée à café de chacune des épices.

Suite page 1

Jambon d'York « route de l'Orient »

Suite de la page 186

de jambon à l'os,
600 g d'épinards,
sel,
poivre noir

Réduire à feu doux de trois quarts.

- Laver les épinards et les faire cuire rapidement à la vapeur. Ranger le jambon dans une sauteuse en le faisant chevaucher avec les épinards. Verser la sauce aux épices dessus. Poivrer. Laisser mijoter pendant 10 min.

Jambon de Saint-François à l'ananas

10 pers.

1 jambon de 5 kg avec l'os,
40 clous de girofle,
1 ananas,
150 g de sucre,
100 g de miel liquide,
3 cuillerées à soupe de vinaigre de Xérès,
15 cl de rhum blanc

- Pocher le jambon pendant 1 h 30 en démarrant à l'eau froide. Le sortir, puis le découenner en laissant le gras. Préchauffer le four th. 5. Peler l'ananas, le couper en tranches puis en triangles. Faire bouillir le sucre et 15 cl d'eau dans une casserole. Ajouter les triangles d'ananas et laisser cuire à feu vif 10 min. A l'aide d'un long couteau bien aiguisé, tracer des losanges sur la surface du jambon et planter un clou de girofle à chaque intersection.
- Egoutter l'ananas, et faire réduire le sirop de moitié, puis ajouter le miel,

Suite page 1

Jambon de saint francois a l'ananas (Antilles)

Suite de la page 188

le vinaigre et le rhum. Etaler cette préparation au pinceau sur le jambon, et disposer les morceaux d'ananas (en les maintenant éventuellement avec un pic en bois). Etaler une nouvelle couche de sirop puis mettre au four et laisser cuire 1 h 30 en l'arrosant souvent avec le jus de cuisson et terminer en augmentant la chaleur du four pour faire caraméliser le jambon.

Jambonneau au cidre comme autrefois

1 h 30 20 min 6 pers.

1 jambonneau frais de 1,5 kg,
1 kg de petits navets,
1 kg de petites carottes,
3 oignons,
30 g de beurre,
2 pincées de sucre en poudre,
2 pincées de cannelle,
1 pincée de muscade,
1 bouteille de cidre brut,
sel et poivre du moulin.

- Éplucher carottes, navets et oignons.
- Peler et hacher les oignons.
- Dans une cocotte, faire fondre une grosse noix de beurre. Ajouter les oignons et remuer vivement avec une spatule en bois. Puis tapissez le fond de la cocotte avec le reste des légumes.
- Poser sur ce lit le jambonneau. Saupoudrer de sucre, cannelle et muscade fraîchement râpée.

Suite page 190

Jambonneau au cidre comme autrefois

Suite de la page 189

- Saler, poivrer.
- Arroser de cidre.
- Couvrir la cocotte et mettre à cuire à four moyen. En cours de cuisson, augmenter progressivement la chaleur du four jusqu'à 220°. Compter une bonne heure et demie de cuisson.
- Égoutter le jambonneau et le découper. Présenter les morceaux dans un plat de service chaud, entourés des carottes et navets.
- Gratter le fond de la cocotte et verser le jus de cuisson dans une saucière.
- Servir sans attendre. Vous ferez des heureux.

Jarret de porc à la bière (Flandre)

2 h 15 30 min 4 pers.

1,2 kg de jarret,
2 os de veau concassés,
100 g de carottes,
2 oignons,
1 l de bière brune,
50 cl de fond de veau reconstitué,
1 gousse d'ail,
3 pommes fruits,
50 g de saindoux,

- Entailler la chair du jarret en formant des losanges. Dans un bol, mettre trois cuillerées à soupe d'huile, sel, poivre, une pincée de cumin, muscade et gousse d'ail écrasée. Mélanger et en frotter vigoureusement les jarrets.
- Eplucher les carottes et un oignon, les tailler en quartiers. Faire fondre

Suite page 1

Jarret de porc à la bière (Flandre)

Suite de la page 190

1 petit chou rouge, 150 g de lard maigre fumé, huile, vinaigre, sel, poivre, cumin, muscade

la moitié de la matière grasse dans une cocotte, ajouter les légumes, les os de veau concassés et la moitié de la bière. Laisser mijoter 15 min à feu doux, puis ajouter le jarret, le fond de veau et le reste de bière. Couvrir et mettre la cocotte au four préchauffé th. 6-7 pendant 2 h.

- Nettoyer le chou, le couper en deux et enlever la partie centrale dure. Emincer le chou en fines lanières. Faire revenir ensemble le lard coupé en petits dés et l'oignon émincé.
- Ajouter les pommes épluchées et coupées en gros dés, le chou, le vinaigre, l'eau, le sel, poivre. Cuire 20 min à feu doux.
- Servir dans un grand plat le jarret et les légumes, réduire de moitié la cuisson du jarret. Servir en saucière.

Joue de bœuf à l'oignonade

3 h 20 30 min

I joue de bœuf,
2 l d'eau,
3 carottes,
3 poireaux,
I navet,
I branche de céleri,
I livre d'oignons,
I clou de girofle,
I feuille de laurier,
sel,
farine,
I c. de graisse.

- Poser la joue dans une marmite, la couvrir d'eau froide, écumer à l'ébullition, faire bouillir à petit feu 1 h 30. Ajouter carottes, poireaux, navet, céleri, un oignon clouté de girofle, une feuille de laurier. Faire cuire encore 1 h.
- Sortir la joue, la déchiqueter avec 2 fourchettes.
- Dans une poêle, faire fondre 1 cuillerée de graisse, mettre à dorer une livre d'oignons émincés en les remuant.
- Saupoudrer d'une cuillerée de farine, verser deux verres de bouillon.
- Laisser mijoter 30 min.
- Mettre la joue à réchauffer 20 min.
- Servir bien chaud.

Kig ha farz

3 h 30 40 min 10 pers.

I.5 kg de jarret de porc salé,
2 kg de poitrine de porc demi-sel,
500 g de carottes,
2 oignons,
I chou,
500 g de poireaux,

- Placer la viande dessalée et le bouquet garni dans une grande marmite contenant 6 l d'eau. Poivrer. Saler modérément à cause de la viande qui l'est encore. Porter à ébullition. Laisser cuire 1 h à petits frémissements.

Suite page 1

Kig ha farz

Suite de la page 192

1 bouquet garni (thym, laurier, persil),
sel,
poivre

Pour le farz :

1 kg de farine de sarrasin,
2 c. à soupe de sel fin,
2 œufs,
40 cl de crème,
50 cl de lait

- Oter les premières feuilles du chou, le laver et le couper en quatre. Le faire blanchir 5 min à l'eau bouillante. L'ajouter à la viande ainsi que les carottes, les oignons épluchés et les poireaux lavés et liés avec une ficelle. Préparer le farz : mettre la farine de blé noir dans un grand saladier en faisant une fontaine. Ajouter le sel, la crème, les œufs. En faire une boule épaisse et l'assouplir lentement avec le lait.
- Verser cette pâte dans un sac de toile. Le ficeler solidement en laissant la place à la pâte de gonfler. La faire cuire 2 h 30 dans le bouillon. Au terme de la cuisson, retirer le sac de la marmite, et émietter le farz avec les mains sur le plat de service autour des légumes et des viandes.
- Servir le bouillon en premier accompagné de tranches de pain.

L'agneau de pré-salé aux « monjhettes »

3 h 1 h 6 pers.

1 gigot d'agneau d'environ 2,5 kg,
1 kg de monjhettes,
200 g de tranches de lard fumé,
2 ou 3 pommes de terre,
4 petits oignons,
1 bouquet garni,
1 tomate pelée,
1 c. à soupe d'huile,
sel,
poivre.

- Piquer d'ail, plus ou moins selon votre goût, le gigot d'agneau. Tapisser le fond d'une cocotte avec les tranches de lard fumé.
- Éplucher les pommes de terre et les couper en rondelles. Disposer les pommes de terre en damier sur le lard et poser le gigot dessus.
- Fermer la cocotte et laisser cuire 2 h à four moyen.

Les monjhettes

- Faire revenir dans une autre cocotte, légèrement nappée d'huile, à feu doux, les monjhettes avec une gousse d'ail coupée au couteau, trois ou quatre petits oignons blancs et le bouquet garni.
- Remuer le mélange toutes les 5 min environ et ce, pendant 30 min.
- Ajouter ensuite une tomate pelée et coupée en deux et couvrir d'eau bouillante.
- Laisser cuire les monjhettes pendant près de 1 h en veillant à maintenir le niveau de l'eau juste au-dessus de celles-ci pendant toute la cuisson.
- En fin de cuisson, rajouter un gros morceau de beurre, le persil frais et saler. Servir autour du gigot tranché.

Langue Lucullus

20 min 6 pers.

300 g de foie gras ou de mousse de foie gras,
400 g de langue de bœuf fumée,
1/2 c. à café de cognac,
1/2 c. à café de porto,
50 g de beurre,
1 sachet de gelée instantanée du commerce,
1 petite boîte de pelures de truffes,
sel,
poivre.

- Faire couper la langue fumée en tranches fines par le charcutier. Mélanger le beurre et le foie gras dans un mixeur pour les réduire en pommade.
- Ajouter le cognac, le porto et les pelures de truffes. Saler et poivrer. Étaler cette mousse sur les tranches de langue et constituer un millefeuille. Maintenir le tout bien serré dans du film transparent et mettre au réfrigérateur.
- Préparer la gelée. Enduire le millefeuille de langue avec la moitié de la gelée à l'aide d'un pinceau. Vous garderez l'autre moitié pour la décoration en la coupant en dés une fois prise. Servir bien frais avec des tranches de pain de campagne grillé.

Mijotée de porc « vallée d'Isère »

30 4 pers.

00 g d'échine de porc ésossée,
5 cl de vin blanc sec : nondeuse,
bouquet garni,
oignon,
gousses d'ail,

La veille

- Détailler le porc en gros dés. Les mettre à mariner 24 h avec le vin blanc, le bouquet garni, l'oignon émincé, les gousses d'ail non épluchées écrasées, le sel, les grains de poivre concassés, les carottes et

Suite page 196

Mijotée de porc « vallée d'Isère »

Suite de la page 195

sel,
1 dizaine de grains de poivre,
2 carottes,
2 poireaux,
1 tasse de sang de porc,
huile,
sel,
poivre

Pour le beurre manié :
20 g de beurre en pommade,
20 g de farine pour le beurre manié

Pour l'accompagnement :
1 chou rouge ou blanc,
50 g de beurre

Pour la polenta :
1 l de lait,
1/3 de litre d'eau,
1 kg de semoule de maïs,
150 g de parmesan râpé,
sel,
poivre

les poireaux coupés en petits dés.

Le jour même

- Egoutter les morceaux de porc. Les saler et les poivrer. Les faire revenir de tous les côtés dans un peu d'huile, puis faire de même avec les légumes de la marinade. Dégraisser. Mettre ces morceaux de porc dans une cocotte, et verser la marinade dessus. Laisser mijoter 1 h et terminer hors du feu avec un beurre manié.
- Emincer finement le chou. Le fondre au beurre dans une cocotte, saler, ajouter deux tasses d'eau et faire cuire à l'étouffée durant 30 min. Réserver au chaud
- Mettre le lait et l'eau à bouillir et y verser la semoule de maïs en pluie dans une casserole à fond épais. Saler et poivrer. Laisser cuire 1 h à feu doux. Dix minutes avant la fin de la cuisson, ajouter le parmesan. Etaler sur un marbre, couper en quartiers, réserver. Retirer les morceaux de porc de la sauce et lier la sauce au sang. Ne pas faire bouillir. Remettre le porc dans la sauce et servir accompagné de la fondue de chou et de la polenta poêlée.

Noisettes d'agneau au cassis

20 min 4 pers.

marinade : 24 h

1 épaule d'agneau désossée et partagée en escalopes (garder les os),
400 g de baies de cassis,
5 cl de liqueur de cassis à 18°,
60 g de beurre,
sel et poivre du moulin.

- Faire mariner les morceaux d'agneau pendant 24 h dans une partie des baies de cassis.
- Cuire les os dans 1 l d'eau, du sel et du poivre et laisser réduire à environ 50 cl, ôter les os et ajouter au bouillon les baies et la liqueur de cassis, refaire chauffer, passer au chinois et verser sur les morceaux de viande grillés au beurre dans une poêle après avoir été bien essuyés.
- Servir avec du céleri en purée.

Noix de veau aux asperges d'oristelle

h 20 20 min 4 pers

1 belle noix de veau de 1 kg,
1 botte d'asperges,
3 échalotes,
quelques feuilles d'oseille,
persil,
1 c. de farine,
1 bol de bouillon,
beurre,
3 c. de mayonnaise,
sel,
poivre.

- Faire chauffer le beurre dans une sauteuse, dorer la noix de veau. Ajouter le hachis de persil, d'échalotes et d'oseille, ainsi que le bol de bouillon.
- Cuire doucement 45 min.
- Éplucher les asperges, les couper en tronçons, les faire cuire 20 min à l'eau salée. Les égoutter, les mettre avec la viande 15 min.

Suite page 198

Noix de veau aux asperges d'oristelle

Suite de la page 197

- Déposer le veau et les asperges sur un plat.
- Mettre la farine dans la sauteuse, remuer, mélanger peu à peu la mayonnaise dans la sauce chaude et la verser sur le plat.

(Recette familial
du second Empire

Onglet aux oignons rouges confits

15 min 10 min

6 tranches de viande de 100 à 150 g chacune, assez épaisses, coupées dans l'onglet, la hampe, la bavette ou l'araignée (le morceau du boucher), en tout cas une viande à longues fibres qui demande à être cuite légèrement saignante ou à point.
600 g d'oignons rouges appelés aussi oignons-échalotes,
2 c. à soupe d'huile et 25 g de beurre frais,
25 cl de bourgogne Passe-tout-grain,

- Dans une cocotte en fonte, faire chauffer l'huile et y jeter les oignons émincés, remuer 2 min, saupoudrer d sucre tout en remuant encor 2 min, ajouter 20 cl de vin e les assaisonnements.
- Laisser cuire à découvert pendant 15 min en remuant souvent. Ajouter le jus de citron et arrêter la cuisson quand il n'y a plus de liquide. Tenir au chaud.
- Huiler légèrement avec le doigt les tranches de viande et les faire dorer puis cuire selon le goût de chacun (2 min sur chaque face pour « saignant »), dans une poêl préchauffée en fonte ou en inox à fond épais, sans

Suite page

Onglet aux oignons rouges confits

Suite de la page 198

20 g de sucre en poudre (1 c. à soupe bombée), le jus de 1/2 citron, un peu de noix de muscade, de girofle et de cannelle, sel et poivre.

ajouter de graisse; déglacer avec le reste du vin, le faire bouillir 1 à 2 min et verser sur la viande. Mettre une noix de beurre sur chaque morceau de viande et servir avec les oignons.

Paquets de couennes

2 h 30 20 min 4 pers.

6 couennes de porc fraîches,
2 oignons,
3 carottes,
1 bouquet de persil,
clous de girofle,
poivre,
sel,
bouillon.

- Couper les couennes en rectangles, les réunir en petits paquets par cinq ou six et les ficeler.
- Éplucher les oignons, les piquer d'un clou de girofle.
- Nettoyer et couper les carottes.
- Dans un faitout, placer les paquets de couennes, les carottes coupées, les oignons, quelques grains de poivre, saler. Verser le bouillon pour recouvrir le tout. Porter à ébullition et laisser cuire à petit frémissement pendant 2 h 30.
- Égoutter les paquets de couennes et les servir bien chauds en accompagnement d'autres cochonnailles chaudes : oreilles et queues, pieds, poitrine salée...

On peut aussi les faire rissoler légèrement au saindoux et les servir saupoudrés de persil.

Poitrine de veau aux morilles

2 h 45 30 min 4 pers.

3 livres de poitrine,
3 oignons,
3 échalotes,
10 feuilles d'oseille,
3 tranches de pain écroûtées,
1/2 verre de lait,
1 jaune d'œuf,
2 tranches de jambon de pays,
1 verre de Bergerac blanc,
1 verre de bouillon,
100 g de morilles séchées,
1 c. de graisse,
sel,
poivre,
persil,
estragon,
paprika.

- La veille, placer la poitrine dans un saladier avec du gros sel, un verre de vinaigre et recouvrir d'eau.
- Faire tremper les morilles.
- Le lendemain, rincer et éponger la viande.
- Préparer une farce avec oignons et échalotes revenus 15 min dans la graisse, mixer avec le jambon coupé en dés le jaune d'œuf, la mie de pain trempée dans du lait les feuilles d'oseille lavées, le persil, du sel, du poivre et du paprika.
- Étendre une couche épaisse sur la poitrine étalée à plat. Rouler et ficeler. Faire dorer sur toutes les faces dans une cocotte, saler un peu, ajouter un verre de bouillon et un verre de vin blanc. Couvrir.
- Faire mijoter 2 h. Ajouter les morilles égouttées.
- Laisser cuire encore 30 min.
- Saupoudrer d'estragon et servir.

Poitrine de veau farcie à l'oseille

2 h 45 min 6 pers.

1,5 kg de poitrine de veau désossée,
2 bardes de lard,
2 carottes,
2 oignons,
1 citron,
1 bouquet garni,
25 cl de bouillon,
2 verres de vin blanc sec,
sel,
poivre en grains.

Pour la farce :

1 kg d'oseille fraîche cueillie,
20 g de beurre,
20 g de saindoux,
2 gousses d'ail,
2 échalotes,
4 œufs,
1 verre de crème fraîche,
sel,
poivre.

- Faire désosser la poitrine de veau et l'ouvrir dans le sens de l'épaisseur, sans fendre les côtés, de façon à créer une poche. Préparer la farce maigre à l'oseille.
- Éplucher et laver soigneusement l'oseille. La jeter dans un grand faitout d'eau bouillante salée. Donner un bouillon et verser l'oseille dans une passoire. L'arroser aussitôt d'eau fraîche et l'égoutter parfaitement en la pressant fortement avec la main, en la prenant par petites poignées.
- Dans une grande poêle, chauffer ensemble le beurre et le saindoux pour y faire blondir l'ail et l'échalote finement hachés. Mettre l'oseille bien égouttée, baisser le feu et remuer à la spatule pour qu'elle s'imprègne bien de la matière grasse. Retirer du feu et verser l'oseille dans une terrine.
- Casser les œufs un par un et les mélanger à l'oseille en brassant à la fourchette. Ajouter la crème fraîche. Saler et poivrer. Garnir la poitrine avec cette farce et coudre le côté béant. Une fois farcie, la poitrine

Suite page 202

Poitrine de veau farcie à l'oseille

Suite de la page 201

doit ressembler à un petit coussin.

- Prendre une cocotte et tapisser le fond de bardes de lard. Mettre la poitrine dessus et recouvrir avec les autres bardes.
- Ajouter les carottes coupées en grosses rondelles, les oignons en rondelles, le bouquet garni, sel et poivre en grains. Mouiller avec le vin blanc et le bouillon. Couvrir la cocotte et faire cuire à petit feu pendant 2 h en retournant la poitrine à mi-cuisson.
- Pour servir, retirer la poitrine farcie de la cocotte. Passer la sauce au chinois, lui ajouter le jus d'un citron et la verser dans une saucière chauffée.
- Retirer le fil de la couture et couper la poitrine en tranches épaisses.
- On peut aussi la servir froide.

Porc à la caroline et cake au maïs

2 h 45 30 min. 6 pers.

1 épaule de porc avec l'os,
4 gousses d'ail,
25 cl de vinaigre de cidre,
3 feuilles de laurier,
poivre noir en grains
Pour la sauce :
50 cl de vinaigre de cidre,
1 c. à café de poivre de Cayenne
Pour le cake :
1 boîte de 250 g de maïs en grains,
3 œufs,
200 g de beurre ramolli + 1 noix,
220 g de farine,
1/2 sachet de levure,
sel,
poivre

- Mettre l'épaule dans un grand faitout, la recouvrir d'eau et la porter à ébullition. Ajouter l'ail épluché, le vinaigre, le laurier et le poivre en grains. Laisser frémir 1 h à couvert.
- Pendant ce temps, préparer le cake.
- Préchauffer le four th. 6. Beurrer un moule à cake, casser les œufs dans un cul-de-poule, ajouter le beurre ramolli, le sel, le poivre et mixer jusqu'à l'obtention d'une pâte lisse. Ajouter la farine et la levure, mélanger. Egoutter le maïs, l'incorporer à la préparation, et verser le tout dans le moule. Faire cuire environ 45 min.
- Ensuite, égoutter la viande, la disposer dans un plat et l'arroser avec les 50 cl de vinaigre et le poivre de Cayenne. Cuire au four durant 1 h en l'arrosant régulièrement du jus de cuisson.

Présentation

- Servir la viande accompagnée du cake découpé en tranches.

Pot-au-feu en sauce verte

20 min 2 pers.

Pour la sauce :
2 œufs cuits durs,
3 c. à soupe d'huile,
10 cl de crème assez fluide,
1 c. à soupe de vinaigre de vin,
1 c. à café de moutarde,
quelques brins de persil et de ciboulette,
1 gousse d'ail,
sel et poivre.

- Couper les œufs en deux et écraser les jaunes dans un bo à travers une passoire, les mélanger avec la moutarde, le vinaigre, la crème, le sel et le poivre, bien incorporer au fouet.
- Hacher les blancs d'œufs, l'ail et le persil, ciseler la ciboulette et bien mélanger à la sauce.
- Couper en morceaux le reste de la viande de pot-au-feu, les dresser sur un plat de service et les arroser d'un peu de bouillon tiède.
- Mettre également sur le plat sans les arroser de bouillon, les légumes s'il en reste, sinon faire recuire quelques pommes de terre et les laisser refroidir avant de servir avec la sauce.

Potée auvergnate

1 h 45 20 min 10 pers.

1 kg de poitrine de porc demi-sel,
4 pieds de porc fendus,
1 jambonneau arrière,
1 cervelas,
250 g de navets,
2 gros oignons,

- La cuisson se fait en douceur. Les viandes, les carottes, le céleri, les poireaux, le bouquet garni et les oignons partent à l'eau froide et cuisent 1 h doucement.
- Blanchir le chou, l'égoutter, le joindre avec les pommes

Suite page

Potée auvergnate

Suite de la page 204

**200 g de poireaux,
1 tige de céleri,
1 chou frisé,
500 g de haricots trempés,
pommes de terre,
2 gousses d'ail,
1 bouquet garni.**

de terre, faire cuire 45 min.
Servir très chaud,
dans un grand plat.

Potée bourguignonne

h 30 6/8 pers.

**Prévoir un grand faitout d'au moins 6 l pour y faire cuire :
1 kg de petit salé, c'est-à-dire de la viande de porc, plat de côtes ou côti, charbonnée ou basses côtes, etc., n'ayant pas plus de 3 jours de salaison,
1 kg de jambonneau,
500 g au moins de lard maigre,
1 chou ou 2 selon la grosseur, frisé ou blanc selon la saison,
2 ou 3 belles carottes par personne,
2 navets (ronds de préférence) par personne,
500 g de légumes divers selon la saison :
haricots blancs ou verts,**

- 3 h avant l'heure du repas, laver la viande sous le robinet et la mettre à cuire dans de l'eau froide pendant 30 min environ; jeter cette première eau et laver la viande à l'eau chaude pour éventuellement éliminer l'écume; la remettre dans un grand chaudron avec de l'eau chaude de façon à la couvrir, et remettre à cuire à petits bouillons.
- Faire de même pour les légumes secs (dans une première eau à part), si on en met.
- Faire blanchir le chou coupé en gros quartiers pendant 30 min, l'égoutter et l'ajouter à la viande 2 h avant l'heure du repas.
- 90 min avant la fin de la cuisson, ajouter les navets et les carottes puis les autres légumes verts, l'ail et l'oignon.

Suite page 206

Potée bourguignonne

Suite de la page 205

fèves,
pois chiches,
pois cassés,
petits pois ou haricots mange-tout,
3 pommes de terre à chair ferme par personne,
2 gros oignons et
1 ou 2 gousses d'ail.

- Ajouter enfin les pommes de terre environ 1 h avant la fin ; elles cuiront pratiquement à la vapeur sur le dessus du chaudron.
- Au moment de servir, sortir les légumes puis la viande avec une écumoire et conserver le bouillon.
- Prévoir deux grands plats, un pour les légumes et un pour la viande que l'on peut facilement découper à table à la demande, étant donné le degré de cuisson.
- Le bouillon peut aussi servir pour faire un potage, soit en y incorporant le reste des légumes moulinés, soit en y ajoutant des pâtes à potage ou du tapioca (attention, ce bouillon est en général plus salé que les légumes, ajouter un peu d'eau si nécessaire).

Potée comtoise

2 h 15 20 min 6 pers.

1 saucisse de Morteau,
500 g de côti,
300 g de lard maigre fumé,
200 g de poitrine salée,
3 carottes,
1 poireau,
6 grosses pommes de terre,
1 chou,
1 oignon piqué d'un clou de girofle,
quelques grains de poivre.

- Dans un pot-au-feu, mettre à cuire durant 45 min dans 3 l d'eau les viandes, les carottes, le poireau, l'oignon. Ajouter alors le chou et la saucisse de Morteau, laisser cuire plus lentement encore 45 min.
- Enfin, 15 min avant la fin de la cuisson, mettre les pommes de terre. Le bouillon peut être servi en entrée sur des tranches de pain rassis. D'aucuns ajoutent de la crème fraîche.

Potée des vendangeurs

h 30 30 min 8/10 pers.

250 g de haricots blancs secs en grains,
500 g de jambon salé,
1 oignon piqué d'un clou de girofle,
1 bouquet garni,
5 grains de poivre noir,
3 carottes (250 g),
2 navets (100 g),
1 rave (100 g),
1 chou vert,
1 poule de 1,8 à 2 kg,
10 pommes de terre,
1 saucisson de 400 g,
5 tranches de pain de campagne rassis.

- Mettre 3 l d'eau froide dans un grand faitout avec les haricots, le jambon salé, l'oignon coupé en quatre, le bouquet garni. Porter à ébullition et faire cuire doucement pendant 1 h.
- Ajouter les légumes suivants entiers : carottes, navets, rave. Faire cuire 30 min.
- Faire blanchir le chou 5 min à l'eau bouillante salée. L'ajouter à la potée ainsi que la poule parée et bridée.
- Laisser cuire 1 h 30, toujours à feu doux. Ajouter les pommes de terre (entières) et le saucisson. Faire cuire encore 30 min.

Suite page 208

Potée des vendangeurs

Suite de la page 207

- Rectifier l'assaisonnement au besoin.
- Couper le pain rassis en morceaux et le mettre dans le fond de la soupière. Verser le bouillon dessus.
- Servir les légumes égouttés sur un plat et les viandes découpées sur un autre.

Potée morvandelle

3 h 30 min 6/8 pers.

300 g de travers de porc demi-sel,
300 g de palette de porc demi-sel,
1 jambonneau demi-sel,
1 queue de cochon (facultatif),
300 g de lard salé,
2 saucisses fumées (ou de Morteau),
1 chou vert,
6 carottes,
6 navets,
2 gros poireaux,
12 pommes de terre nouvelles,
500 g de haricots verts,
1 oignon piqué de clous de girofle,

- Dans une marmite, mettre le jambonneau, la queue de cochon, l'oignon piqué, le bouquet garni, le lard et quelques grains de poivre noir. Porter à ébullition et laisser cuire pendant 1 h. Puis ajouter le travers et la palette. Recuire 1 h et enfin ajouter les carottes et les navets épluchés et entiers, le chou et les poireaux coupés en deux. Faire cuire 1 h à feu doux et à couvert. Ajouter enfin les saucisses coupées en deux, les pommes de terre entières et les haricots verts.
- Laisser sur le feu jusqu'à ce que les pommes de terre soient cuites. Saler et poivrer en fin de cuisson si nécessaire.

Suite page

Potée morvandelle

Suite de la page 208

1 bouquet garni (persil, thym, laurier), quelques grains de poivre noir.

- Pour servir, enlever la viande et les légumes de la marmite et les disposer sur un plat en les arrosant largement du jus de cuisson.

Si vous le désirez, il est possible d'accompagner cette potée avec des tranches de pain grillé.

Ragoût de mouton

h 30 20 min

600 g de poitrine,
600 g de collier,
4 oignons,
6 carottes,
2 gousses d'ail,
2 navets,
4 pommes de terre,
1 bol de haricots blancs frais,
2 tomates,
2 c. de graisse,
2 c. de farine,
1 verre de vin blanc,
1 bol de bouillon,
sel,
poivre,
bouquet garni,
persil.

- Faire revenir dans la graisse d'une sauteuse les morceaux de viande, les carottes et les navets coupés en morceaux, ainsi que les oignons émincés.
- Saupoudrer de farine.
- Mouiller avec le bouillon et le vin blanc, saler, poivrer, mettre le hachis d'ail et de persil, les haricots et le bouquet garni.
- Laisser mijoter 1 h.
- Passer les tomates 2 min à l'eau bouillante, les couper grossièrement, éplucher les pommes de terre, les couper en gros dés, les ajouter au ragoût.
- Faire cuire encore 30 min.

Rognonnade de veau au crémant de Bourgogne

45 min 30 min 6 pers.

**6 tranches de filet de veau de 2 cm d'épaisseur,
2 rognons de veau partagés en 3 morceaux chacun,
120 g de matière grasse (beurre ou huile),
1 échalote,
10 cl de crème et 1 c. à soupe rase de Maïzena,
250 g de champignons de Paris,
1 bouteille de crémant de Bourgogne,
sel et poivre.**

- Dans une cocotte avec un peu de beurre ou d'huile, faire fondre l'échalote, dorer les tranches de veau, puis les morceaux de rognons en dernier; saler, poivrer et laisser mijoter pas plus de 10 min, recouvrir avec le crémant et laisser cuire doucement à couvert pendant 30 min.
- Pendant ce temps, dans une poêle, faire cuire les champignons, les égoutter et verser le jus dans la cocotte où cuit la viande.
- Retirer les morceaux de viande de la cocotte dans le plat de service tenu au chaud en posant 1 morceau de rognon sur chaque tranche de veau.
- Délayer la Maïzena avec la crème et un peu de jus de cuisson, reverser dans la cocotte, ajouter les champignons, laisser cuire encore 4 à 5 min et verser sur la viande.

Rôti de porc de Mima

1 h 30 30 min 4 pers.

1 rôti de porc de 3 livres,
1 tête d'ail,
50 cl de lait,
sel,
poivre,
sauge,
thym,
un peu de graisse.

- Dans la graisse chaude d'une cocotte, faire revenir le rôti sur toutes ses faces. Ajouter les gousses d'ail non épluchées. Saler, poivrer, verser le lait, mettre une brindille de thym et deux feuilles de sauge. Faire cuire doucement 1 h 30.
- Sortir le rôti, le tenir au chaud sur un plat.
- Enlever les gousses d'ail, les réserver. Jeter le thym et la sauge.
- Verser dans la cocotte 1 l d'eau.
- Saler légèrement. Quand elle bout, mettre à cuire un bol de riz 20 min.
- Écraser les gousses d'ail à la fourchette (la peau s'enlève facilement).
- Tartiner le rôti avec cette crème, le couper en tranches, servir avec le riz.

Sauté d'agneau auvergnat

■ Suivre la recette du sauté de chevreau auvergnat.

(voir page 213)

I carré d'agneau,
I oignon,
du lard maigre,
chapelure,
farine,
un peu de bouillon,
I filet de vinaigre,
beurre,
bouquet garni et persil.

Sauté de chevreau « à la cantalienne »

30 min 4 pers.

I kg de carré de chevreau coupé en morceaux,
75 g de lard maigre,
30 g de beurre,
chapelure,
farine,
bouquet garni,
I oignon,
sel,
poivre,
persil.

■ Dans une cocotte, faire fondre le beurre, y faire revenir ensemble, à feu moyen, les rondelles d'oignons, le lard maigre coupé en dés et les morceaux de chevreau.

■ Quand la viande est dorée, verser deux tasses de bouillon en cube, ajouter un filet de vinaigre. Saupoudrer d'une cuillerée de chapelure et d'une cuillerée à café de farine. Remuer vivement pour lier et obtenir une sauce légère et

Suite page 2

Sauté de chevreau « à la cantalienne »

Suite de la page 212

onctueuse. Saler, poivrer. Mettre le bouquet garni.

- Cuire, à feu doux, cocotte couverte, environ trois quarts d'heure. Si la sauce réduit trop en cours de cuisson, ajouter un peu de bouillon ou d'eau. Mettre dans un plat chauffé, saupoudrer de persil.
- Servir avec des pommes de terre sautées ou des épinards revenus au beurre et liés à la crème fraîche.

Sauté de chevreau auvergnat

4 pers

I carré de chevreau,
I oignon,
du lard maigre,
chapelure,
farine,
un peu de bouillon,
I filet de vinaigre,
beurre,
bouquet garni et persil.

- Découper un carré de chevreau en morceaux. Faire fondre dans une poêle un morceau de beurre, ajouter quelques rondelles d'oignons, quelques morceaux de lard maigre et faire revenir avec les morceaux de chevreau et un bouquet garni.
- Une fois la viande bien dorée, la mouiller d'un peu de bouillon et d'un filet de vinaigre, saupoudrer de mie de pain émiettée ou

Suite page 214

Sauté de chevreau auvergnat

Suite de la page 213

de chapelure, d'un soupçon de farine et brasser le tout. Il ne faut pas que la viande baigne. Saler et poivrer.

- Lorsque la cuisson est presque achevée, que la sauce est bien réduite, recouvrir le sauté d'une pluie de persil finement haché.
- Servir très chaud.

L'agneau peut être préparé selon la même recette.

Sauté de veau à la champenoise

1 h 15 20 min 6/8 pers.

1 kg d'épaule de veau,
50 cl de champagne ou de vin blanc de Champagne,
1 bon verre de fond de veau,
1 bouquet garni,
15 oignons grelots,
1 gros oignon piqué d'un clou de girofle,
2 gousses d'ail,
150 g de champignons de Paris,
2 c. à soupe de farine,
2 c. à soupe d'huile,
sel,

- Couper l'épaule de veau en cubes. Faire revenir les morceaux dans une cocotte à fond épais avec l'huile. Quand ils sont dorés de tous les côtés, saupoudrer de farine, ajouter l'oignon coupé en quatre et remuer à la spatule. Laisser encore rissoler quelques minutes puis mouiller avec le fond de veau et le vin.
- Ajouter l'ail pilé, le bouquet garni, le sel et le poivre et faire cuire à couvert et à feu doux pendant 1 h 15 environ.

Suite page 2

Sauté de veau à la champenoise

Suite de la page 214

poivre,
20 g de beurre,
3 cl de marc de champagne (facultatif).

- Eplucher les oignons grelots et les champignons. Les faire revenir à la poêle dans un peu de beurre et les ajouter à la viande 20 min avant la fin de la cuisson.

Vous pouvez faire flamber un peu de marc de champagne dans la cocotte, juste avant de mouiller la viande avec le vin et le fond de veau.

Selle d'agneau farcie de Vertolaye

0 min 30 min 4 pers.

1,5 kg de selle d'agneau,
4 rognons de veau,
200 g de mousserons,
1 verre de madère,
1 verre de crème,
200 g de barde de lard,
2 carottes,
1 oignon,
thym,
laurier,
romarin,
sel et poivre.

- Désosser la selle d'agneau et la dégraisser.
- Dans une sauteuse, faire revenir les rognons d'agneau coupés en petits dés, bien les saisir avec une noix de beurre et retirer.
- Ajouter les champignons coupés en dés et les faire suer.
- Retirer et déglacer au madère.
- Ajouter la crème fraîche et les aiguilles de romarin hachées, le sel et le poivre. Laisser refroidir.
- Étendre la selle, saler et poivrer.

Suite page 216

Selle d'agneau farcie de Vertolaye

Suite de la page 215

- Farcir la selle avec la préparation.
- Ajouter les dés de rognons et replier les peaux de ce qui forme le ventre de la bête.
- Couper à bonne longueur et ficeler avec les filets mignons restés à l'intérieur.
- Mettre une barde de lard à chaque extrémité pour maintenir l'intérieur afin qu'il ne s'échappe pas à la cuisson.
- Casser les os de la selle, les mettre dans une plaque à rôtir avec la parure et les aromates (carottes, oignon, thym, feuilles de laurier émiettées).
- Enfourner pendant 20 min à four chaud.
- Enlever la selle, la tenir au chaud et mouiller à l'eau le fond de braisage pour faire le fond de rôti.
- Ce jus sera passé au chinois et servi à part avec la selle qui, elle, sera tranchée et arrosée du même jus. Elle doit être rosée.

Steak haché aux échalotes

4 min 10 min 4 pers.

600 g de viande hachée,
4 échalotes moyennes,
1 c. à soupe de moutarde de Dijon,
3 c. à soupe de crème,
2 c. à soupe d'huile d'arachide,
2 noix de beurre,
sel et poivre.

- Éplucher et émincer les échalotes pour les faire dorer à l'huile dans une petite casserole.
- Laisser refroidir les échalotes pour les mélanger à la viande hachée avec sel et poivre.
- Former quatre steaks individuels, les faire revenir au beurre dans une poêle 3 à 4 min sur chaque côté, les sortir et les tenir au chaud sur le plat de service.
- Laisser la poêle sur le feu et y mettre la moutarde, remuer et ajouter la crème, remuer à nouveau et laisser un peu réduire à feu doux.
- Napper les steaks avec cette sauce.

Tête de porc farcie au boudin noir

h 30 10 min

1 tête de porc fendue,
5 œufs,
5 jaunes,
250 g de chapelure,
300 g de boudin noir,
600 g de pommes de terre Charlotte,

- Cuire la tête de porc dans un bouillon parfumé d'ail, d'un clou de girofle, d'oignons, thym, laurier, pendant 2 h 30. Au terme de la cuisson, égoutter, laisser tiédir et désosser. Conserver au tiède sous aluminium.

Suite page 218

Tête de porc farcie au boudin noir

Suite de la page 217

100 g d'oignons compotés,
80 g de beurre.

- Préparer une purée bien sèche, l'enrichir avec le beurre et les oignons compotés.
- Etaler à plat la tête de porc remise à température. Tapisser de purée. Placer le boudin au centre, piquer à l'aiguille et former deux bûches. Ficeler sans trop serrer. Mettre au réfrigérateur 2 à 3 h.
- Casser les œufs dans un plat et rajouter les jaunes, saler. Rouler les « boudins » de tête dans les œufs puis dans la chapelure. Mettre au réfrigérateur 1 h ou plus avant de les faire cuire.
- Les faire dorer doucement en cocotte, puis les enfourner 20 min th. 4 (150°).
- A la sortie du four, trancher et servir avec une sauce ravigote.

Tête de veau sauce gribiche

3-4 h 45 min 6/8 pers.

1 tête de veau,
2 carottes,
1 oignon piqué de clous de girofle,
1 tête d'ail,
1 poireau,
1 bouquet garni,
20 cl de vin blanc,
1 queue de veau ou 1 pied de veau,
quelques grains de poivre noir et de genièvre,
10 g de gros sel par litre de mouillement.

Pour la sauce gribiche :

1 grosse cuillerée de moutarde,
2 jaunes d'œufs,
40 cl d'huile,
2 cl de vinaigre de vin,
2 œufs durs,
40 g de cornichons,
20 g de câpres,
20 g de persil haché,
cerfeuil et estragon hachés,
sel et poivre.

- Rincer quelques minutes la tête de veau à l'eau claire.
- Préparer une marmite avec les carottes, l'oignon, la tête d'ail coupée en deux, le poireau coupé, le bouquet garni, le vin blanc, la queue (ou le pied) de veau et quelques grains de poivre et de genièvre. Recouvrir le tout avec de l'eau (en faisant bien attention de mettre 10 g de gros sel par litre d'eau). Il faut que la tête de veau soit totalement immergée le temps de la cuisson. Pour la maintenir sous l'eau, utiliser un couvercle plus petit que celui de la marmite.
- Mettre à cuire à couvert 3 à 4 h à feu doux.
- Pour confectionner la gribiche, monter la moutarde, le sel, le poivre, les jaunes d'œufs et l'huile en mayonnaise.
- Puis ajouter le vinaigre, les œufs durs écrasés, les cornichons, les câpres, le persil, le cerfeuil, l'estragon, le tout haché. Réserver au frais.
- Il est possible de préparer la tête de veau en plat principal. Dans ce cas, mettre du chou, des carottes, des navets et des pommes de terre à cuire à l'eau salée.

Suite page 220

Tête de veau sauce gribiche

Suite de la page 219

En fin de cuisson, rajouter cette garniture de légumes dans le bouillon de tête de veau (préalablement filtré et débarrassé de sa garniture aromatique).

Tête de veau sauce verte

2 h 2 h 6 pers.

2,5 kg de tête de veau crue, préparée,
1/2 langue de veau,
2 cervelles,
10 pommes de terre,
2 oignons,
2 carottes,
bouquet garni,
gros sel,
clous de girofle,
poivre en grains.

- Couper la tête de veau en larges morceaux.
- Dans un faitout, mettre les oignons épluchés, coupés et piqués de deux clous de girofle, les carottes coupées, le bouquet garni, du gros sel et du poivre en grain. Verser 3 l d'eau. Porter à ébullition.
- Mettre dans le court-bouillon la tête de veau et la langue. Laisser cuire à frémissement pendant 2 h.
- Cuire les pommes de terre à l'eau ou à la vapeur.
- Laver les cervelles bien nettoyées et les pocher à l'eau salée vinaigrée.
- Préparer le service en retirant du bouillon les morceaux de tête de veau. Les placer sur un plat creux chauffé. Ajouter les cervelles égouttées et coupées en quatre. Retirer la peau de la langue de veau et la couper en six morceaux.

Suite page 2

Tête de veau sauce verte

Suite de la page 220

- Disposer les pommes de terre tout autour.

Préparer la sauce :

- hacher finement un gros bouquet de persil et de fines herbes et mettre ces herbes dans une saucière. Faire chauffer le vinaigre, le verser dans la saucière. Ajouter deux verres du bouillon de cuisson de la tête de veau, mélanger et servir.

Tournedos Rossini

min 5 min 1 pers.

1 tournedos de 200 g environ,
1 tranche de foie gras de 30 g environ,
1 tranche de truffe,
10 cl de fond de sauce Périgueux,
20 cl de madère,
3 cl de jus de truffe,
1 tranche de pain de campagne grillé.

- Réduire le fond de sauce avec le madère et le jus de truffe.
- Vérifier l'assaisonnement.
- Griller le tournedos et le foie gras.
- Dresser : mettre le toast, le tournedos, la tranche de foie gras et la truffe.
- Napper de sauce.

Les volailles

Des recettes actuelles

Alicot de canard gras (ou d'oie)

2 h 2 h 6 pers.

6 ailerons,
3 têtes,
3 gésiers,
3 cous (sans la peau),
6 pattes,
1 botte (ou 1 boîte) de salsifis,
3 carottes,
1 navet,
3 oignons,
2 gousses d'ail,
thym,
laurier,
persil,
sel,
poivre,
2 c. de graisse,
1 c. de farine,
1 bol de bouillon.

- Dans une cocotte en fonte, faire revenir dans la graisse tous les morceaux de viande, en plusieurs fois, ainsi que l'ail et l'oignon émincés.
- Singer avec la farine, remuer, mouiller avec le bouillon, ajouter le thym, le laurier, le persil, le sel et le poivre.
- À l'ébullition, mettre les légumes coupés en morceaux.
- Couvrir, laisser mijoter 2 h en rajoutant éventuellement un peu de bouillon.
- Si on emploie des salsifis en conserve, ne les mettre que 30 min avant la fin de la cuisson.

Canard à la challandaise

3 h 30 40 min 4 pers.

1 canard d'environ 1,3 kg,
500 g de haricots secs,
250 g de lard de poitrine,
2 oignons,
2 carottes,
2 gousses d'ail,
1 tomate,
5 verres de bouillon,
12 petits oignons,
80 g de beurre,
bouquet garni,
persil,
fécule,
sel,
poivre.

- La veille, faire tremper les haricots secs dans l'eau froide.
- Préparer comme il convient le canard, plumé, flambé et vidé.
- Eplucher les petits oignons.
- Couper l'extrémité des ailes et le cou.
- Dans une casserole, faire chauffer 40 g de beurre et mettre les abattis du canard (ailerons, cou, gésier, foie) avec les carottes et les oignons détaillés en rondelles.
- Faire légèrement colorer, ajouter les gousses d'ail hachées, la tomate pelée, épépinée et émondée, le bouquet garni, sel et poivre.
- Mouiller avec le bouillon, couvrir et laisser mijoter doucement pendant 3 h.
- Il faut ajouter un peu de bouillon en cours de cuisson si besoin est.
- Lorsque ce « jus » sera cuit, le passer au chinois et le réserver au chaud.
- En même temps, mettre à cuire les haricots dans une casserole d'eau froide avec le bouquet garni, en mijotant à petit feu pendant 2 h.
- Poser le canard paré et préparé dans un plat à rôtir, d'abord couché sur la poitrine, le dos enduit de 30 g de beurre.

Suite page 226

Canard à la challandaise

Suite de la page 225

- Saler, poivrer et verser un verre d'eau dans le plat. Mettre à four chaud (th. 6-7, 220 °C) pendant 40 min.
- Dans une petite casserole, faire dorer au beurre les petits oignons, doucement, avec les dés de lard et les réserver.
- Après 20 min, retourner le canard sur le dos, arroser le poitrail et continuer la cuisson
- Egoutter les haricots et retirer le bouquet garni, les mettre dans une cocotte avec les petits oignons et les lardons dorés.
- Le canard étant cuit, le retirer du plat. Verser dans la cuisson le jus maintenu au chaud. Verser dans une casserole et chauffer.
- Délayer la fécule dans un peu d'eau et quand le jus bout, verser la fécule délayée mélanger à la spatule et tourner sans cesse pour épaissir la sauce.
- Verser la moitié de cette sauce sur les haricots, mélanger et laisser chauffer doucement.
- Découper le canard, les filets en aiguillettes et les cuisses détachées en deux.
- Dans un plat de service creux et chauffé, verser les haricots
- Disposer dessus les aiguillettes de canard et les cuisses découpées.

Suite page 2

Canard à la challandaise

Suite de la page 226

- Arroser avec un peu de sauce et verser le reste en saucière chauffée.
- Saupoudrer d'un peu de persil découpé et servir aussitôt.

Canard au miel et au vinaigre de cidre

2 h 20 min 4 pers.

1 canard (avec le foie),
sel,
poivre,
2 c. à soupe d'huile,
6 échalotes,
1 c. à soupe de concentré de tomate,
15 cl de vinaigre de cidre,
2 c. à soupe de miel,
2 grains d'ail,
2 brins de thym en fleur,
1 pomme,
20 cl d'eau.

- Dans une cocotte en fonte faire chauffer l'huile. Ajouter le canard assaisonné, le faire revenir à feu doux 12 min, le sortir de la cocotte, ajouter les échalotes, laisser fondre 5 min.
- Ajouter le concentré de tomate, le miel, le vinaigre, l'ail haché, le thym, laisser réduire 1 min. Ajouter la pomme coupée en fins quartiers et l'eau, porter à ébullition, y remettre le canard et continuer la cuisson au four (préchauffé) th. 5-6 pendant 1 h 30 Arroser souvent. Au bout de ce temps, mixer le beurre et le foie du canard.
- Disposer le canard sur un plat ; réduire la sauce 2 min sur feu vif et monter au beurre, hors du feu. Le napper de cette sauce après avoir vérifié l'assaisonnement.

Canard aux cerises à la cérétane

75 min75 min 4 pers.

**I canard (avec ses abattis),
I c. à soupe de vinaigre,
I c. à soupe de sucre
en poudre, 4 échalotes,
I verre (20 cl) de rancio,
2 verres de bouillon de
volaille,
350 g de cerises de Céret,
I brin de thym,
5 branches de persil,
Maïzena, kirsch,
40 g de beurre,
sel et poivre.**

- Choisir un jeune canard bien tendre. Couper les abattis et les concasser en petits morceaux au hachoir. Éplucher et émincer les échalotes.
- Hacher le persil et effeuiller le thym.
- Dans une sauteuse, faire revenir au beurre, à petit feu, les abattis concassés avec les échalotes, le persil et le thym.
- Verser le vin blanc, mélanger, laisser réduire et mouiller avec le bouillon de volaille. Saler, poivrer légèrement et laisser cuire à feu doux, à couvert, pendant 45 min.
- Mettre le canard paré dans un plat à rôtir, le saler et le poivrer, l'enduire de beurre, le mettre à rôtir à four chaud (210 °C, th. 7) pendant 40 à 50 min selon le poids. Retourner à mi-cuisson. La chair doit rester légèrement rosée.
- Dénoyauter les cerises, les mettre dans une poêle avec le sucre. Couvrir et laisser cuire 5 min. Les égoutter et réserver le jus de cuisson.
- Dans une casserole, mettre ce jus et le vinaigre et laisser réduire presque jusqu'au

Suite page 2

Canard aux cerises à la cérétane

Suite de la page 228

caramel. Verser alors le fond préparé avec les abattis et les aromates, passé au chinois. Ajouter le jus de 100 g de cerises pressées et laisser cuire à petit feu pendant 15 min. Lier avec une cuillerée à café de fécule délayée dans un peu de bouillon. Remuer à la spatule.

- Ajouter un trait de kirsch.
- Dans une poêle, faire fondre le reste du beurre et faire chauffer rapidement les cerises.
- Découper le canard. Dresser les aiguillettes et les cuisses sur un plat rond, entourer avec les cerises et verser sur le tout la sauce « cérétane ».

Canard aux olives

3 h 20 min 4 pers.

- Vider un beau canard fermier en conservant le foie (gésier et cœur pourront servir à parfumer une soupe). Faire raidir le foie à la poêle avec deux ou trois autres foies de volaille, trois ou quatre échalotes hachées et une gousse d'ail écrasée.
- Faire blanchir pour en ôter l'amertume 25 cl d'olives vertes dénoyautées. Les égoutter et y ajouter

Suite page 230

Canard aux olives

Suite de la page 229

les foies avec les échalotes et l'ail, puis hacher le tout. Ajouter sel et poivre et, éventuellement, du pain rassis écrasé pour accroître la quantité.

- Farcir de ce hachis le canard et fermer soigneusement l'ouverture. Avec un pinceau, enduire le canard d'huile de tous côtés et le saler en pluie sur toute la surface de la peau.
- Dans un grand plat de terre, enfourner le canard et le faire cuire à four très doux (th. 3 à 5 selon le four) en prévoyant une cuisson très longue (on peut compter jusqu'à 3 h, voire plus pour un très gros canard). Il devra être disposé les filets vers le bas pendant la première moitié de la cuisson, puis retourné. Veiller pendant ce temps à rajouter au besoin de l'eau dans le plat pour que le canard ne soit pas trop sec. Quelques minutes avant la fin de la cuisson, faire chauffer dans le plat 25 cl d'olives vertes dénoyautées et blanchies.
- Dans le plat de service, disposer la farce pour faire un lit sur lequel seront présentés les filets découpés en aiguillettes, entourés des olives entières.

  Les manchons, les cuisses et les quartiers de carcasse feront l'objet d'un second service.

Canard aux piments

1 h 30 20 min 4 pers.

1 canard,
6 piments verts,
oignon,
ail,
vinaigre,
sel,
poivre,
vin blanc.

- Couper un canard préparé en deux dans le sens de la longueur. Déposer à l'intérieur six piments verts, une gousse d'ail, sel et poivre, puis refermer le canard en l'attachant avec une ficelle.
- Dans une cocotte, faire chauffer un peu de graisse et faire dorer le canard sur toutes les faces.
- Retirer le canard et l'excédent de graisse.
- Ajouter un oignon coupé en rondelles, une tête d'ail entière, une carotte, une demi-orange coupée en deux ou trois morceaux, un petit filet de vinaigre, le sel et le poivre. Remettre le canard et laisser mijoter à feu très doux environ 1 h 30, en retournant de temps en temps.
- Lorsque le canard est cuit, le détacher et garder au chaud. Mouiller les légumes de vin blanc, laisser cuire quelques instants puis passer la sauce.
- Au moment de servir, verser celle-ci sur les deux moitiés de canard entourées de leur garniture.

Canard de maringues

1 h 4 pers.

I canard de 2 kg,
150 g de lardons maigres,
20 petits oignons grelots,
I poireau blanc,
I branche de céleri,
I brindille de fenouil,
I brindille de thym,
I c. de sucre en poudre,
I pointe de poivre rouge,
croûtons frits,
sel et poivre.
Pour le bouillon :
I carotte émincée,
I oignon clouté de girofle,
cerfeuil, basilic, sarriette,
marjolaine et 50 cl d'eau.

- Faire revenir à l'huile, dans une cocotte, les lardons blanchis et y faire blondir les petits oignons épluchés. Les retirer et faire dorer le canard.
- Quand il a pris couleur, remettre les lardons et les oignons, et saupoudrer d'une pincée de farine.
- Mouiller avec la décoction d'herbes passées.
- Ajouter poireau, thym, céleri et fenouil.
- Saupoudrer de sucre en poudre et d'une pincée de poivre rouge.
- Laisser cuire à feu doux pendant une bonne heure.
- Pour servir, poser le canard débridé sur des croûtons tartinés de marmelade (oranges, pommes ou groseilles) et napper de la sauce bien réduite et passée au tamis fin.

Canard des vergers

2 h 90 min 8 pers.

I gros canard de 3,5 kg,
500 g de pommes (golden),
300 g de pruneaux dénoyautés,
2 bouteilles de cidre brut,
2 verres de calvados,

- Couper les pommes épluchées en petits quartiers et les faire mariner avec les pruneaux et un verre de calvados pendant 2 h.
- Prendre le canard, le désosser entièrement (cuisses et ailes) et garnir

Suite page 233

Canard des vergers

Suite de la page 232

sel,
poivre,
20 cl de crème.

l'intérieur avec les fruits. Ne pas oublier le sel et le poivre. Ficeler comme pour obtenir un rôti roulé. Dorer cette grosse ballottine sur toutes les faces. Quand c'est doré à point, flamber au calva. Laisser cuire 1 h 30 à 2 h en ajoutant 1,5 l de la bouteille de cidre.

- Lorsque le canard est cuit, faire votre sauce : prélever un peu de jus de cuisson, le faire recuire avec le cidre, faire épaissir avec un peu de farine, ajouter la crème et un peu de calva. Goûter pour assaisonner à votre goût.
- Au moment de servir votre canard, enlever la ficelle, couper en tranches de 2 cm et napper avec un peu de sauce. Servir le reste dans une saucière. Vous pouvez accompagner de haricots verts et d'une purée de céleri.

Canard poché aux pruneaux

1 h 15 30 min

- Faire bouillir une grande quantité d'eau.
- Y pocher le canard pendant 5 min, puis l'égoutter et l'essuyer. Dans une cocotte, le faire dorer à la graisse d'oie, saler, poivrer, puis faire cuire 1 h.
- Pendant ce temps, faire tremper dans de l'eau des pruneaux dénoyautés avec des grains de genièvre.
- Les égoutter et ajouter au canard. Mouiller avec l'eau de pochage et laisser cuire encore 15 min.

Canard rôti aux navets en purée

1 h 20 min

- Farcir le canard avec des rondelles de saucisses ou chipolatas. Pendant qu'il rôtit, cuire dans très peu d'eau 1 kg de jeunes navets. Dès qu'ils sont tendres, enlever le couvercle pour faire évaporer l'eau. Les passer au moulin, accommoder avec du beurre, saler.
- Verser le jus du canard dans les navets ; servir dans un plat creux. Couronner avec les morceaux de canard.

Canard rôti aux pommes

45 min30 min

I canard de 1,4 kg,
6 pommes,
quelques petits oignons,
I verre de cidre,
I petit verre de calvados,
50 g de beurre,
I c. à soupe de miel,
sel et poivre.

- Badigeonner le canard d'un mélange beurre fondu et miel.
- Le mettre dans un plat en terre avec un fond d'eau, le verre de cidre et des petits oignons.
- L'enfourner à four chaud (th. 8) pendant 30 min en le retournant et en l'arrosant.
- Le retirer du four, l'arroser de calvados et flamber.
- Saler, poivrer.
- Remettre le canard à four doux pendant 15 min.
- Pendant ce temps, éplucher les pommes, les couper en tranches épaisses que vous passerez dans le beurre à la poêle.
- Ajouter un demi-verre de cidre et une cuillerée de calvados.
- Déglacer le jus de cuisson du canard avec une cuillerée de crème fraîche et un peu d'eau.
- Servir le canard entouré de pommes dorées et accompagné de sa sauce.

Canard rôti dans son jus au muscadet

45 min 20 min 4 pers.

1 canard de 2,5 kg environ,
1/2 bouteille de muscadet,
1 oignon,
1 carotte,
1 gousse d'ail,
200 g de beurre,
5 cl d'huile.

Si carcasse de canard, faire la sauce avant la cuisson.

- Nettoyer, flamber, vider et brider le canard, assaisonner, sel de Guérande, poivre intérieur et extérieur.
- Faire chauffer la plaque à rôtir sur le feu, mettre les ailerons et le cou coupés en petits morceaux.
- Poser le canard avec un peu d'huile et de beurre sur une cuisse, laisser quelques minutes puis le retourner sur l'autre cuisse et mettre au four chaud 15 min sur chaque cuisse puis le mettre sur le dos et l'arroser souvent, finir de cuire 15 min.
- Sortir le canard du four et le garder au chaud.
- Jeter presque toute la graisse de la plaque, ajouter les légumes coupés en petits morceaux et laisser colorer, mouiller avec le muscadet et un verre d'eau et réduire aux trois quarts, vérifier l'assaisonnement.
- Faire dans une poêle un beurre noisette et l'incorporer dans le jus.
- Présenter le canard entier, puis le découper, le disposer sur un plat ou sur assiettes.
- Servir avec des pommes fruits en quartiers sautées au beurre et des raisins ou des légumes de saison.

Canard sauvage rôti aux sparassis crépus à la crème et chanterelles au jus

30 min 20 min 4 pers.

1 canard sauvage (déjà préparé), 300 g de sparassis crépus, 300 g de chanterelles jaunes ou grises, botte de ciboulette, botte de cerfeuil, 3 échalotes, 15 cl de crème fleurette, 10 cl de porto, 40 g de beurre demi-sel, sel et poivre du moulin, graisse de canard.

- Couper le canard en deux suprêmes et deux cuisses. Dans une casserole d'eau bouillante salée, blanchir les sparassis 2 à 3 min. Après les avoir coupés en petits bouquets, renouveler l'opération avec les chanterelles.
- Dans une casserole en fonte, faire fondre les 40 g de beurre, ajouter la moitié des échalotes hachées, faire suer 3 à 4 min afin d'en retirer le jus de végétation, ajouter les champignons et remuer délicatement. Cuire à couvert durant 10 min, déglacer avec le porto, porter à ébullition puis ajouter la crème fleurette. Cuire 2 min et réserver. Dans une cocotte, mettre la graisse de canard (environ trois cuillerées à café) à chauffer, puis saisir les magrets et les cuisses après les avoir assaisonnés. Les cuire environ 9 min pour les cuisses et 6 min pour les magrets (la cuisson des magrets doit être toujours inférieure et,

Suite page 238

Canard sauvage rôti aux sparassis crépus à la crème et chanterelles au jus

Suite de la page 237

pour le canard sauvage, ils sont appréciés particulièrement rosés). Égoutter la graisse de la cocotte, puis ajouter l'autre moitié des échalotes et les chanterelles. Cuire 6 à 8 min à feu doux et à couvert en remuant souvent. Ajouter la moitié des fines herbes et rectifier l'assaisonnement.

- Incorporer dedans les sparassis, bien mélanger le tout et servir dans un plat à gratin très chaud avec le canard rôti et croustillant à la peau.

Confit de canard

45 min45 min

foies gras de canards, graisse d'oie.

- Choisir de beaux canards gras, les ouvrir, ôter délicatement le foie gras que vous préparerez à part.
- Les découper en séparant cuisses, manchons, ailes, filets, gésier, cœur et cou. Saler largement les morceaux avec du gros sel, les envelopper dans des torchons et laisser deux jours.
- Dans une grande marmite, faire fondre une grande quantité de graisse d'oie et,

Suite page 23

Confit de canard

Suite de la page 238

lorsqu'elle commence à frissonner, y plonger les morceaux de canard et laisser cuire doucement pendant 45 min en veillant à ce que la graisse recouvre bien tout.

- Disposer les morceaux dans des bocaux et recouvrir de graisse. Laisser les bocaux ouverts.
- Le lendemain, fermer les bocaux et les faire bouillir au stérilisateur pendant une bonne demi-heure. Ne les sortir que lorsque l'eau de stérilisation est complètement refroidie.
- La viande ainsi préparée permet d'improviser rapidement des festins somptueux. Lorsque des amis viennent vous visiter à l'improviste, ouvrir un ou plusieurs bocaux, les placer au bain-marie pour faire fondre la graisse, ôter les morceaux et les égoutter en retirant éventuellement le surplus de gras délicatement avec une cuillère. Les morceaux de canard peuvent être grillés sur la braise ou à la poêle, accompagnés de quartiers de cèpes, de girolles ou de pommes de terre cuites à la graisse avec ail et persil ; ils constituent ainsi un mets royal.

Cœurs de canard

1 h 30 min

1 kg de cœurs de canards,
1 verre de vin blanc liquoreux,
sel,
poivre.

- Dans une cocotte, faire revenir des oignons dans de la graisse de canard. Dès que les oignons blondissent, mettre 1 kg de cœurs (environ 15). Mouiller d'un verre de vin blanc liquoreux, laisser bouillir quelques instants puis ajouter un peu d'eau, sel et poivre.
- Faire mijoter 1 h.
- Égoutter et servir cœurs et oignons avec une sauce tomate au thym.
- Les cœurs de canard sont aussi excellents dans une préparation rustique, simplement grillés sur des braises de sarments de vigne.

Magret de canard au jambon de montagne

20 min 20 min 4 pers.

2 tranches de jambon sec,
2 magrets,
quelques échalotes,
2 c. de miel,
10 cl de vinaigre (2 c.),
1 pincée de fines herbes,
50 g de beurre.

- Faire sauter les magrets dans un poêlon 8 à 10 min de chaque côté et assaisonner.
- Après cuisson, émincer les magrets, les disposer sur un plat de service.
- Dans le poêlon, verser le vinaigre avec le miel, faire cuire et monter au beurre.
- Servir avec des pommes sautées à cru.
- Avant de servir, chauffer le jambon très légèrement et disposer sur le magret.

Magret de canard aux écrevisses

8 min 15 min 4 pers.

2 beaux magrets,
20 cl de fond de veau,
20 cl de crème,
20 pièces de queues d'écrevisses.

- Dans une sauteuse, faire cuire les magrets rapidement, 3 à 4 min de chaque côté.
- Retirer du feu et sortir les magrets.
- Mouiller avec les fonds de veau et la crème. Réduire jusqu'à une bonne onctuosité.
- Mettre les écrevisses dans la sauce quelques minutes, napper les magrets et découper en aiguillettes ou en fines lamelles.
- Comme garniture, une jardinière de légumes convient parfaitement.

Magret de canard rôti aux amanites des césars

5 min 15 min 4 pers.

2 pièces de 600 g de magret de canard (mulard),
500 g d'amanites des Césars,
100 g d'échalotes,
3 c. de cerfeuil et de ciboulette (hachés),
1 gousse d'ail,
1 c. d'huile d'arachide,
sel et poivre du moulin.

- Après avoir trié et coupé les champignons en gros quartiers, plonger les morceaux quelques instants dans une casserole d'eau bouillante salée.
- Une fois bien égouttés, dans une poêle faire rissoler les champignons à l'huile sur un feu vif durant 5 min environ, assaisonner et incorporer l'ail haché et les fines herbes.

Suite page 242

Magret de canard rôti aux amanites des césars

Suite de la page 241

- Enlever le surplus de graisse des magrets, les assaisonner et les cuire dans une poêle en fonte sans matière grasse et du côté de la peau en l'arrosant souvent.
- Les cuire environ 15 min (suivant la cuisson désirée), la peau doit être dorée et croustillante. Trancher les magrets en lamelles et les dresser en éventail sur un joli bouquet de champignons.
- La sauce est facultative car la saveur des magrets et des champignons ne nécessite pas d'accompagnement.

Magrets de canard à la clavelière

60 min 7 min 4 pers.

800 g de magrets de canard,
300 g de gros raisin blanc à chair ferme,
1 petit verre (7 cl) d'armagnac,
1 petit verre (7 cl) de pineau des Charentes,

- Faire chauffer une poêle sèche (antiadhésive) sur feu vif. Inciser la peau des magrets en croisillons, puis les déposer dans la poêle, peau contre poêle. Les faire dorer ainsi jusqu'à ce que la peau soit croustillante et que la graiss se répande dans la poêle.

Suite page 2

Magrets de canard à la clavelière

Suite de la page 242

1 verre (20 cl) de muscadet sur lie,
2 échalotes finement hachées,
1/2 tablette de bouillon de volaille,
1 grosse noix (50 g) de beurre demi-sel,
1 c. à café de poivre à steak,
sel, poivre,
1 noisette de beurre.

- Les retourner et dorer rapidement l'autre face sans chercher à les cuire. Jeter la graisse rendue.
- Ensuite, les retirer dans un petit plat creux, les arroser d'armagnac et les flamber (il est préférable de chauffer d'abord l'armagnac dans une petite casserole avant de le verser sur les magrets). Les laisser macérer 10 min.
- Puis tailler chaque magret en fines escalopes avec une lame longue et bien aiguisée, en posant la lame presque à plat afin d'obtenir des escalopes fines mais larges.

- Les disposer, se chevauchant, sur un plat à four. Les saler, les saupoudrer de poivre à steak et les réserver à température ambiante, couverts d'aluminium ménager. Réserver l'armagnac de macération.

Préparer la sauce

- Peler et épépiner les grains de raisin. Faire blondir les échalotes avec les 50 g de beurre dans une casserole sur feu doux (environ 6 min).
- Ajouter l'armagnac de macération, le pineau, le vin blanc et la demi-tablette de bouillon de volaille. Amener à ébullition sur feu vif, réduire le feu.
- Laisser mijoter et réduire cette sauce pendant 15 min.
- Saler, poivrer, ajouter les grains de raisin, cuire encore 3 min. Retirer du feu.

Pour servir

- Préchauffer le gril du four jusqu'à ce qu'il soit bien rouge. Retirer l'aluminium ménager du plat de magrets avant de glisser celui-ci sous le gril (à environ 7 cm du gril). Les faire griller 5 à 7 min en surveillant. Pendant ce temps, réchauffer la sauce et en arroser les magrets au sortir du four.
- Accompagner d'une purée de céleri ou de pommes de terre sautées.

Magrets de canard à la moutarde et au miel

20 min 25 min 4 pers.

marinade : 1 h ou 2

Environ 600 à 700 g de magrets (en général cela correspond à 2 beaux magrets),
4 c. à soupe de moutarde de Dijon,
1 c. à soupe de miel bien parfumé,
1 c. à soupe d'huile d'arachide ou de tournesol,
1 tasse de bouillon de volaille (on peut utiliser une tablette diluée dans 10 cl d'eau).

- Faire mariner pendant 1 h ou 2 les magrets dans le mélange bouillon, moutarde, miel et huile.
- Bien égoutter pour éviter les projections au moment de la cuisson et passer sous le gril en faisant griller d'abord le côté peau 5 à 6 min, puis l'autre côté 2 ou 3 min, puis à nouveau le côté peau 2 min, puis l'autre 2 min. On peut aussi faire cuire dans une poêle, mais on risque davantage de faire gicler la graisse ou de la faire brûler, ce qui est dommage pour la suite…
- Couper en aiguillettes, ce qui permet de surveiller la cuisson, et remettre quelques instants sous le gril si l'intérieur semble encore trop rose (mais les magrets se mangent peu cuits) ; les tenir au chaud.
- Recueillir le jus dans le plat qu'on aura placé sous le gril en enlevant un peu de graisse si nécessaire, et mélanger avec au moins la même quantité de marinade, faire chauffer le tout avant de servir en saucière.
- Du riz cuit à la créole, c'est-à-dire dans une grande quantité d'eau et égoutté, sans autre assaisonnement que le sel de l'eau de cuisson sera servi à côté.

On peut aussi accompagner ce plat de divers légumes verts bouillis ou cuits à la vapeur, très parfumés, tels que navets, céleris ou fenouils.

Magrets de canard à la Murat

1 h 6 pers.

Finition, réchauffage : 10 min

I kg de magrets de canard épais,
6 c. à soupe d'armagnac,
I c. à soupe de poivre « mignonnette » (à steak),
sel.

Pour la sauce :

I/2 bouteille de vin de Bergerac rouge,
I tablette de bouillon de volaille,
I grosse c. à soupe de baies de genièvre écrasées,
2 gousses d'ail non épluchées,
I petit bouquet garni (I carotte, I branchette de thym, I feuille de laurier, quelques brins de persil),
I c. à café de poivre en grains,
750 g de cèpes frais (petits et encore bien fermés),
I c. à café bombée de Maïzena,
I noix (50 g) de beurre,
sel,
poivre,
huile d'olive.

- Chauffer une poêle sèche sur feu vif. Inciser la peau des magrets en croisillons et lorsque la poêle est brûlante les y déposer, peau contre poêle. Les faire dorer jusqu'à ce que la peau soit croustillante et que la graisse se répande dans la poêle ; les retourner et dorer rapidement la chair sans chercher à la cuire.
- Puis retirer les magrets sur un plat, les arroser d'armagnac. Les laisser macérer 15 min en les retournant une fois et en les pressant avec la paume de la main pour leur faire absorber l'alcool et les attendrir.
- Ensuite les tailler en tranches fines avec un couteau à lame longue et bien aiguisée. Les reconstituer légèrement étalés dans un plat à four ; les saler et les saupoudrer de poivre mignonnette. Réserver. Recueillir le jus de macération dans une casserole. Ajouter : le vin, un demi-verre d'eau, la tablette de bouillon de volaille, les baies de genièvre, l'ail en chemise, le bouquet garni, le poivre en grains et une cuillerée à café de sel. Faire réduire ce fond

Suite page 246

Magrets de canard à la Murat

Suite de la page 245

de sauce de moitié sur feu moyen (il doit mijoter et non bouillir à gros bouillons).

- Pendant ce temps, essuyer les cèpes (ne pas les laver), séparer les têtes des queues, éplucher les queues si nécessaire, et couper le tout en lamelles. Chauffer une cuillerée à soupe d'huile d'olive dans une poêle et y faire revenir les cèpes 5 min en remuant. Laisser en attente.
- Lorsque le fond de sauce est bien réduit, le filtrer sur les cèpes et remettre à cuire 10 à 15 min. Puis lier la sauce : manier le beurre avec la maïzena, l'ajouter en petits morceaux dans la sauce aux cèpes ; remuer jusqu'à consistance nappante et onctueuse. Réserver.
- Pour servir, préchauffer le four sur th. 8 ou 240 °C et y terminer la cuisson des magrets 10 min en plaçant le plat assez haut dans le four. Réchauffer la sauce aux cèpes. Disposer par assiette quatre ou cinq petites tranches de magret, entourer de sauce aux cèpes. Accompagner de pommes de terre sautées.

Poêlée de foie gras de canard et pain perdu grand-mère

20 min 20 min

1 foie gras de canard,
1 pain de mie,
jus de canard à garder après un rôti,
4 œufs,
beurre,
lait,
rhum,
cannelle et sucre.

- Trancher le foie gras de canard en escalopes (deux par personne) et mettre au frais.

Pain perdu :

- Couper le pain de mie en tranches de 1 cm d'épaisseur. Les faire tremper dans du lait parfumé au rhum et à la cannelle.
- Égoutter et presser légèrement, puis les tremper dans les œufs battus (faire cette opération au dernier moment).

Chauffer deux poêles :

- dans la première, cuire le pain perdu dans du beurre, égoutter et saupoudrer de sucre glace ;
- dans la deuxième, cuire les tranches de foie, sans matière grasse, puis égoutter.
- Sur une assiette chaude, dresser une tranche de pain perdu, deux tranches de foie gras et disposer le jus de canard préalablement monté au beurre (à faire au début de la recette et à tenir au chaud).

Croquettes de dinde aux petits légumes

15 min 45 min 4 pers.

500 g d'escalopes de dinde,
100 g de poitrine salée,
2 échalotes,
2 c. à soupe de chapelure,
1 œuf,
1 c. à soupe de persil haché,
6 blancs de poireaux,
500 g de carottes,
1 gousse d'ail,
1 oignon,
1 bouquet garni,
1 pincée de noix de muscade,
30 g de beurre,
1 c. à soupe d'huile d'olive,
sel et poivre,
1 citron.

- Hacher escalopes de dinde et poitrine salée. Dans 10 g de beurre, faire étuver les échalotes pelées et hachées.
- Dans un saladier, mélanger à la fourchette, viandes hachées, échalotes, chapelure, œuf battu et persil haché. Poivrer et façonner avec cette pâte, du bout des doigts farinés, de petites boulettes. Laisser en attente.
- Éplucher, laver et émincer les blancs de poireaux. Peler et découper les carottes en rondelles. Peler et émincer l'oignon, presser l'ail.
- Dans une cocotte, faire chauffer l'huile d'olive et le reste de beurre, puis faire rissoler les boulettes à feu vif pendant 5 min. Les retirer.
- Faire étuver à leur tour oignon et poireaux, 10 min environ, ajouter les carottes, le bouquet garni, 10 cl d'eau chaude, couvrir et laisser cuire 20 min.
- Poser les boulettes sur le lit de légumes, laisser mijoter encore 10 min. Servir très chaud arrosé d'un jus de citron.

Cuisse de dinde à la moutarde

1 h 20 min 4 pers.

I cuisse de dinde assez grosse,
800 g de pommes de terre à chair ferme et 2 belles tomates,
I c. à soupe de moutarde forte de Dijon,
I c. à soupe de crème fraîche,
2 c. à soupe d'huile et 2 c. d'eau,
2 gousses d'ail,
sel et poivre.

- Préchauffer le four à th. 8 (240°).
- Ébouillanter les tomates pour les peler, les épépiner et les couper en petits morceaux.
- Peler, laver et essuyer les pommes de terre et les couper en rondelles épaisses de 0,5 cm.
- Mélanger la crème et la moutarde dans un bol avec sel et poivre.
- Piquer la cuisse de dinde avec de petits morceaux d'ail.
- Mettre dans un plat de service pouvant aller au four les pommes de terre en rondelles et les morceaux de tomate. Poser dessus la cuisse de dinde aillée, salée et poivrée. Arroser avec l'huile et l'eau, et mettre au four 45 min. Retourner la dinde à mi-cuisson.
- Au bout de 45 min, tartiner une face de la cuisse avec la moitié du mélange crème-moutarde et remettre à cuire 15 min, puis retourner la cuisse, tartiner l'autre face et laisser cuire encore 15 min.
- Servir dans le plat de cuisson.

Cuisse de dinde au gingembre

25 min 45 min 4 pers.

I belle cuisse de dinde ou 2 petites,
I c. à soupe de gingembre frais râpé,
2 échalotes,
I pincée de poudre de girofle,
2 c. à soupe de sauce de soja,
I c. à soupe de vinaigre,
I c. à soupe de sucre en poudre,
10 cl de bouillon de volaille instantané,
200 g de champignons de Paris,
2 c. à soupe d'huile,
sel et poivre.

- Désosser la cuisse de dinde et couper la chair en petits morceaux réguliers. Faire fondre les échalotes hachées dans une poêle contenant de l'huile chaude. Saupoudrer avec la poudre de girofle et le gingembre frais râpé puis ajouter la sauce de soja, le vinaigre et le sucre. Bien mélanger. Y mettre alors la viande et la faire dorer, tout en remuant. Saler et poivrer.
- Lorsque la viande est dorée, verser le bouillon chaud et porter à ébullition. Couvrir et laisser cuire à petit feu pendant 45 min.
- Préparer les champignons, les nettoyer, les émincer et les ajouter à la viande 5 à 8 min avant la fin de la cuisson.
- Dresser la viande sur le plat de service et servir avec un riz créole.

Cuisses de dinde aux pommes

15 min 45 min 4 pers.

I belle cuisse de dinde,
400 g de pommes un peu acides,
400 g de pommes de terre,
I oignon,
I gousse d'ail,
beurre,
sel et poivre.

- Allumer le four (th. 7).
- Piquer la cuisse de dinde d'éclats d'ail.
- Peler les pommes de terre, les couper en morceaux. Peler les pommes, les couper en rondelles. Éplucher l'oignon et le détailler en rondelles.
- Dans un plat allant au four, mettre la cuisse de dinde, entourée des rondelles d'oignon et des pommes de terre, parsemer de noisettes de beurre, sel et poivre. Arroser de temps à autre avec le jus de cuisson.
- Au bout de 20 min, ajouter les rondelles de pomme et laisser cuire encore une petite demi-heure.

Dinde farcie de Noël

2 h 30 1 h

I belle dinde de 8 ou 9 livres, 2 tranches de jambon de pays, 250 g de fine farce de porc, 2 bardes de lard, 2 oignons, 5 échalotes, 2 petits verres de madère, 2 œufs, I tasse de mie de pain, I/2 verre de lait, 3 ou 4 truffes, 2 kg de châtaignes blanchies, 5 c. de graisse, sel et poivre.

- Faire macérer 1 h le foie de la dinde et les truffes brossées dans le madère, et faire revenir dans de la graisse 250 g de châtaignes. Hacher le jambon, les oignons, les échalotes, la mie de pain trempée dans du lait et essorée, le foie, le gésier et le cœur, saler et poivrer.
- Mélanger avec la farce et les châtaignes dorées le madère de macération et les pelures de truffes. Remplir la dinde de farce, rabattre la peau du cou sur la poitrine. Couper les truffes en lamelles et les glisser en plusieurs endroits sous la peau de la volaille. Saler, enduire la dinde de graisse. Poser une barde sur le dos et une autre sur le bréchet, ficeler. Mettre à cuire 2 h à 2 h 30 (th. 6). Si, en fin de cuisson, la peau a tendance à brûler, envelopper la volaille avec un papier d'aluminium beurré.
- Faire chauffer doucement les châtaignes dans la graisse
- Présenter la dinde sur un plat, les châtaignes dans un légumier, la sauce en saucière.

Dinde rôtie

5 min 6 pers.

Au four : 20 min par 500 g, th. 5-6 ou 200° à 220° ; à la broche : 25 à 30 min par 500 g ; à l'autocuiseur : 25 min par kg

1 dinde de 3 kg pour 10 personnes, ou en morceaux (300 g par personne), barde de lard, huile ou margarine, sel, poivre.
Garniture classique :
marrons, pommes fruits.

- La dinde se fait rôtir entière ou en morceaux comme le poulet : soit au four, soit à la broche, soit à l'autocuiseur.
- Elle peut se préparer selon toutes les variantes du poulet rôti.
- La chair de la dinde est assez sèche, c'est pourquoi il est recommandé de l'envelopper d'une barde de lard.
- La dinde entière, souvent volumineuse (3-4 kg), a besoin d'un four modéré pour cuire en profondeur et doit être protégée par un papier d'aluminium pour ne pas brunir à la surface.
- Il faut l'arroser souvent avec le jus de cuisson.

Le dindon se cuit de la même façon. Sa chair plus ferme demande seulement une cuisson plus longue.

Dinde rôtie et farcie aux marrons

20 min 6 pers.

Farce :
100 g de veau,
100 g de porc,
foie de volaille,
100 g de mie de pain rassis,
5 cl de bouillon de volaille,
1 échalote,
1 petite boîte de pelures de truffes,
1 c. à soupe de cognac ou de porto,
1/2 boîte de marrons au naturel,
sel,
poivre.

- Faire la farce. Verser le bouillon de volaille chaud sur la mie de pain émiettée. Par ailleurs, hacher finement le foie de dinde, le porc, le veau, l'échalote. Ajouter les marrons écrasés grossièrement, les pelures de truffes, l'alcool au choix. Saler et poivrer. Bien mélanger le tout.
- Remplir la dinde de cette farce. Recoudre l'ouverture. Badigeonner la dinde d'huile. Barder et faire cuire selon les recettes de base au four ou à la broche. Servir la dinde entourée du reste des marrons au naturel réchauffés dans du beurre.

Émincé de dinde aux légumes

30 min 40 min 4 pers.

1 filet de dinde de 600 g environ,
250 g de carottes,
250 g de céleri-rave,
125 g de champignons de Paris,
le fond d'un bel artichaut,
250 g de courgettes,

- Préparer 75 cl de bouillon de volaille chaud. Placer le filet de dinde dans une sauteuse assez haute. Verser sur la viande le bouillon de volaille, saler, poivrer, porter à ébullition et laisser pocher 30 min. à petits frémissements.
- Préchauffer le four (th. 8-240 °C).

Suite page 2

Émincé de dinde aux légumes

Suite de la page 254

persil,
sel,
poivre,
1 ou 2 tablettes de bouillon de volaille instantané.

- Peler et laver les légumes, couper les carottes et le céleri en julienne (petits bâtonnets), le fond d'artichaut (on peut utiliser un fond surgelé) et les courgettes en petits cubes. Faire cuire ces légumes à l'eau salée, 5 min, les égoutter. Préparer les champignons, les couper en petits cubes, sans les cuire.
- Au bout d'une demi-heure, émincer finement la viande. Répartir légumes et champignons dans quatre poêlons individuels, ajouter la viande émincée, couvrir de bouillon. Recouvrir les poêlons de papier sulfurisé et mettre à four chaud 10 min. Au moment de servir, chaud, saupoudrer les poêlons de persil haché.

Escalope de dinde

- L'escalope de dinde se fait cuire comme l'escalope de veau. Sa chair assez fade a besoin d'être aromatisée. Tous les parfums utilisés pour le veau ou le porc lui conviennent.
- Elle peut s'accommoder selon toutes les variantes de l'escalope de veau.

Escalopes de dinde gratinées

25 min 30 min 6 pers.

6 escalopes de dinde assez fines,
1 c. à soupe de crème fraîche,
125 g de beurre,
50 cl de lait,
50 g de farine,
60 g de fromage,
sel,
poivre,
muscade,
un peu de Grand Marnier.

- Choisir des escalopes de dinde assez fines et régulières. Dans une assiette, mettre 15 g de farine environ et un peu de sel et poivre, fariner la viande sur les deux faces. Faire cuire à la poêle, à feu doux, dans la moitié du beurre, pendant 10 min environ (les retourner à mi-cuisson). Les mettre dans un plat allant au four et déglacer la poêle avec un peu de Grand Marnier.
- Préparer une béchamel avec le beurre et la farine restante, le lait, le sel, le poivre et la muscade (une pointe). Râper le fromage, en ajouter la moitié à la béchamel ainsi que le jus de cuisson de la viande et la crème fraîche.
- Napper les escalopes de cette sauce, saupoudrer du reste de fromage râpé et faire gratiner 10 min au four.

Paupiettes de dinde surprises

30 min 40 min 4 pers.

4 escalopes de dinde (bien aplaties),
4 fines tranches de poitrine fumée,
3 œufs,
5 c. à soupe de petits pois,
100 g de gouda râpé (grosse grille),
sel,
poivre,
paprika,
1 cube de bouillon,
1 petit verre d'armagnac,
1 c. à café de Maïzena,
1 c. à soupe d'huile,
25 g de margarine.

- Saler et poivrer les escalopes. Poser dessus une tranche de lard. Préparer 25 cl de bouillon avec le cube. Battre les œufs dans un saladier, ajouter le gouda râpé, les petits pois égouttés, saler, poivrer et assaisonner d'une pointe de paprika.
- Faire chauffer l'huile dans une poêle et préparer l'omelette. La couper en quatre et poser sur les escalopes. Rouler et ficeler soigneusement en paupiettes.
- Faire chauffer la margarine dans la poêle et mettre les paupiettes qui doivent être dorées de tous côtés. Mouiller avec le bouillon et laisser mijoter à feu doux 30 min. Enlever les paupiettes et les disposer dans le plat de service que vous tenez au chaud.
- Mélanger la Maïzena à un peu d'eau froide et l'ajouter dans la poêle ainsi que l'armagnac. Laisser bouillir quelques instants en tournant, et napper les paupiettes. Servir très chaud.

Risotto de dinde et champignons

30 min 30 min 4 pers.

400 g de blanc de dinde ou d'escalopes de dinde,
50 g de lard fumé,
250 g de champignons de Paris,
250 g de riz,
1 verre de vin blanc,
80 g de beurre,
1 c. à soupe d'huile,
persil,
sel et poivre.

- Couper le lard et le blanc de dinde en petits dés. Faire chauffer le mélange huile et 30 g de beurre dans une cocotte pour faire revenir rapidement les dés de viande.
- Ajouter le riz, remuer à la cuiller en bois jusqu'à ce qu'il devienne transparent Arroser avec le vin blanc, saler et poivrer. Ajouter 30 c d'eau chaude. Baisser le feu, couvrir et laisser cuire 18 min jusqu'à ce que le liquide soit absorbé.
- Pendant ce temps, nettoyer les champignons, les couper en lamelles. Les faire sauter dans 20 g de beurre sur feu vif.
- Dès qu'ils commencent à dorer, les ajouter dans la sauteuse, bien remuer et laisser s'achever la cuisson à couvert. Hacher le persil.
- Quand le riz est cuit, lui incorporer, hors du feu, le reste de beurre en petits morceaux. Verser le risotto dans le plat de service, le saupoudrer de persil haché et servir chaud.

Sauté de dinde aux chitakee

25 min 40 min 6 pers.

1,2 kg de sauté de dinde,
600 g de chitakee,
5 cl d'armagnac,
1 gros oignon,
25 cl de vin blanc,
1 c. de concentré de tomate,
1 tomate fraîche,
1 branche de persil,
thym,
laurier,
2 gousses d'ail,
2 carottes,
75 g de beurre,
10 cl d'huile d'arachide,
10 g de farine,
sel et poivre du moulin.

- Préparer une garniture avec les carottes, l'oignon, en les taillant en fins petits dés, attacher ensemble le persil, thym, laurier (bouquet garni).
- Dans une cocotte en fonte, faire revenir à l'huile la dinde coupée en gros dés, ajouter la garniture et les lentins fendus en longueur.
- Déglacer avec l'armagnac et le vin blanc.
- Ajouter à présent la tomate fraîche et le concentré ainsi que les gousses d'ail, le sel, le poivre du moulin et la farine.
- Mijoter à feu doux et à couvert durant 40 min.
- Après cuisson, retirer le bouquet garni et séparer la viande de la sauce.
- Rectifier l'assaisonnement et incorporer sur feu vif des parcelles de beurre dans la sauce afin de la rendre onctueuse.
- Disposer ensuite la sauce sur la viande, le tout dans un joli plat en terre.
- Servir très chaud.

La viande de dinde peut être déjà coupée en dés par votre boucher.

Fricassée de poulet à la sauvage

20 min20 min

morceaux de poulet,
3 jaunes d'œufs,
10 à 12 oignons,
farine,
125 g de beurre,
1 bouquet garni,
sel,
poivre.

- Découper un poulet et faire blanchir les morceaux.
- Assaisonner de sel, poivre, bouquet garni. Faire fondre dans une casserole 125 g de beurre, y mettre le poulet bien paré et l'y laisser revenir ; saupoudrer le poulet de farine, mouiller avec l'eau dans laquelle le poulet a blanchi.
- Couper en dés dix ou douze gros oignons, et, après les avoir blanchis et égouttés, les mettre dans une casserole avec un peu de beurre, 1 cuillerée de consommé et un peu de sucre. Faire cuire, dégraisser, passer la sauce sur les oignons, faire réduire le tout ensemble, lier la sauce des trois jaunes d'œufs, dresser et masquer avec la sauce.

Poulet « monsieur Beaucaire »

60 min60 min4 ou 5 pers.

1 beau poulet,
1 barde fine,
25 gousses d'ail,

- Préparer d'abord la farce. Faire revenir rapidement les foies de volaille au beurre et lorsqu'ils sont légèrement cuits, les hacher grossièrement.

Suite page

Poulet « monsieur Beaucaire »

Suite de la page 260

1/2 verre d'huile d'olive.
Pour la farce : 1 échalote,
1 petit oignon,
200 g de champignons de couche,
3 foies de volailles,
3 c. à soupe de panure blanche,
2 jaunes d'œufs,
sel et poivre.
Pour la sauce :
50 g de beurre,
2 échalotes,
1 petit oignon,
1 c. de farine,
2 verres de bouillon,
200 g de crème,
sel et poivre.
Pour la garniture :
3 poivrons rouges,
200 g d'olives noires,
1 verre de bouillon,
3 c. d'huile d'olive,
1 verre de carthagène.

- Hacher les échalotes, les oignons, les champignons et faire revenir l'ensemble avec une cuillerée d'huile d'olive, sans colorer. Dans une jatte, mélanger les foies, le hachis, la panure blanche, les jaunes d'œufs, sel et poivre. Mêler bien l'ensemble.
- Le poulet étant vidé et bien préparé, le farcir avec le hachis, le brider et le barder.
- Dans une cocotte, verser un demi-verre d'huile d'olive. Enduire le poulet d'huile et le placer dans la cocotte. Mettre les gousses d'ail épluchées autour du poulet. Enfourner la cocotte couverte à four chaud (th. 8, 240 °C) préchauffé, pendant 40 min. Faire griller à feu vif les poivrons qui vont servir pour la garniture. Lorsqu'ils seront bien noirs et cloqués, retirer la fine peau noircie, les couper en quatre, retirer les pépins. Les faire frire rapidement à l'huile. Préparer la sauce. Hacher très finement les deux échalotes et le petit oignon.
- Mettre ce hachis dans une casserole avec 50 g de beurre. Faire cuire doucement sans roussir.

Suite page 262

Poulet « monsieur Beaucaire »

Suite de la page 261

Hors du feu, ajouter la farine, mélanger et mouiller avec le bouillon chaud. Saler et poivrer. Remettre sur le feu et tourner à la spatule pour obtenir une bouillie lisse. Ajouter peu à peu la crème et chauffer très doucement en continuant de remuer.

- Dès que le poulet est à ce point de cuisson incomplète, le faire égoutter et le mettre dans un plat ovale à rôtir. Mettre de côté les gousses d'ail qui feront partie de la garniture. Ajouter le jus de cuisson à la sauce, bien mélanger.
- Arroser le poulet avec la moitié de la sauce et le mettre au four pendant 20 min, d'abord sur le ventre, ensuite sur le dos.
- Dans une casserole, faire chauffer le bouillon et la carthagène. Ajouter les olives noires dénoyautées, donner un bouillon et égoutter.
- Pour servir, sur un plat long chauffé, disposer le poulet découpé et la farce au centre. Placer tout autour la garniture faite des gousses d'ail, des poivrons frits coupés en lanières et des olives noires chaudes.
- Verser le reste de la sauce dans une saucière chauffée et servir aussitôt.

** La carthagène est un ratafia qui peut être remplacé par un pineau des Charentes.*

Poulet à la Maria

1 h 30 min 8 pers

1 ou 2 poulets,
2 kg de tomates jaunes,
beurre,
sel,
poivre,
sauce béchamel.

■ Faire cuire au blanc un ou deux poulets.

Préparer la sauce :

■ Casser en morceaux 2 kg de grosses tomates jaune crème ; ôter les queues et les pointes vertes, passer l'eau des tomates pour en extraire les pépins, remettre cette eau avec les morceaux de tomate dans une casserole de cuivre, ajouter un œuf de beurre frais, un peu de sel et poivre, couvrir et faire cuire en purée, en remuant de temps en temps avec une spatule. Verser le tout sur un tamis, laisser égoutter l'eau, passer la pulpe au travers du tamis dans la casserole, y ajouter une cuillerée de sucre en poudre, un œuf de beurre ; puis étendre la purée avec de la sauce béchamel, faite avec le liquide de cuisson des poulets ; 15 min après, la sauce doit être à point.

■ Cette sauce a un goût très fin et doit avoir la consistance d'une crème.

Poulet à la tartare

45 min 4 pers.

1 poulet,
mie de pain,
1 citron,
sel,
poivre.

- Flamber un poulet tendre, le fendre par le dos et l'aplatir.
- Faire tiédir un bon morceau de beurre, y tremper la volaille salée et poivrée.
- Ainsi enduit, passer le poulet dans de la mie de pain épaisse. 45 min avant de le servir, le cuire à feu doux sur le gril.
- Sur le plat, presser un jus de citron et répandre autour une sauce mayonnaise (dite tartare).

Poulet au comté

45 min 6 pers.

1 poulet de 1,5 kg,
3 c. d'huile,
30 g de farine,
50 cl de vin blanc de Jura,
200 g de comté,
sel,
poivre,
muscade,
10 cl de crème fraîche,
1 jaune d'œuf,
30 g de beurre,
30 g de farine.

- Couper le poulet en huit morceaux, les passer à la farine, les faire revenir dans l'huile. Quand ils sont dorés, déglacer au vin blanc. Ajouter le reste du vin, saler, poivrer et mettre une pincée de muscade.
- Couvrir et laisser cuire 30 min. Faire un roux blanc avec le beurre et la farine, mouiller avec le jus de cuisson du poulet, laisser mijoter 10 min. Disposer le poulet sur un plat à gratin et tenir au chaud. Ajouter au roux, crème et œuf ainsi que la moitié du comté râpé.
- Napper la volaille avec cette sauce, saupoudrer du reste de comté et faire gratiner 5 min au four chaud.

Poulet aux cèpes

1 h 20 30 min 4 pers.

I poulet,
cèpes,
graisse d'oie,
pignons de pin,
I verre d'armagnac,
sel,
poivre.

- Éplucher et nettoyer soigneusement quelques beaux cèpes. Les couper en morceaux (pieds et chapeaux).
- Dans une cocotte, faire chauffer de la graisse d'oie et déposer le poulet salé et poivré.
- Le faire dorer à feu vif en le retournant pour qu'il prenne une belle couleur de tous les côtés.
- Baisser alors le feu et laisser cuire tranquillement pendant 1 h.
- Ajouter les cèpes en morceaux, les remuer délicatement pour qu'ils soient complètement enrobés de graisse.
- Laisser cuire encore 20 min.
- Quelques minutes avant la fin de la cuisson, jeter dans la cocotte une poignée de pignons de pin préalablement attendris en les pochant à l'eau bouillante.
- Retirer le poulet. Le découper et garder les morceaux au chaud.
- Déglacer le fond de la cocotte avec un petit verre d'armagnac.
- Servir les morceaux de poulet entourés des cèpes.
- On peut donner un tour raffiné à cette préparation en accompagnant les morceaux de poulet d'escalopes de foie gras rapidement dorées de chaque côté dans la graisse de cuisson parfumée à l'armagnac. Dans ce cas, accompagner le poulet d'un bon vin moelleux de type Pacherenc.

Poulet aux huîtres de Beauvoir

15 min 45 min 4 pers.

1 poulet,
24 huîtres,
50 g de beurre,
100 g de crème épaisse,
1 verre de vin blanc sec,
1 gousse d'ail,
1 oignon,
1 feuille de laurier,
estragon,
persil,
sel,
poivre.

- Préparer et flamber le poulet. Le découper. Dans une sauteuse, faire chauffer 50 g de beurre, ajouter l'ail et l'oignon haché, la feuille de laurier et faire rissoler à feu vif les morceaux de poulet, en les retournant souvent pour les dorer de tous côtés. Poivrer et saler.
- Lorsque chaque morceau est bien roussi, verser le vin blanc, mélanger, baisser le feu et couvrir. Laisser cuire doucement pendant 20 min.
- Pendant ce temps, préchauffer le four à 270°. Disposer les huîtres sur la lèchefrite du four et les placer à vive chaleur pour les faire bâiller rapidement.
- Décoquiller les huîtres en réservant leur eau.
- Lorsque le poulet est cuit, retirer les morceaux de la sauteuse et les placer dans un plat creux maintenu au chaud.
- Verser dans la sauteuse l'eau des huîtres. Mélanger à la fourchette avec le jus de cuisson du poulet et donner une rapide ébullition. Baisser le feu et faire pocher les huîtres 2 min sans les faire bouillir. Ajouter la crème. Mélanger à la spatule et verser l'ensemble sur les morceaux de poulet.
- Semer de persil et d'estragon hachés. Servir aussitôt.

Poulet aux poivrons et aux olives

1 h 25 min 4-5 pers.

**1 poulet de 1,5 kg coupé en morceaux,
125 g de petits lardons,
4 tomates,
2 poivrons verts,
2 oignons,
4 gousses d'ail,
1/2 citron,
80 g d'olives vertes,
80 g d'olives noires,
1 feuille de laurier,
4 c. à soupe d'huile d'olive,
1 dose de safran,
sel et poivre.**

- Rincer les tomates et les couper en quartiers. Retirer le pédoncule et les graines des poivrons. Les couper en quatre. Éplucher et émincer les oignons.
- Plonger les olives vertes 3 min dans de l'eau bouillante additionnée du jus du demi-citron. Les égoutter. Dans une casserole, faire dorer les rondelles d'oignons à l'huile chaude environ 5 min. Les retirer. Les remplacer par les morceaux de poulet et les faire dorer à leur tour sur toutes les faces. Les retirer. Faire dorer les lardons. Éliminer l'huile de cuisson.
- Replacer l'oignon, les morceaux de poulet et les lardons dans la cocotte. Ajouter les quartiers de tomates, les morceaux de poivrons, les gousses d'ail pelées et la feuille de laurier.
- Diluer le safran dans 15 cl d'eau et le verser dans la cocotte. Saler et poivrer. Porter à ébullition et laisser cuire à feu moyen 30 min. Ajouter les olives vertes égouttées et les olives noires. Laisser mijoter 10 min. encore.
- Servir chaud et accompagner de pâtes fraîches.

Poulet de la ferme au cidre

1 h 30 min 4 pers.

1 poulet fermier de 1,8 kg environ,
3 gros oignons,
3 gousses d'ail,
250 g de lard fumé,
250 g de champignons de Paris,
1 bouteille de cidre très sec,
100 g de beurre,
farine,
vinaigre de cidre,
sel et poivre.

- Découper le poulet en huit morceaux. Saler et poivrer. Les recouvrir de 50 cl de cidre. Ajouter une larme de vinaigre de cidre. Mélanger et laisser macérer 1 h dans un endroit frais.
- Peler et émincer les oignons.
- Couper le lard en dés. Faire fondre un beau morceau de beurre dans un sautoir. Quand il est bien chaud, y faire rissoler les oignons émincés et les lardons. Bien remuer.
- Égoutter les morceaux de poulet. Jeter le jus de la marinade.
- Réserver lardons et oignons.
- Dans le beurre de cuisson, faire dorer les morceaux de poulet sur toutes les faces. Saler puis poivrer.
- Couper la partie sableuse du pied des champignons. Les laver rapidement à l'eau citronnée et les couper en lamelles régulières. Faire revenir les champignons dans le sautoir et remettre oignons et lardons réservés. Mouiller avec le reste du cidre.
- Peler l'ail et l'écraser à la fourchette. Mélanger cette purée au cidre. Couvrir et laisser la cuisson s'achever à petit feu.

Suite page 269

Poulet de la ferme au cidre

Suite de la page 268

- Quand le poulet est cuit, dresser ses morceaux dans le plat de service et maintenir au chaud.
- Dans un bol, travailler à la spatule en bois une petite cuillerée de farine et une petite cuillerée de beurre. Ajouter ce beurre manié à la sauce au cidre et mélanger 1 à 2 min à feu doux.
- Napper le poulet de cette remarquable sauce et servir aussitôt avec un plat de pommes rissolées et de haricots verts cuits « al dente ».

Poulet en gelée aux courgettes et citron

15 min 30 min 4 pers.

1 poulet,
1 gros oignon,
250 g de carottes,
2 blancs de poireau,
2 branches de céleri,
2 gousses d'ail,
25 cl de cidre brut,
1 sachet de gelée en poudre,
1 clou de girofle,
bouquet garni,
sel et poivre.

- Découper le poulet en quatre morceaux.
- Peler l'oignon et le piquer du clou de girofle. Nettoyer les poireaux puis les découper en petits tronçons. Peler les carottes et les branches de céleri. Les détailler en bâtonnets.
- Déposer les morceaux de poulet dans une cocotte, ajouter tous les légumes, les gousses d'ail entières non

Suite page 270

Poulet en gelée aux courgettes et citron

Suite de la page 269

Pour la garniture :
1 kg de courgettes,
1 oignon,
2 gousses d'ail,
1 citron,
5 c. à soupe d'huile d'olive,
1 pincée de graines de cumin,
sel et poivre moulu.

pelées et le bouquet garni. Saler, poivrer. Verser le cidre et un litre d'eau bouillante.

- Couvrir et laisser cuire doucement pendant 45 min. Avec un autocuiseur, compter 15 min à partir de la rotation de la soupape.
- À la fin de la cuisson, filtrer le jus et en garder un demi-litre. Avec ce bouillon, préparer la gelée en suivant le mode d'emploi indiqué sur le sachet.

- Retirer la peau et les os du poulet ; émietter la chair. Déposer les morceaux de poulet et les légumes dans un saladier. Ajouter la gelée et mélanger. Rectifier l'assaisonnement si nécessaire.
- Verser dans un plat, une terrine ou un moule en couronne et réserver quelques heures au frais pour faire prendre la gelée.
- Pendant la cuisson du poulet, préparer la garniture. Sans les peler, fendre les courgettes en quatre, éliminer les graines, puis les émincer.
- Dans une grande poêle, faire chauffer l'huile d'olive. Y saisir les courgettes sur feu très vif avec l'oignon et l'ail, et mélanger souvent. Baisser le feu, couvrir et laisser cuire 5 min (elles doivent rester « al dente »).
- En fin de cuisson, arroser de jus de citron, saupoudrer de graines de cumin, saler et poivrer. Laisser refroidir.
- Servir ces légumes très frais avec le poulet en gelée.

Poulet Gaston-Gérard

40 min 20 min 6 pers.

**1,8 kg de poulet fermier,
5 cl d'huile,
100 g de beurre,
2 oignons,
1 échalote,
30 cl de vin blanc sec (Aligoté),
50 cl de crème fraîche,
100 g de gruyère râpé,
80 g de moutarde de Dijon,
sel et poivre.**

- Couper le poulet en morceaux. Dans un sautoir, mettre l'huile et 50 g de beurre et faire rissoler le poulet pendant 15 min. Retirer les morceaux et dégraisser. Ensuite, dans le sautoir, faire revenir l'échalote et les oignons finement ciselés avec 50 g de beurre. Ajouter le vin et remettre les morceaux de poulet à cuire.
- Faites mijoter quelques minutes puis ajouter la crème.
- Saler, poivrer et faire cuire à feu doux pendant 20 min.
- Retirer les morceaux de poulet du sautoir et lier la sauce à la moutarde.
- Dans le fond d'un plat à gratin, mettre la moitié du gruyère râpé puis les morceaux de poulet et la sauce. Recouvrir du gruyère râpé restant et gratiner le tout au four. Servir.

Poulet poêlé aux cèpes

45 min 20 min 4 pers.

I poulet,
carottes,
I verre de vin blanc,
cèpes,
échalotes,
persil,
beure.

- Brider un poulet en entier, le faire colorer doucement au beurre à l'entrée du four ; mettre en même temps dans la casserole quelques rondelles de carottes et d'oignons. Mouiller ensuite avec un peu de vin blanc et de bouillon, laisser cuire le poulet dedans. Quand il est cuit, le retirer et passer le jus.
- Émincer les cèpes et les faire sauter au beurre ; quand ils sont rissolés, jeter dedans une pincée d'échalotes et de persil hachés. Égoutter le beurre et les mettre à mijoter avec le jus de poulet.
- Débrider la volaille, la servir entourée des cèpes, servir dessus du persil haché.

Poulet Pourlet à l'estragon

- Placer à l'intérieur du poulet un bon morceau de beurre frais et quelques feuilles d'estragon. Saler, poivrer. Brider, barder de lard. Mettre à la marmite avec un peu de bouillon, un verre de muscadet et un beau bouquet d'estragon. Laisser cuire 45 min.
- Faire réduire le jus de cuisson.
- Dégraisser et arroser le poulet
- Servir avec des pommes de terre rôties.

Poulet rôti d'Alice

1 h 20 min 4 pers.

I poulet de grain,
2 croûtons aillés,
estragon frais,
persil,
ail,
4 c. de moutarde à l'estragon,
2 c. d'huile,
I c. de beurre,
sel,
poivre,
I petit verre de whisky,
I verre d'eau,
I kg d'endives.

- Bourrer le poulet avec l'estragon et les croûtons aillés, saler légèrement l'intérieur. Le badigeonner extérieurement avec un mélange de sel fin, d'huile et de moutarde. Le mettre au four.
- Au bout de 15 min, le retirer du four, l'arroser de whisky, le flamber. Remettre au four pour 45 min en l'arrosant deux fois.
- Parer les endives, enlever à la base un petit cône pour éviter l'amertume. Les poser dans une cocotte avec beurre, sel et poivre, un demi-verre d'eau.
- Cuire à l'étouffée 40 min.
- Mettre un hachis d'ail et de persil.
- Découper le poulet, déglacer le plat à rôtir avec un demi-verre d'eau.
- Dresser les morceaux de poulet et les endives sur le plat de service, présenter la sauce à part.

Poulet sauce rouilleuse

45 min 25 min 4 pers.

1 poulet,
graisse d'oie,
1 oignon,
1 dizaine de petits oignons blancs,
1 cuillerée de farine,
2 verres de vin blanc,
sel,
poivre,
vinaigre,
1 bouquet garni,
1 petit verre de fine de champagne.

- Découper en morceaux un poulet cru, vidé et flambé, couper la carcasse en deux, supprimer les pattes aux jointures, et séparer le blanc de l'aile.
- Faire fricasser à feu vif, les morceaux de poulet avec la graisse fine.
- Lorsqu'ils sont bien dorés, ajouter un oignon haché et une dizaine de petits oignons blancs que vous faites rissoler également. Saupoudrer d'une bonne cuillerée de farine que vous faites un peu roussir. Mouiller avec du vin blanc (deux verres), soit tout simplement avec de l'eau tiède.
- Saler, poivrer, ajouter un bouquet garni de thym, laurier, persil et laisser cuire tranquillement pendant 45 min, selon la jeunesse et la grosseur de la volaille.
- Prendre soin de recueillir le sang du poulet dans un bol avec un peu de vinaigre, afin qu'il ne fige pas.
- Délayer tout doucement un peu de sauce avec le sang plus un petit verre de fine champagne, et quelques minutes avant de servir, ajouter au reste de la sauce en mélangeant bien le tout.
- À partir de ce moment, repousser la cocotte sur le coin du feu, car le sang ne doit cuire que très lentement.
- Servir avec des pommes vapeur.

Poulet sauté au foie gras

45 min 30 min 4 pers.

I poulet,
graisse d'oie,
graisse de foie gras,
I tranche de poitrine de porc,
3 échalotes,
I verre de vin blanc,
I verre d'armagnac.

- Enduire l'intérieur d'une cocotte d'un mélange de graisse d'oie et de graisse de foie gras.
- Poser à l'intérieur un poulet découpé en morceaux et faire dorer de tous les côtés.
- Ajouter une tranche de ventrèche (poitrine de porc) coupée en petits cubes, trois échalotes hachées, un grand verre de vin blanc, un petit verre d'armagnac.
- Saler et poivrer.
- Couvrir et laisser cuire environ 45 min.
- Vers la fin de la cuisson, faire dorer à la poêle dans de la graisse de foie gras de belles tranches de pain de campagne.
- Les laisser refroidir et les tartiner de foie gras.
- Par ailleurs, faire frire autant d'œufs que de tranches de pain.
- Dans les assiettes chaudes, disposer une tartine au foie gras, poser dessus un œuf frit et, à côté, un morceau de poulet.
- Napper chaque assiette de quelques cuillerées de sauce.

Poulet sauté aux artichauts du Léon

45 min 20 min 4 pers.

**1 poulet de 1,2 kg,
80 g de beurre,
4 artichauts,
1 kg de pommes de terre,
100 g de petits oignons,
100 g de lardons,
1 verre de vin blanc,
1 verre de bouillon,
125 g de crème fraîche,
1 jaune d'œuf,
50 g de ciboulette hachée,
sel et poivre.**

- Cuire les artichauts à l'eau bouillante salée puis les rafraîchir et récupérer les fonds ; les tailler en lamelles.
- Découper le poulet à cru, l'assaisonner et le faire colorer au beurre.
- Ôter la viande, faire revenir les pommes de terre, les petits oignons et les lardons.
- Remettre le poulet dans la sauteuse, ajouter le vin blanc, le bouillon, couvrir et mitonner 45 min à feu doux.
- Dresser les morceaux de poulet au centre d'un plat, entourer des garnitures et faire réduire la sauce en ajoutant la crème. Enfin ajouter le jaune d'œuf battu et les fonds d'artichaut, ne plus faire bouillir, napper le poulet et décorer avec la ciboulette.

Poulet sauté bourguignonne

30 min 20 min 4 pers.

1 poulet de Bresse à rôtir de 1,2 kg coupé en quatre,
50 g de beurre,
30 cl de bon vin de Bourgogne rouge,
4 ou 5 échalotes hachées,
200 g de champignons de Paris frais, coupés en lamelles,
1 verre à liqueur de fine ou de marc de Bourgogne,
un peu de farine.

- Dans une cocotte, en fonte de préférence, faire dorer les morceaux de poulet avec un peu de beurre et les laisser cuire 25 min dans la cocotte bouchée, ou mieux, les faire cuire sous le gril.
- Dans les deux cas, les tenir ensuite au chaud dans le plat de service.
- Pendant ce temps, faire fondre l'échalote et faire revenir les champignons dans une poêle avec un peu de beurre, laisser cuire avec un couvercle une dizaine de minutes et flamber avec le marc ou la fine ; ajouter le vin et porter à ébullition, laisser cuire à petits bouillons pendant 30 min ; ajouter un peu de beurre manié de farine pour épaissi la sauce, goûter l'assaisonnement et verser sur les morceaux de poulet.

Poulet vallée d'Auge

30 min 30 min 4 pers.

I poulet fermier de 1,2 kg environ coupé en morceaux,
80 g de beurre,
150 g de crème fraîche,
I jaune d'œuf,
750 g de champignons de Paris,
I/2 citron,
I verre à liqueur de calvados,
sel,
poivre.

- Mettre les morceaux de poulet à dorer de toutes parts dans une grande cocotte en fonte contenant 30 g de beurre fondu et bien chaud. Faire revenir à feu vif pour obtenir une belle couleur dorée.
- Saler, poivrer fraîchement.
- Ajouter 10 cl d'eau. Couvrir et laisser mijoter une bonne demi-heure.
- Pendant ce temps, préparer les champignons. Ôter la partie sableuse des pieds et les laver rapidement. Les couper en lamelles régulières.
- Faire blondir le reste du beurre dans une poêle.
- Y faire sauter les champignons à feu vif. Arroser du jus d'un demi-citron pour qu'ils noircissent moins et poursuivre la cuisson pendant 5 min.
- Quand la volaille est cuite, arroser de calvados et flamber !
- Réserver ses morceaux et faire chauffer le plat de service.
- Déglacer le fond de la cocotte avec la crème et lier avec le jaune d'œuf.
- Napper les morceaux de poulet de cette délicieuse sauce résolument blonde, entourés de la cuisine des champignons.

Sauté de poulet aux champignons

10 min 10 min 4 pers.

**125 g de champignons,
4 suprêmes de poulet en lanières de 1,5 cm,
2 c. à café de sauce aux huîtres,
2 c. à café de sauce soja,
1 c. à café de sauce hoisin,
2 c. à café de farine,
1/2 c. à soupe d'huile de sésame,
2 c. à soupe d'huile d'olive,
3 oignons verts coupés en morceaux de 2,5 cm,
1 oignon émincé,
poivre.**

- Mélanger le poulet, la sauce aux huîtres, la sauce soja, la sauce hoisin, la farine et l'huile de sésame. Laisser reposer 20 min.
- Dans une poêle, faire chauffer la moitié de l'huile d'olive et y faire sauter les oignons verts et l'oignon émincé jusqu'à tendreté. Ajouter les champignons et cuire rapidement à feu élevé en remuant. Retirer de la poêle.
- Dans la même poêle, ajouter le reste d'huile d'olive. Verser le mélange de poulet et cuire à feu élevé jusqu'à ce que le poulet soit cuit. Poivrer. Remettre le mélange de légumes et cuire juste pour réchauffer. Vérifier l'assaisonnement.

Soja, poulet et carottes en sauce sésame

8 min 15 min 4 pers.

1 blanc de poulet,
300 g de germes de soja,
1 petite carotte,
2 c. de saké.
Sauce « Gomazu » :
3 c. à soupe de sésame blanc,
4 c. à soupe de vinaigre de riz,
2 c. à soupe de sauce de soja,
2 c. à soupe de sucre,
60 g de germes de soja,
1/2 c. de sel.

- Piquer abondamment le blanc de poulet avec une fourchette, le saler puis l'arroser de deux cuillerées de saké. Le laisser reposer pendant 5 min puis le faire cuire 8 min à la vapeur dans un couscoussier ou autre. Le retirer ensuite, le laisser refroidir puis déchirer la chair en petits morceaux.
- Éplucher la carotte, la découper en fines allumettes que l'on fera blanchir 3 min dans un peu d'eau salée.
- Laver les germes de soja, les faire blanchir 3 min dans un peu d'eau.
- Faire griller le sésame blanc dans une poêle puis broyer les graines dans un mortier ou au mixeur. Le mélange doit prendre la consistance homogène d'une pâte. Y incorporer vinaigre, sauce soja, sucre et sel.
- Dans un saladier, mélanger cette sauce au poulet en morceaux, aux carottes et aux germes de soja. Servir dans des coupelles.

Les poissons

Des recettes actuelles

Aile de raie aux échalotes

20 min 4 pers.

800 g d'aile de raie,
8 échalotes,
1 citron,
1 gousse d'ail,
6 brins de persil,
5 cl de vin blanc sec,
4 c. à soupe d'huile d'olive,
Tabasco,
sel et poivre.

- Peler deux échalotes et les hacher. Peler les autres et les couper en deux.
- Dans un plat creux allant au micro-ondes, disposer les échalotes hachées et la gousse d'ail pelée et pressée.
- Installer les demi-échalotes. Verser le vin blanc et deux cuillerées d'huile d'olive. Saler et poivrer légèrement. Assaisonner de deux gouttes de Tabasco. Passer au micro-ondes 5 min.
- Rincer et sécher l'aile de rai La poser dans le plat. Verser le jus de citron et deux cuillerées à soupe d'huile. Saler, poivrer et couvrir de film plastique. Passer 2 min au micro-onde
- Nettoyer la raie : retirer la peau et les cartilages. Repasser 1 min 30 au micro-ondes.
- Laisser reposer 2 min. Parsemer de persil ciselé.
- Servir chaud ou froid.

Alose à l'oseille

45 min	15 min	4 pers.		

I belle alose,
3 échalotes,
500 g d'oseille,
sel,
poivre,
laitance,
I jaune d'œuf,
un peu d'huile.

- Laver l'alose, mais ne pas l'écailler.
- Recueillir la laitance.
- Faire revenir les échalotes hachées dans un peu de graisse, avec l'oseille ciselée. Au bout de 15 min, mixer avec le jaune d'œuf, sel et poivre.
- Farcir l'alose, la saler sur les deux faces.
  La déposer sur une feuille d'aluminium, la badigeonner d'huile et la mettre 45 min sur le gril brûlant d'une cheminée ou d'un barbecue (sur des braises bien chaudes). La retourner à mi-cuisson.

Anguille au vert

20 min 15 min 4 pers.

1 kg d'anguilles,
2 échalotes,
150 g d'oseille,
50 g d'épinards,
50 g de cresson,
50 g de cerfeuil,
50 g de persil et
1 assortiment d'herbes variées (2 branches d'estragon, quelques feuilles de sauge, de sarriette, 1 branche de menthe...),
50 g de beurre,
10 cl de vin blanc sec,
10 cl de fumet de poisson (acheté tout prêt),
1 jaune d'œuf,
1 cuillerée à soupe de farine,
100 g de crème fraîche,
1 citron,
sel,
poivre.

- Laver et hacher les herbes.
- Vider les anguilles, couper les têtes et les queues, et les tailler en tronçons de 5 cm. Passer les morceaux dans la farine.
- Faire chauffer le beurre dans une cocotte et faire revenir les morceaux d'anguille avec les échalotes émincées 5 min.
- Ajouter les herbes hachées. Mouiller avec le vin blanc et le fumet de poisson.
- Saler, poivrer. Laisser mijoter pendant 15 min.
- Au moment de servir, mélanger le jaune d'œuf avec le jus de citron. Ajouter une cuillerée à café de farine et un peu de la sauce de l'anguille.
- Faire épaissir à feu doux. Lier avec la crème fraîche et verser dans la cocotte. Bien remuer et retirer du feu.
- Ce plat se déguste avec des frites.

Brochet au court-bouillon à la mayonnaise

14 min 15 min 8 pers.

1 brochet d'environ 2,5 kg, écaillé et vidé.
Pour le court-bouillon :
1 bouteille de vin blanc sec (de préférence aligoté de Bourgogne), 1 gros oignon piqué de 3 ou 4 clous de girofle, 2 gousses d'ail dont on a enlevé le germe, 1 carotte coupée en rondelles, 1 bouquet garni (persil, thym, laurier), 1 c. à café de gros sel (5 g environ) et 10 grains de poivre.

- Préparer le court-bouillon. Faire bouillir 15 min environ et laisser refroidir.
- Mettre le brochet dans la poissonnière et verser le court-bouillon refroidi en ajoutant la quantité d'eau froide nécessaire pour couvrir le poisson.
- Faire cuire à petits bouillons pendant environ 1 h, selon la grosseur du brochet (on compte habituellement 10 min par 500 g).
- Laisser refroidir dans le court-bouillon, égoutter et mettre entier sur une serviette dans le plat de service ; lever les filets avec la pelle à poisson en essayant d'éliminer l'arête centrale.
- Servir avec une mayonnaise à la moutarde.

Brochettes de thon

30 min 4 pers.

4 petites tomates bien fermes,
600 g de thon coupé en 12 cubes,
12 petits lardons fumés,
12 olives vertes dénoyautées,
1 courgette moyenne,
2 gros oignons,
3 cuillerées à soupe d'huile aux herbes,
sel,
poivre.

- Couper la courgette, sans la peler, en huit rondelles. Saupoudrer de sel, laisser dégorger 15 min.
- Faire macérer le thon avec l'huile aux herbes 15 min également.
- Tailler chaque oignon en quatre puis défaire les morceaux.
- Enfiler par brochette : 1 tomate, 1 cube de thon, 1 lardon,
- 1 morceau d'oignon, 1 olive, 1 rondelle de courgette, 1 olive, 1 cube de thon, etc. Saler, poivrer et faire griller les brochettes 5 min de chaque côté.
- Accompagner de pommes de terre en robe des champs et de sauce tartare ou mexicaine.

Brochettes de thon au fenouil

15 min 15 min 4 pers.

4 tomates,
800 g de thon blanc ou rouge,
2 bulbes de fenouil,
4 oignons,
4 citrons,
8 c. à soupe d'huile d'olive,
sel, poivre.

- Couper le thon en gros cubes, les arroser du jus d'un citron et d'huile d'olive.
- Peler et couper les oignons en larges morceaux. Couper également les citrons et les tomates en quartiers.
- Égoutter les morceaux de thon. Les enfiler sur des piques en bois en les intercalant avec les oignons, les tomates, le fenouil et le citron.
- Déposer les brochettes sur un gril chaud et faire cuire 15 min en les retournant à mi-cuisson et en les arrosant d'un peu de jus de citron et d'huile d'olive. Saler et poivrer le tout. Ne pas mettre les brochettes trop près du feu.
- Servir avec une salade de tomates et de concombre à l'ail.

Cabillaud à ma façon

45 min 15 min 4 pers.

800 g de cabillaud,
25 cl de vin blanc,
persil,
thym,
laurier
1 oignon.

- Prendre un tronçon de cabillaud de 800 g environ, le ciseler des deux côtés, l'assaisonner et le mettre dans un plat creux avec du persil, du thym, du laurier et un oignon finement émincé. Ajouter plusieurs cuillerées d'huile et 25 cl de vin blanc. Laisser mariner pendant une 1 h 30 environ.
- Verser ensuite la marinade dans la passoire fine, sur le poisson avec du beurre fondu.
- Mettre au four une demi-heure. Saupoudrer de chapelure et laisser cuire un bon quart d'heure. Retirer le plat lorsqu'un léger gratin se sera formé, parsemer de persil haché, arroser de jus de citron et servir dans le plat même.

juste avant le repas. Cuits, ils ne doivent en effet pas attendre ; pour qu'ils ne noircissent pas, verser un peu de vinaigre dans l'eau à la cuisson.

Cabillaud au four

20 min 15 min

4 tranches de cabillaud,
2 verres de vin blanc,
1 citron,
persil,
échalotes.

- Beurrer un plat à gratin. Placer dedans quatre tranches de cabillaud. Saler, poivrer. Sur chaque tranche, poser un hachis d'échalotes et de persil. Mouiller avec deuxx verres de vin blanc sec, le jus d'un citron. Mettre à four chaud 20 min.
- Disposer ensuite les tranches de poisson dans un plat creux, les saupoudrer de chapelure. Ajouter 50 g de beurre, verser la sauce autour des tranches de poisson.

Carpe à la crème

30 min 2 pers.

1 carpe,
1 ou 2 œufs durs,
mie de pain,
persil,
ail.

- Hacher suivant la grosseur du poisson un ou deux œufs durs, y ajouter un peu de mie de pain, un peu de persil haché, une pointe d'ail et si la carpe est lactée, les laitances hachées, sel et poivre. Mettre le tout à l'intérieur du poisson et le coudre. Puis faire cuire à feu doux dans un plat à gratin, avec beurre frais, sel et poivre.
- 10 min avant de servir, arroser de deux ou trois cuillerées de bonne crème.

Carpe farcie

45 min 2 h 30

**2 carpes (1 de 2 kg et 1 de 500 g),
1 blanc d'œuf,
un peu de mie de pain,
1/2 verre de lait,
2 verres de crème,
sel, poivre,
250 g de foie gras,
2 verres de blanc sec,
1 petit verre d'alcool de prune,
2 louches de fumet de poisson,
100 g de champignons de Paris.**

- Laisser dégorger les carpes au moins 12 h dans de l'eau fraîche pour enlever la vase.
- Laver les filets de la petite carpe.
- Faire un fumet avec les arêtes et les aromates habituels, plus un verre de vin blanc, du sel et du poivre. Laisser réduire de moitié.
- Saler et poivrer les filets. Les mettre 5 min sur la glace. Mixer avec le blanc de l'œuf.
- Laisser reposer 2 h au frais.
- Mixer la mie de pain trempée dans du lait avec les champignons hachés. Mélanger les deux préparations en ajoutant la crème et l'alcool, le foie gras coupé en gros dés.
- Enlever la peau de la carpe, l'ouvrir et la désosser. La farcir. Réserver trois cuillerées de farce. L'étendre sur la carpe refermée.
- Faire cuire à four doux (th. 4) 45 min et arroser d'un verre de vin blanc.
- Trancher et servir.

Carpe farcie à l'ancienne au Montbazillac

1 h **40 min** **8 pers.**

1 carpe de 2 kg environ.

Éléments de la farce

300 g d'échine de porc,
100 g d'escalope de poulet,
100 g de foie gras,
1 tranche de pain rassis,
50 g d'échalotes,
1 œuf entier.

Garniture cuisson

50 cl de vin blanc sec,
1 verre d'eau,
50 g de carottes,
50 g d'oignons,
50 g de graisse.

Éléments de la sauce

50 cl de Montbazillac,
50 cl de fumet de poisson,
10 cl de crème épaisse,
20 g de beurre,
sel,
poivre.

- Hacher l'échine de porc, l'escalope de poulet, le pain rassis et l'échalote, couper le foie gras en petits dés.
- Mélanger les ingrédients et lier avec l'œuf entier.
- Lever les deux filets et placer la farce à l'intérieur des deux filets.
- Plier le tout dans la barde, ensuite dans du papier d'aluminium et ficeler bien serré.
- Mettre à cuire au four chaud avec 50 cl de vin blanc, allongé d'un demi-verre d'eau, d'une carotte et d'un oignon émincé.
- Entourer la carpe de graisse fine, faire cuire 1 h environ, retourner une fois pendant la cuisson.
- Pendant ce temps faire la sauce, réduire le fumet plus le Montbazillac, ajouter la crème épaisse, réduire et monter au beurre. Assaisonner avec le sel fin et le poivre blanc. La servir bien chaude le long de la carpe et mettre le reste de la sauce en saucière.
- Cette carpe est servie avec des petits légumes vapeur.

Carpe frite du sundgau

10 min 6 pers.

1,2 kg de filets de carpe,
3 œufs,
chapelure,
sel,
poivre.

- Couper les filets en grosses lamelles. Saler, poivrer.
- Battre les œufs en omelette, y tremper les filets avant de les passer dans la chapelure.
- Faire frire à grande friture.

Caudière

1 h 20 min 6 pers.

1,5 kg de poissons (congre, turbotins, solette, grondin, saint-pierre...),
1 l de moules,
50 cl de vin blanc sec,
1,2 kg de petites pommes de terre (des rattes du Touquet si possible),
2 gousses d'ail,
3 oignons, thym, laurier, persil,
2 jaunes d'œufs,
20 cl de crème,
sel,
poivre.

Verser dans la soupière. Vous pouvez servir les pommes de terre à part pour faciliter le service.

- Préparer les poissons que vous lavez, que vous videz et que vous écaillez. Les couper en tronçons. Émincer les oignons. Écraser les gousses d'ail après en avoir ôté le germe. Laver et éplucher les pommes de terre.
- Mettre d'abord les oignons au fond du faitout, puis les pommes de terre avec le bouquet garni (thym, laurier, persil). Ajouter les poissons.
- Mouiller avec le vin blanc et de l'eau pour couvrir le tout. Poivrer. Éviter de saler car le jus de cuisson des moules resalera la soupe. Porter à ébullition, couvrir et laisser cuire doucement pendant 30 min.
- Pendant ce temps, gratter et laver les moules. Les faire ouvrir à feu vif pendant 3 à 4 min en secouant la casserole. Les retirer des coquilles et les réserver dans une soupière tenue au chaud. Filtrer le jus de cuisson et l'ajouter dans le faitout.
- Retirer les poissons dès qu'ils sont cuits et les déposer dans la soupière avec les moules. Tenir au chaud.
- Laisser cuire la soupe encore 20 min. Juste avant de servir, délayer les jaunes d'œufs avec la crème et un peu de bouillon, mélanger à la soupe et laisser encore 2 min sur le feu en remuant bien.

Coquilles de cabillaud

20 min 10 min 2 pers.

400 g de filets de cabillaud surgelés,
1 œuf,
moutarde,
lait.

- Faire cuire à l'eau bouillante salée 400 g de filets de cabillaud surgelés, en suivant les indications de l'emballage. Egoutter et effeuiller le poisson.
- D'autre part, diluer deux cuillerées à soupe de moutarde dans six cuillerées à soupe de lait ou de crème maigre ; fouetter le mélange avec un œuf, assaisonner, joindre le poisson et répartir le tout dans quatre coquilles. Passer 20 min environ au four à 200 °C.

Cotriade de Bretagne

50 min 20 min 6 pers.

1,5 kg de poissons (merlan, maquereau, congre, bar, saint-pierre, sardine, grondin, lotte),
6 langoustines,
1 l de moules,
2 oignons,
2 gousses d'ail,
1 poireau,
1 carotte,
1 bouquet garni,
1 fenouil,
1 verre de vin blanc sec,
sel, poivre,
60 g de beurre,
2 c. à soupe de crème fraîche.

- Préparer, écailler, vider les poissons. Retirer têtes et queues avant de les tronçonner. Gratter et laver soigneusement les moules.
- Dans une cocotte, chauffer l'huile et le beurre et faire revenir doucement les oignons et le fenouil émincés, le poireau en lamelles, la carotte en rondelles, l'ail haché et le bouquet garni.
- Lorsque les oignons deviennent transparents mais non dorés, ajouter les parures de poissons et les moules. Faire tourner le contenu de la cocotte afin que le mélange se fasse bien, puis mouiller avec le vin blanc et de l'eau à hauteur. Faire partir à feu vif. Saler, poivrer.
- Retirer les moules après 5 min et continuer la cuisson lentement pendant 35 min.
- Passer le fumet et cuire les pommes de terre coupées en rondelles pendant 10 min, avant d'ajouter les poissons en morceaux et les langoustines. Les pocher une dizaine de minutes, puis réchauffer les moules au dernier moment dans ce court-bouillon.
- Déposer les poissons, les moules, les langoustines et les pommes de terre dans un plat profond. Lier le bouillon avec la crème et le verser dans le plat. Apporter le plat ainsi servi. Assiettes chaudes, tranches de pain de seigle seront les bienvenues.

Croustillant de sandre au jus de truffe

15 min 15 min

10 cl de velouté de poisson,
1 cl de jus de truffe,
2 g de truffe,
1 pavé de sandre de 200 g environ,
1 feuille de brick.

- Griller le pavé de sandre.
- Assaisonner.
- Râper la truffe sur la feuille de brick et le reste dans la sauce.
- Mettre le pavé sur la truffe et plier la feuille de brick.
- Au dernier moment le passer au four jusqu'à coloration.
- Napper le fond de l'assiette avec la sauce et poser le croustillant dessus.

Darne d'esturgeon braisée

1 h 10 min

■ Mettre dans le fond d'une casserole des bardes de lard, un oignon, une carotte émincée, un bouquet garni et une cuillerée à pot de bouillon ; faire réduire ; ajouter la darne d'esturgeon (de deux ou trois livres), bien préparée et ficelée ; la recouvrir de moitié bouillon et vin blanc ; assaisonner, couvrir.

■ Faire mijoter 1 h environ, en retournant la darne deux ou trois fois. Dans une autre casserole, faire un roux avec gros comme un œuf de beurre et une cuillerée de farine ; ajouter le jus de la cuisson, dégraissé ; laisser mijoter 15 min ; y incorporer un morceau de glace de viande ; déficeler la darne d'esturgeon ; la dresser sur un plat ; passer la sauce et la verser dessus pour servir.

On peut accompagner le poisson d'un plat de légumes.

Daurade comme à la maison

45 min15 min

1 belle daurade,
1 l de moules,
1/2 verre de lait,
1 tasse de mie de pain,
3 oignons,
3 gousses d'ail,
persil,
thym,
romarin,
3 tomates,
200 g de champignons de Paris,
1 verre de vin blanc,
1 c. d'huile,
1 œuf, sel, poivre.

- Laver et ouvrir rapidement les moules à feu vif avec la moitié du vin blanc, enlever les coquilles, filtrer leur jus et le réserver.
- Fendre la daurade par le dos, ôter l'arête centrale, saler légèrement les filets.
- Faire une petite farce en hachant un oignon, une gousse d'ail, la mie de pain trempée dans le lait et essorée, le persil ; lier avec l'œuf, saler, mettre le tiers des moules et étendre ce mélange à l'intérieur de la daurade.
- La poser dans un plat à four.
- Mettre une cuillerée d'huile dans la poêle, la chauffer, y déposer les tomates et les oignons en rondelles, les champignons coupés en quatre, l'ail haché menu.
- Faire cuire 15 min et verser autour de la daurade avec le reste des moules, leur jus et le vin blanc.
- Mettre au four (th. 6) 30 min.

Estouffade d'espadon

1 h 10 min 4 pers.

60 g d'espadon coupé en quatre darnes,
8 à 10 pommes de terre nouvelles,
1 gros oignon finement émincé,
1 grosse gousse d'ail hachée,
1 verre (15 cl) d'huile d'olive extra,
2 c. à soupe de persil haché,
sel, poivre,
« 5 baies ».

- Laver les pommes de terre, puis les couper avec la peau en rondelles fines et les rincer.
- Dans un plat à four en terre, étaler : un lit de pommes de terre, un lit d'oignons, ail, persil, les darnes d'espadon. Recouvrir du reste des légumes. Saler, poivrer, arroser d'huile d'olive.
- Faire cuire 1 h à four doux th. 4 ou 160° en couvrant d'aluminium les trente premières minutes.
- Servir avec une salade à l'ail.

Filet de sandre farci aux escargots et sabayon de crémant

10 min 15 min 6 pers.

1 sandre de 1,5 à 2 kg.
Pour le sabayon :
50 g de beurre,
2 échalotes, 30 cl de crémant de Bourgogne,
3 jaunes d'œufs, 10 cl de crème fraîche,
150 g de beurre ramolli,
1 jus de citron,
sel, poivre.
Pour la farce :
100 g de beurre,
1 oignon,
2 douzaines d'escargots (sans coquille),
200 g de champignons de Paris,
200 g de crépine de porc,
sel,
poivre.

- Lever les filets de sandre et les désarêter. Les réserver au frais.
- Préparer la farce. Dans une poêle, faire fondre 50 g de beurre. Faire revenir l'oignon et les champignons hachés finement. Lorsque les champignons auront rejeté leur eau, ajouter les escargots coupés en petits morceaux. Saler, poivrer et laisser cuire 2 ou 3 min. Réserver la farce au réfrigérateur.
- Rincer la crépine à l'eau claire. Ouvrir les filets de sandre et introduire la farce. Puis envelopper les filets farcis de la crépine. Détailler en portions.
- Dans une poêle, faire fondre 50 g de beurre.
- Saler et poivrer les portions de filets farcis. Les poêler des deux côtés puis les mettre au four à 200° pendant 5 min.
- Préparer le sabayon. Dans une casserole sur feu très doux, faire fondre 50 g de beurre, ajouter les échalotes ciselées finement puis le crémant de Bourgogne. Faire réduire de moitié. Mettre les trois jaunes d'œufs et émulsionner avec un fouet jusqu'à ce que les jaunes épaississent. Ajouter alors la crème, le beurre ramolli et le jus de citron. Saler et poivrer.
- Vérifier si les filets farcis sont cuits et les sortir du four. Les napper avec le sabayon.

Filet de turbot à la Mornay

10 min 10 min 4/6 pers.

I turbot,
parmesan,
court-bouillon.

- Préparer une turbotière, faire cuire le filet de turbot doucement au court-bouillon une vingtaine de minutes ; égoutter ; puis au moment de servir, couper le turbot en losanges.
- Beurrer un plat de métal, y étendre une légère couche de sauce à la Mornay ; y placer les losanges de turbot, les recouvrir de sauce, les saupoudrer ensuite de 30 g de parmesan râpé ; mettre 10 min au four avant de servir.

Filets de dorade sauce moutarde

14 min 11 min 4 pers.

4 beaux filets de dorade,
2 c. à café de moutarde forte,
1 c. à café d'huile,
1 citron,
2 échalotes,
20 g de beurre,
2 échalotes,
1/2 verre de muscadet,
150 g de gouda râpé,
sel et poivre.

- Laver, éponger les filets, puis saler, poivrer et les diposer sur un plat à gratin. Allumer le gril au four.
- Mélanger une cuillerée à café de moutarde, une cuillerée à café d'huile et le jus de citron. Verser cette sauce sur les filets de poisson et les faire cuire au four dans la partie haute, 10 cm environ sous le gril, pendant 7 à 8 min.
- Pendant ce temps, éplucher et hacher les échalotes. Les faire blondir dans le beurre, ajouter le muscadet, une cuillerée à café de moutarde, puis le jus de cuisson restant au fond du plat (réserver les filets au chaud). Incorporer le gouda sans cesser de tourner, jusqu'à ce qu'il soit bien fondu. Arroser les filets de cette sauce et faire les gratiner 2 à 3 min sous le gril.

Filets de limande aux courgettes

15 min 20 min 4 pers.

4 filets de limande,
2 courgettes,
4 tomates,
10 cl de crème fraîche,
sel, poivre.
Un sachet de fumet tout prêt (si vous ne le faites pas vous-même).
Pour la sauce :
15 g de matière grasse et 20 g de farine.

- Préparer le fumet avec un sachet tout prêt (ou porter à ébullition et laisser frémir trois quarts d'heure, 1 l d'eau, 50 cl de vin, des parures de poisson, une carotte, un oignon piqué de deux clous de girofle, sel, poivre et bouquet garni).
- Écumer et passer au chinois pour obtenir un liquide clair. Faire réduire de moitié et arrêter la cuisson.
- Plier les filets de poisson en deux et les déposer dans le fumet encore chaud. Couvrir, ils vont cuire sans que vous vous en occupiez. Laver les courgettes, les couper en bâtonnets, les faire cuire pendant un quart d'heure. Couper les tomates en deux, les faire cuire à la poêle. Égoutter courgettes et tomates, les garder au chaud.
- Mélanger le beurre légèrement fondu à la farine, mouiller avec une partie du jus des courgettes, ajouter 10 cl de crème fraîche, chauffer doucement et vérifier l'assaisonnement de la sauce.
- Égoutter les filets de poisson, les servir sur un plat chaud, nappés de sauce et entourés de légumes.

Filets de maquereaux au cidre sur leur lit de poireaux

1 h 30 min 4 pers.

4 gros maquereaux,
1 bouteille de cidre sec,
8 beaux poireaux,
100 g de crème fraîche,
50 g de beurre,
muscade,
sel et poivre du moulin.

- Éplucher les poireaux (ne conserver que la partie tendre du légume). Les laver à grandes eaux et les couper en tronçons.
- Faire fondre le beurre dans une sauteuse. Y mettre les poireaux à cuire doucement à couvert. Après 15 min de cuisson, découvrir, saler et poivrer. Parfumer d'un peu de muscade fraîchement râpée. Mouiller de deux verres de cidre. Couvrir à nouveau et poursuivre la cuisson encore pendant 30 min.
- Pendant ce temps, préparer le poisson : nettoyer et parer les maquereaux.
- Après avoir levé les filets, les faire pocher 5 min dans le cidre frémissant.
- Égoutter les filets de poisson et les réserver au chaud.
- Filtrer et réchauffer leur bouillon de cuisson dans une casserole. Puis lier la sauce avec la crème fraîche. Saler et poivrer.
- Dresser les poireaux sur un long plat de service. Allonger dessus les filets de maquereaux. Napper de sauce et servir sans attendre ce plat original et bien bon.

Filets de poisson vapeur aux pâtes fraîches

10 min 10 min 4 pers.

**4 filets de poisson,
2 verres de vin blanc sec,
2 clous de girofle,
1 c. à café de cannelle,
25 cl de crème fleurette,
400 g de pâtes fraîches vertes,
roses et naturelles,
sel,
poivre.**

- Mettre le vin blanc dans une casserole. Faire une réduction à feu vif pour obtenir deux cuillerées à soupe de liquide. Écraser finement les clous de girofle. Ajouter la cannelle en poudre et mélanger.
- Ajouter à la réduction de vin la crème fleurette. Au moment de servir, amener à ébullition. Retirer aussitôt du feu. Faire cuire les pâtes dans l'eau bouillante salée (on peut les cuire mélangées ou les faire cuire et les présenter séparément, pour obtenir un effet différent).
- Faire cuire les filets de poisson à la vapeur pendant 10 min. Servir directement en assiette les filets de poisson accompagnés des trois pâtes et de la sauce à la crème parfumée.

Filets de barbet et leur fondue de poireaux

8 min 10 min 4 pers.

400 g de filets de barbet (frais ou surgelés), 50 g de crevettes cuites décortiquées, 50 g de moules cuites décortiquées, 4 poireaux, 2 échalotes, 100 g de crème épaisse à 15 %, 1 verre de vin blanc sec, 1 c. à soupe de persil haché, 1 c. à café de ciboulette hachée, sel et poivre.

- Décongeler le poisson et les fruits de mer. Placer échalotes et blancs de poireaux émincés dans une sauteuse, saler. Faire dorer. Ajouter un verre d'eau, couvrir puis mettre sur feu doux pendant 30 min.
- Préchauffer le four sur th. 7 (220 °C). Incorporer la crème et disposer la fondue de poireaux dans un plat à four. Disposer dessus les filets de rouget.
- Saupoudrer de persil et de ciboulette. Arroser de vin et d'un verre d'eau. Mettre au four environ 8 min. Décorer avec les crevettes et les moules.

Filets de turbot à la moutarde

15 min 15 min 4 pers.

**1 kg de poisson,
30 cl de bon vin blanc
et 50 cl d'eau,
1 ou 2 oignons piqués de clous de girofle,
1 bouquet garni, sel et poivre en grains,
4 échalotes,
200 g de crème,
4 tomates coupées en rondelles,
4 c. de moutarde forte de Dijon.**

- Prélever les filets des turbots et conserver les parures (nageoires, queues et têtes).
- Faire un court-bouillon avec l'eau, le vin blanc, les assaisonnements et les parures de poisson ; quand ce fumet est bien cuit, le passer au chinois en pressant bien avec une cuillère en bois.
- Mettre au fond d'un plat à gratin les échalotes hachées et poser par-dessus les filets de poisson et les tomates ; verser le fumet de façon à couvrir le poisson, border d'une feuille de papier aluminium et cuire au four 15 min à 190° (th. 6).
- Égoutter les filets et les tenir au chaud.
- Faire réduire à moitié la sauce dans une casserole, ajouter la crème et la moutarde. Napper les filets avec cette sauce.
- Servir avec des tranches de pain de mie grillées au beurre.

Friture de goujons ou de carpes

5 min 5 min 4 pers.

1 kg de poissons (goujons ou carpes).
Pour la pâte à frire :
2 œufs,
125 g de farine,
sel, poivre,
un peu de bière blonde pour délayer la pâte à frire.

- Mêler la farine, les œufs, le sel et le poivre avec un peu de bière blonde.
- Les goujons, vidés et lavés sont plongés dans la pâte et dorés dans la friture bouillante. On peut frire ainsi la carpe coupée en tranches fines.
- Égoutter, saler et servir aussitôt.

Gratin de morue

40 min 15 min 4 pers.

600 g de morue,
7 ou 8 tomates,
2 gousses d'ail,
1 feuille de laurier,
40 g de beurre,
150 g de fromage râpé,
3 c. d'huile,
1 verre de lait,
2 c. de farine,
très peu de sel.

- Mettre la morue à dessaler toute la nuit.
- La mettre à l'eau froide dans une casserole avec le laurier. Laisser frémir 10 min.
- L'égoutter, la faire dorer à la poêle dans la moitié de l'huile, la retirer sur une assiette.
- Couper les tomates en rondelles, les faire sauter vivement dans la même poêle, en rajoutant de l'huile. Mettre un peu de sel, le hachis d'ail et de persil.
- Beurrer un plat à gratin, mettre une couche de tomates, de la morue effeuillée, le reste des tomates.
- Saupoudrer d'ail et de persil.
- Faire un roux avec beurre, farine, lait et une louche de l'eau de cuisson de la morue.
- Verser dans le plat à gratin, recouvrir de râpé et mettre au four (th. 6) 30 min.

Gratin de thon aux champignons

15 min 20 min 4 pers.

1 boîte de thon au naturel (425 g), 1 petite boîte de champignons, 1 c. à soupe de farine, 1 c. à soupe de crème fraîche, 1 verre de lait, 50 g de gruyère râpé, 50 g de beurre.

- Égoutter le thon et les champignons en recueillant le jus.
- Fractionner le thon en morceaux, et les disposer dans un plat à gratin beurré. Ajouter les champignons coupés en morceaux, si nécessaire, et laisser en attente.
- Dans une casserole, préparer un fond de béchamel avec la farine délayée dans 50 g de beurre fondu.
- Mouiller en partie avec le jus de la boîte de thon et une partie du jus des champignons, terminer avec un peu de lait (la béchamel ne doit pas être trop liquide).
- Ajouter la moitié du fromage râpé, la crème fraîche et verser sur le mélange thon-champignon en attente dans le plat à gratin.
- Poudrer avec le reste du fromage râpé, ajouter quelques noisettes de beurre et porter à four chaud un quart d'heure environ.

Haddock grillé

20 min 15 min 4 pers.

500 à 600 g de filets de haddock,
1 c. d'huile,
1 citron,
crème fraîche.

■ Couper 500 à 600 g de filets de haddock en morceaux de 6 cm environ. Les tremper dans l'eau bouillante pendant une dizaine de minutes. Badigeonner d'huile chaque face et faire griller 10 min de chaque côté. Servir avec des tranches de citron et de la crème fraîche

Haddock poché

15 min 15 min 6 pers.

700 g de haddock,
75 cl de lait,
sel,
poivre.

- Le haddock est de l'églefin salé et fumé en provenance d'Écosse ou d'Angleterre. Charnu et moelleux, il est vendu en filets provenant de grands ou de petits poissons (les meilleurs). D'autres poissons peuvent être préparés de cette manière. Vendus sous le nom de poissons fumés, ils sont moins chers mais moins savoureux. Pour être poché, il n'est pas nécessaire en principe de faire dessaler le haddock. Le mettre dans un plat allant au four. Verser le lait. Poivrer. Laisser pocher 15 min sans laisser bouillir le lait. Le haddock égoutté peut être servi tel quel avec beurre, persil et pommes vapeur.
- Sauce : faire fondre doucement 60 g de beurre dans une casserole. Une fois fondu, y ajouter le jus d'un citron.

Harengs frais à la moutarde

10 min 10 min 4 pers.

8 harengs vidés,
50 g de beurre,
4 c. à soupe de moutarde forte,
4 c. à soupe de chapelure,
sel,
poivre.

- Laver les harengs, pratiquer des incisions sur toute la longueur (la moutarde pénétrera mieux dans la chair).
- Les enduire de moutarde avec un pinceau. Saler, poivrer. Les rouler dans la chapelure. Les arroser d'un peu de beurre fondu et les mettre sur une grille.
- Les faire cuire au gril pendant 5 min puis les retourner et les faire cuire encore 5 min.

Kippers grillés

20 min 20 min 4 pers.

4 kippers,
50 cl de lait,
50 g de beurre,
50 g de farine,
4 c. à soupe de chapelure,
1 c. à soupe de persil haché.

- Faire tremper les kippers pendant 5 h dans le lait. Prélever les filets en coupant la tête et la queue des poissons et en retirant l'arête centrale. Utiliser une pince à épiler pour retirer les petites arêtes.
- Faire fondre le beurre, le verser dans une assiette creuse. Mettre la farine dans une assiette plate et la chapelure mélangée au persil dans une autre.
- Passer les filets de hareng successivement dans le beurre fondu, la farine et la chapelure. Puis les faire cuire au gril 20 min en les retournant à mi-cuisson ou à la poêle 10 min.

Langues de morue en cassoulet

15 min30 min

haricots blancs,
langues de morue,
1 c. d'huile,
1 c. de vinaigre,
2 oignons,
2 gousses d'ail.

- La veille, faire tremper les haricots blancs (Tarbais de préférence) et faire dessaler les langues de morue.
- Le lendemain, faire blanchir les haricots dans de l'eau salée pendant 30 à 45 min, puis les égoutter.
- Dans une cocotte, faire fondre un peu de graisse d'oie et y jeter quelques tomates pelées, ainsi qu'un hachis fait de deux oignons et de deux gousses d'ail.
- Couvrir d'un bon court-bouillon de poisson.
- Poivrer, mais saler peu ou pas du tout.
- Porter à ébullition, donner quelques bouillons et ajouter les haricots, une cuillerée d'huile d'olive, une cuillerée de vinaigre et les langues de morue.
- Lorsque les haricots ont absorbé toute l'eau, verser le contenu de la cocotte dans un plat à four en terre.
- Couvrir de chapelure et faire gratiner au four.

Les pomponettes

15 min 10 min 4 pers.

12 sardines fraîches,
1 petit pot de tapenade (12 c. à café),
huile d'olive,
farine.

- Écailler, étêter et vider les sardines. Les ouvrir à plat, en retirer l'arête centrale, laisser la queue. Les tartiner d'une cuillerée à café de tapenade, puis les rouler en terminant par la queue ; piquer une mini-brochette en bois. Les poudrer de farine.
- Chauffer un bon fond d'huile d'olive dans une poêle sur feu moyen-vif. Y frire les pomponettes ; les retourner à mi-cuisson. Les servir sur assiettes accompagnées de pommes vapeur et d'une sauce rouille ou tomate.

Maquereau à la boulonnaise

20 min 20 min 4 pers.

4 beaux maquereaux (vidés par votre poissonnier),
1 l de moules,
50 g de beurre,
120 g de champignons de couche,
1 citron,
2 oignons,
25 g de farine,
1 œuf,
30 cl de bière blonde,
sel,
poivre.

- Gratter soigneusement les moules une par une, les laver rapidement à l'eau froide, sans les y faire séjourner pour qu'elles ne rendent pas leur eau. Les mettre à cuire à feu moyen dans une grande casserole couverte. Remuer de temps en temps. Sortir les moules de leur coquille et recueillir le jus de cuisson.
- Nettoyer et émincer les champignons.
- Faire revenir doucement les oignons émincés dans 25 g de beurre. Laisser cuire à l'étuvée pendant une dizaine de minutes. Faire tomber la farine en pluie sur les oignons tout en remuant, ajouter peu à peu les deux tiers de la bière. Délayer l'œuf battu avec le reste de la bière et incorporer au mélange avec l'eau des moules, préalablement passée au tamis. Ajouter pour finir les champignons émincés. Laisser encore sur le feu pendant 2 min puis incorporer, hors du feu, les moules.
- Préchauffer le four à 210°. Beurrer un plat allant au four. Laver les maquereaux, les inciser sur le haut du dos.
- Verser une couche de sauce aux moules et aux champignons dans le fond du plat, poser les maquereaux et les recouvrir avec le reste de la sauce. Parsemer de petites noisettes de beurre. Faire cuire pendant 20 min.
- Servir dans le plat de cuisson.

Maquereaux aux groseilles

10 min 15 min 6 pers.

12 petits maquereaux,
100 g de petits lardons fumés
4 oignons blancs à tige,
200 g de groseilles à maquereau,
1 tomate taillée en petits cubes,
sel,
poivre,
huile.

- Vider les maquereaux, laver l'intérieur sous l'eau courante, les essuyer.
- Faire chauffer quatre cuillerées à soupe d'huile dans une grande poêle sur feu moyen et y dorer les lardons 2 min. Ajouter les oignons émincés avec un peu de leurs tiges, les blondir 5 min en remuant. Augmenter le feu à vif, ajouter les maquereaux et les groseilles. Laisser cuire 5 min en secouant la poêle puis retourner les maquereaux. Saler, poivrer, parsemer de petits cubes de tomate et cuire encore 5 min.
- Servir avec des pommes de terre nouvelles en robe des champs.

Matelote (poissons d'eau douce au vin rouge)

30 min 20 min 6 pers.

Il faut au moins 3 sortes de poissons,
par exemple
anguille,
carpe,
brochet,
500 g de chaque espèce.

- Dans une casserole, mettre 30 cl de bon vin rouge de Bourgogne et autant d'eau, sel et poivre, un bouquet garni et faire chauffer.
- Juste au moment de l'ébullition, ajouter les poissons coupés en tronçons en commençant par le plus ferme, dans l'ordre donné en exemple, laisser bouillir 15 min en tout et retirer les poissons dans l'ordre inverse, les tenir au chaud et laisser bouillir la sauce encore 10 min.
- Pendant ce temps, dans une poêle faire revenir au beurre, d'abord 200 g de champignons de Paris coupés en morceaux, les sortir. Puis dans la même poêle, une vingtaine de petits oignons et les retirer quand ils sont bien dorés, ajouter une cuillerée de farine bien pleine et remuer avec une spatule en bois pour faire un roux brun clair.
- Verser alors sur ce roux le vin cuit passé au chinois et remettre dans la casserole avec un petit verre de fine Bourgogne et flamber ; laisser bouillir jusqu'à ce que la sauce ait la consistance désirée, ni trop épaisse, ni trop liquide, y ajouter le poisson, les oignons et les champignons juste pour les réchauffer et servir dans un plat creux avec des petits croûtons frits au beurre et éventuellement frottés à l'ail.

Morue à l'anglaise

15 min15 min

morue,
2 à 3 citrons,
filets d'anchois,
persil,
ciboule,
échalote,
ail,
poivre,
croûton,
chapelure.

- Dessaler et faire cuire la morue ; l'égoutter.
- Faire une sauce avec la chair de deux ou trois citrons coupés en dés, des filets d'anchois, persil et ciboule hachés menu, échalote, une pincée de gros poivre mignonnette et une pointe d'ail.
- Ajouter un morceau de beurre frais, autant d'huile, faire chauffer sur de la cendre chaude. Bien remuer. Dresser la morue, garnir de croûtons frits au beurre, saucer, paner avec de la chapelure de pain, et mettre à mijoter au four 15 min.

Morue à la bénédictine

20 min 20 min

500 g de morue,
500 g de pommes de terre,
150 g de beurre,
30 cl de crème ou de lait,
1/2 citron,
poivre.

- Se procurer une livre de chair de morue blanche et cuite ; l'égoutter et l'employer chaude. Éplucher une livre de pommes de terre jaunes, les faire cuire à l'eau salée ou à la vapeur. Les réduire en purée ; mettre celle-ci dans une casserole, ajouter une prise de poivre, 150 g de beurre, le jus d'un demi-citron et 30 cl de crème ou de lait.
- Après cela, effeuiller et ôter les arêtes de la morue, la piler grossièrement avec un demi-œuf de beurre et le jus d'un demi-citron ; puis la mélanger à la purée de pommes de terre, ajouter de la crème ou du lait de façon à en faire une pâte mollette ; beurrer un plat allant au four, y verser la préparation ; la saupoudrer de chapelure, l'arroser d'un peu de beurre fondu, ou placer dessus çà et là de petits morceaux de beurre, et faire gratiner au four une vingtaine de minutes ; servir dans le plat de cuisson.

Pauchouse

1 h 30 min 6 pers.

2 kg de poissons de rivière :
1 brochet de 1 kg,
1 carpe,
1 perche,
1 truite de rivière
ou 1 sandre.
Pour la sauce :
50 g de lardons,
2 oignons,
1 tête d'ail,
3 échalotes,
1 vert de poireau,
1 bouteille de vin blanc sec (Aligoté),
100 g de beurre,
30 cl de crème fraîche,
1 bouquet garni,
sel,
poivre.
Pour l'accompagnement :
6 tranches de pain,
1 gousse d'ail.

- Écailler, nettoyer et vider les poissons. Garder les têtes et les faire dégorger à l'eau claire pour qu'elles perdent leur sang.
- Pendant ce temps, tronçonner les poissons (si vous préférez, les lever et les désarêter).
- Dans une marmite, faire revenir un oignon, une échalote, le vert de poireau, les têtes de poissons (et les arêtes si vous avez levé les filets) dans 50 g de beurre. Ajouter le bouquet garni, une tête d'ail, 25 cl de vin blanc. Faire réduire puis recouvrir avec 1 l d'eau. Porter à ébullition puis faire cuire pendant 1 h à feu très doux. Filtrer alors à travers une passoire pour obtenir un fumet limpide.
- Prendre une casserole dans laquelle vous faites revenir avec le beurre restant les 50 g de lardons, un oignon, deux échalotes ciselées. Saler, poivrer puis ajouter 50 cl de vin blanc. Faire réduire de moitié puis ajouter 50 cl du fumet de poisson. Ajouter les tronçons de poissons, faire cuire 5 min puis ajouter la crème fraîche. Faire réduire la sauce jusqu'à consistance désirée. Saler et poivrer. Servir la pauchouse dans des bols.
- Pour obtenir une sauce plus épaisse, il est possible de la lier avec un jaune d'œuf ou de la purée d'ail faite avec une tête d'ail hachée très finement.
- Pour finir, frotter les tranches de pain à l'ail et les passer au four. En faire de petits croûtons pour accompagner la pauchouse.

Pavé de sandre en écailles de truffes

10 min 10 min 4 pers.

1 kg de sandre,
30 g de truffe,
2 cl de fumet de poisson (environ),
20 cl de crème liquide,
100 g de beurre environ,
papier aluminium,
sel,
poivre blanc.

- Inciser le sandre pour mettre les lames de truffe puis saler, poivrer et l'emballer dans le papier aluminium, en forme de papillote.
- Faire cuire au four (200°), 10 min environ.
- Réduire le fumet avec la crème. Monter le tout au beurre, en ajoutant la truffe hachée et assaisonner la sauce.
- Dresser très chaud.

Petits bars à la royale, sauce du chef

10 min 15 min 4 pers.

4 petits bars portions, sel, poivre, aluminium ménager.

Pour la sauce du chef :

1 citron pressé,
1 brique de 20 cl de crème fraîche,
1 bon morceau de beurre demi-sel,
sel,
poivre.

- Vider les poissons, ne pas les écailler. Les rincer à l'eau de mer (si possible).
- Si vous trouvez du fenouil sauvage, en mettre une petite branche à l'intérieur de chaque poisson.
- Les saler, poivrer.
- Enfermer chaque bar dans une papillote de papier d'aluminium fermée sur le dessus, mais en laissant un grand espace au-dessus du poisson pour qu'il cuise dans sa propre vapeur. Les poser côte à côte dans une marmite et verser de l'eau de mer sans les noyer (à mi-hauteur).
- Porter sur feu moyen et compter 15 min après le premier frémissement. Les retirer immédiatement.
- Pour les déguster : ouvrir la papillote, retirer la peau et les écailles du bar d'un seul coup en l'incisant d'abord le long de l'arête dorsale.
- Puis lever les filets et les déposer dans l'assiette. Les arroser de sauce, les accompagner de pommes de terre vapeur ou de riz.

Poisson à la poêle (meunière)

5 min 15 min 4 pers.

Sans déchets :
4 tranches ou filets de 120 à 150 g par personne.
Avec déchets :
poissons entiers.
On compte 200 g par personne,
soit 2, 4, 8 poissons selon leur grosseur,
20 g de farine (2 c. à soupe),
40 g de margarine ou 4 c. à soupe d'huile,
sel,
poivre.
Aromate au choix :
herbes de Provence (thym, romarin, sarriette, fenouil).
Épices :
curry, poivre de Cayenne, paprika, safran, oignons, échalotes.
Garniture :
citron coupé en rondelles, persil haché.
Légumes d'accompagnement :
pommes de terre vapeur.

- Préparer le poisson, s'il n'est pas en tranches ou en filets. Écailller, couper les nageoires si nécessaire. Le vider et le passer sous l'eau courante. Sécher avec du papier absorbant.
- Saler, poivrer, saupoudrer d'herbes de Provence au choix ou autre épice. Rouler dans la farine.
- Chauffer modérément la matière grasse dans la poêle. Faire dorer le poisson à feu doux de 5 à 7 min. Retourner délicatement à l'aide d'une palette et laisser cuire l'autre côté de nouveau de 5 à 7 min.
- Servir le poisson saupoudré de persil haché sur un plat chaud, décoré de rondelles de citron.

Utilisations :
Les poissons cuits à la meunière sont généralement des poissons de grosseur moyenne (entiers ou en filets) ou de gros poissons en tronçons : carrelet, limande, sole, merlan, maquereau, sardine, cabillaud, églefin, lotte, thon, saint-pierre, barbue, colin, lieu, saumon, truite.

Poisson pané

15 min 10 min 4 pers.

4 tranches ou filets de 150 g,
sel,
poivre,
40 g de margarine
ou 4 c. à soupe d'huile.
Aromates au choix :
herbes de Provence
(thym, romarin).
Épices :
curry, safran, cumin,
paprika.
Panure :
1 œuf, 40 g de farine (4 c. à soupe),
100 g de mie de pain
ou 4 c. à soupe de chapelure.
GARNITURE :
1 citron coupé en rondelles,
concentré de tomate
en tube,
feuilles de persil.
Sauces d'accompagnement :
sauce hollandaise,
sauce tomate.
Légumes d'accompagnement :
purée de pommes de terre,
fonds d'artichauts,
épinards.
Matériel :
3 assiettes,
1 palette en bois,
1 poêle.

- Préparation de la panure. Prendre trois assiettes : dans la première, mettre la farine ; dans la seconde, l'œuf battu en omelette ; dans la troisième, la chapelure ou la mie de pain.
- Assaisonner le poisson. Sel, poivre et autre parfum au choix.
- Faire chauffer la poêle avec la matière grasse.
- Pendant ce temps, passer le poisson successivement dans la farine, l'œuf et la chapelure.
- Déposer les tranches ou filets de poisson dans la poêle et faire cuire à feu modéré 5 min environ. Quand ils sont dorés, les retourner délicatement avec une spatule. Faire cuire de nouveau 5 min.
- Décorer les tranches ou filets avec une goutte de concentré de tomate et deux brins de persil.
- Servir le poisson sur un plat garni de rondelles de citron. Ne pas hésiter à l'accompagner d'une sauce au choix, cela le rendra moins sec.
- Si vous le présentez avec des fonds d'artichauts, vous pouvez farcir ces derniers avec de la sauce hollandaise, et si vous le servez avec de la purée de pommes de terre, une sauce tomate conviendra parfaitement.

Quenelles de brochet

35 min20 min 4 pers.

600 g de brochet,
3 œufs,
2 pains au lait trempés dans le lait et pressés,
180 g de beurre.

- Cuire des têtes de poisson pendant 20 min. Passer au tamis le fumet obtenu.
- Hacher la chair du brochet et les petits pains au lait trempés dans le lait et pressés.
- Incorporer le beurre et les trois œufs l'un après l'autre en malaxant bien.
- Former des quenelles que vous placerez 15 min dans le fumet de poissons porté à nouveau à ébullition.
- Les sortir délicatement et les laisser égoutter sur un torchon.

Une sauce aux herbes peut accompagner ces quenelles.

Quenelles de brochet à la crème d'oseille

15 min 20 min 6 pers.

Pour la panade :
15 cl de lait, 40 g de beurre, 80 g de farine, 3 g de sel, 1 pincée de poivre blanc, 1 pincée de muscade râpée.
Pour la farce :
500 g de chair de brochet (ou 1 brochet d'environ 1 kg), 4 œufs entiers, 150 g de crème épaisse, 100 g de beurre en pommade, 20 g de moutarde de Dijon, 60 g d'échalotes hachées, 10 g de persil haché, 10 g de sel, 1 pincée de poivre blanc, 1 pincée de piment de cayenne.
Pour la crème d'oseille :
20 g de beurre, 50 g d'échalotes, 200 g d'oseille, 30 cl de vin blanc sec (aligoté), 40 cl de crème liquide, poivre blanc, sel.
Pour la garniture :
100 g de comté ou de gruyère râpé.

- Confectionner la panade en mettant le lait, le beurre, le sel, le poivre et la muscade à bouillir dans une casserole. Incorporer la farine avec une spatule de bois et dessécher la pâte à feu doux pendant 2 à 3 min. Réserver la préparation au réfrigérateur.
- Lever les filets de brochet, désarêter et lever la peau. Hacher les chairs et les passer au tamis. Incorporer alors au poisson la panade froide pour obtenir une pâte bien lisse. Y ajouter la crème épaisse, le beurre en pommade, la moutarde, les échalotes et le persil hachés, le sel, le poivre et le piment. Monter cette farce en incorporant les œufs un par un. Réserver.
- Faire la sauce à l'oseille. Dans une poêle, mettre le beurre et faire revenir les échalotes hachées puis l'oseille émincée finement. Ajouter le vin blanc et faire réduire. Mettre la crème liquide et mixer la sauce. Saler et poivrer.
- Mouler la farce à la cuillère pour obtenir les quenelles, les pocher alors dans de l'eau salée frémissante pendant 10 min.
- Dans un plat allant au four, disposer les quenelles, les napper de crème d'oseille et de fromage râpé.
- Gratiner le tout au four.

Raie à la bretonne

15 min 15 min 6 pers.

fumet de poisson,
1,2 kg de raie,
750 g de pommes de terre,
1 tasse de court-bouillon,
125 kg d'oignons,
30 g de beurre,
30 g de farine,
1 verre de vin blanc sec,
crème fraîche,
gruyère râpé.

- Préparer un court-bouillon en utilisant un sachet de fumet de poissons. Y plonger 1,2 kg de raie ; porter à ébullition et laisser frémir 10 min. Éplucher et couper en rondelles 750 g de pommes de terre cuites en robe de champs. Égoutter le poisson ; réserver une tasse de court-bouillon ; le filtrer. Faire fondre 125 g d'oignons émincés dans 30 g de beurre. Saupoudrer 30 g de farine ; mouiller avec le court-bouillon et un verre de vin blanc sec. Laisser épaissir en remuant. Ajouter la crème fraîche et le gruyère râpé. Saler et poivrer.
- Dans un plat à gratin, mettre un lit de pommes de terre, 1 lit de raie épluchée, un lit de pommes de terre. Napper de sauce. Parsemer de noisettes de beurre et faire gratiner 10 min à four chaud.

Saltimbocca de saumon

10 min 10 min 4 pers.

4 tranches de saumon,
4 tranches fines de poitrine fumée,
4 feuilles de sauge fraîches ou sèches,
1 c. à soupe d'huile d'olive,
sel,
poivre.

- Chauffer l'huile d'olive dans une poêle sur feu vif et y frire les tranches de poitrine fumée jusqu'à ce qu'elles soient croustillantes.
- Poser chaque tranche de saumon sur un rectangle d'aluminium ménager. Émietter dessus la feuille de sauge, recouvrir d'une tranche de poitrine fumée, verser un peu de jus de la poêle. Saler peu, bien poivrer, fermer les papillotes en prenant soin de la laisser lâche sur le dessus pour que la vapeur circule à l'intérieur et cuise le poisson.
- Faire cuire les Saltimbocca 10 min dans le four préchauffé sur 240° ou th. 8. Servir avec une crème d'olive et un peu de purée ou de riz.

Sardines sous la cendre

10 min 10 min 1 pers.

2 ou 3 belles sardines,
15 g de beurre,
un assortiment d'herbes finement ciselées (persil, ciboule, brin de coriandre frais, etc.),
quelques ciselures d'oignons,
sel et poivre du moulin.

- Préparer un bon feu en barbecue (en prenant toutes les précautions nécessaires) pour obtenir de belles braises. Écailler, vider, étêter les sardines. Les ouvrir à plat de manière à ne pas couper la peau de l'autre face, tout en pouvant dégager l'arête centrale. Ôter le plus possible d'arêtes, saler et poivrer l'intérieur des sardines.
- Les farcir de beurre mélangé avec des fines herbes. Refermer les sardines et bien les serrer, chacun dans une papillote de papier alu. Si vous êtes au bord de la mer, ou si le poissonnier a pu vous en procurer, intercaler une algue entre la sardine et le papier.
- Placer sous la cendre et laisser cuire, selon la force des braises, une dizaine de minutes environ.

Saumon à l'unilatérale

12 min 15 min 4 pers.

800 g de filet de saumon épais coupé en quatre, sel fin de Guérande, poivre à steak.
Sauce crème-citron
le jus de 1 citron, 20 cl de crème fraîche, 1 grosse noix (50 g) de beurre demi-sel.

- Saupoudrer une poêle anti-adhésive de sel fin de Guérande et faire chauffer sur feu vif. Y déposer les morceaux de saumon, côté peau en dessous. Faire cuire 10 à 12 min selon l'épaisseur du filet, en réduisant le feu à moyen à mi-cuisson. La peau doit être grillée et la chair encore crue en surface. Saler alors légèrement le dessus, poivrer au poivre à steak, couvrir 5 secondes et servir.
- Pendant ce temps, préparer la sauce : verser le jus de citron dans une poêle et le faire réduire presque totalement (une fine pellicule) sur feu vif. Ajouter la crème fraîche et l'amener à ébullition. Saler, poivrer, retirer du feu, ajouter le beurre en petits morceaux et faire tourner la poêle jusqu'à ce qu'il soit fondu dans la crème. Verser dans une saucière. Servir tiède en accompagnement du saumon.
- Cette sauce peut se servir également avec toutes sortes de poissons pochés ou en papillotes.

Saumon au beurre vert

35 min 20 min 4 pers.

1 saumon de 1 kg,
2 c. de vinaigre,
1 jus de citron,
50 cl d'eau, thym,
laurier,
romarin,
aneth,
sel,
quelques noisettes de beurre,
1 c. de crème,
1 verre de vin blanc sec.

Beurre vert :

2 grands bols de feuilles d'orties,
1 gros bouquet de persil,
3 échalotes,
3 gousses d'ail,
2 c. de vinaigre,
1 verre de vin blanc,
sel,
100 g de beurre.

- Cueillir de jeunes pousses d'orties (avec des gants). Les effeuiller, les blanchir 3 min à l'eau bouillante, les égoutter, les passer sous l'eau froide, les presser et les mixer, avec le persil.
- Faire réduire à petit feu les échalotes et l'ail coupés menu dans le vinaigre et le vin blanc, saler. Laisser réduire. Ajouter les orties persillées, le beurre.
- Tourner avec une cuillère en bois 5 min sans laisser bouillir.
- Rincer le saumon et ôter les arêtes.
- Couper la tête.
- Préparer un fumet de poisson avec de l'eau, du vinaigre, du thym, du laurier, du romarin, de l'aneth, du sel et la tête du saumon. Laisser réduire. Saler les filets intérieurs, étaler le beurre vert.
- Prendre un plat à four, l'enduire de beurre.
- Poser des branches d'aneth et de mélisse.
- Saler le poisson extérieurement. Le coucher dans le plat. Mettre un peu de beurre dessus et faire cuire à four chaud (th. 6-7) 30 min.
- Arroser de jus de citron et, de temps en temps, avec le fumet réduit.
- Poser le saumon sur le plat de service.
- Jeter les herbes.
- Déglacer le plat avec un verre de vin blanc sec et une cuillerée de crème.
- Mettre en saucière.
- Servir avec des champignons farcis.

Sole aux légumes

20 min10 min 6 pers.

1 très grosse sole de 1,4 kg environ, 3 carottes, 2 poireaux, 1 branche de céleri, 1 navet, 1 oignon, 50 g de beurre. Thym, laurier, sel, poivre, 20 cl de vin blanc sec, 10 cl de crème fraîche.

■ Faire enlever la peau de la sole par votre poissonnier, couper la tête. Nettoyer les légumes, les couper en fine julienne. Les faire fondre dans le beure, sur feu très doux, avec thym, laurier, sel, et poivre. Quand les légumes sont tendres, les mettre dans un plat à gratin. La poser par-dessus, l'arroser de vin blanc. Faire cuire à four moyen pendant 20 min, en retournant le poisson à mi-cuisson. Retirer la sole du plat et passer légumes et sucres au mixer ou au moulin à légumes. Vérifier l'assaisonnement, ajouter la crème.

■ Remettre le poisson dans le plat, napper de sauce et faire dorer au gril.

Thon germon façon ogien

20 min 15 min 4 pers.

1 filet de thon de 400 g,
100 g de lardons,
4 tomates,
2 carottes coupées en rondelles,
12 pruneaux d'Agen,
2 oignons ciselés,
10 cl d'huile,
2 clous de girofle,
1 bouquet garni,
1 c. rase de fleur de sel.

- Couper le thon en morceaux de 100 g.
- Prendre une cocotte en fonte ou en terre à couvercle, allant sur le feu.
- Y faire chauffer l'huile et saisir le thon, le faire dorer des deux côtés. Ajouter les oignons, les carottes, les lardons, le bouquet garni, les clous de girofle. Remuer. Ajouter les tomates, les pruneaux et 10 cl d'eau. Mettre le couvercle et faire cuire doucement jusqu'à réduction totale du liquide.
- Servir avec du riz blanc.

Truite au bleu

10 min 10 min 4 pers.

4 truites,
2 carottes,
2 oignons,
1 gousse d'ail,
1 bouquet garni,
2 cl de vinaigre,
persil,
sel,
poivre.

- Préparer le court-bouillon : dans 2 l d'eau salée, mettre les oignons, les carottes, l'ail, le persil, le bouquet garni et le vinaigre. Laisser frémir. Assommées au dernier moment, les truites vidées et prestement nettoyées sont plongées dans le court-bouillon quelques minutes seulement (8 ou 10 min maximum).
- Servir avec des pommes de terre cuites à l'eau, citron et persil.

Truite au verjus

40 min 6 pers.

6 truites de 250 g chacune.
Éléments de la farce
350 g de pain mouillé au vin blanc sec,
1 échalote,
3 gousses d'ail, quelques brins de persil,
100 g de cèpes,
1 œuf entier,
sel,
poivre.
Éléments de la sauce
200 g d'échalotes,
25 cl de vin blanc sec,
200 à 250 g de beurre,
le jus d'une grappe de raisin vert,
sel,
poivre.

Préparation des truites

- Couper les nageoires, les écailler, les vider par les ouïes, les laver et les éponger dans un linge propre.

Préparation de la farce

- Mélanger les échalotes, les gousses d'ail, le persil, les cèpes frits, le pain mouillé avec le vin blanc sec dans un récipient, puis assaisonner. Après cette préparation terminée, y incorporer l'œuf entier pour lier le tout. Farcir les truites avec une poche à douille par les ouïes.

Préparation de la sauce

- Faire réduire les échalotes hachées avec le vin blanc sec. Lorsqu'elles sont cuites, les mixer pour obtenir une purée. Ajouter le jus de la grappe de raisin vert, monter la sauce avec le beurre en pommade. Assaisonner.
- Dresser les truites sur un plat, les napper avec la sauce au verjus, persiller et décorer de grains de raisins.

Truite aux amandes (foralla met Mandala)

5 min 5 min

Compter 1 truite par personne, et par truite :
10 g de beurre,
1/2 c. de farine,
10 g d'amandes effilées,
sel,
poivre.

- Nettoyer les poissons, les vider, saler, poivrer et rouler dans la farine.
- Dans le beurre, faire griller les truites des deux côtés, les réserver.
- Dans la poêle, faire dorer (non griller !) les amandes.
- Dresser les poissons sur le plat, disposer sur les truites les amandes dorées.

Truite farcie au montbazillac

5 min 10 min

4 truites de 200 g environ, grains de raisins frais.
Farce de la truite
100 g d'épaule de porc hachée,
250 g de pain de campagne mouillé légèrement au vin blanc,
1 échalote,
1 gousse d'ail,
50 g de cèpes hachés,
1 œuf, sel, poivre.
Sauce Montbazillac
50 cl de fumet de poisson,
50 cl de Montbazillac,
25 cl de crème fraîche.

- Farce de la truite. Mélanger le tout afin de faire une farce homogène.
- Sauce Montbazillac. Laisser réduire le tout à un peu plus de la moitié. Le lier au beurre légèrement manié et assaisonné.
- Cuire les truites farcies à la vapeur ou en papillote 4 à 5 min au four (190°).
- Dresser les truites, napper de la sauce puis décorer avec les grains de raisins.

Truites au jambon

10 min 10 min

truites,
jambon de pays,
farine,
huile,
persil.

- Vider et laver les truites, puis les laisser égoutter.
- Dans chacune d'elles, introduire une tranche de jambon de pays étroite mais bien épaisse.
- Bien fariner les truites et les faire cuire à la poêle dans de l'huile fumante pendant 5 min de chaque côté.
- Les servir dans un plat, alternées avec les tranches de jambon et parsemées de persil haché.
- Verser dessus un filet de jus de citron.

Les légumes

Des recettes actuelles

Aligot

pommes de terre,
1 bol de crème,
beurre,
tomme.

- Faire cuire les pommes de terre à l'eau salée, les passer au tamis.
- Garder sur le feu et y incorporer un morceau de beurre frais, un bol de crème, puis de la tomme grasse en quantité.
- Brasser le tout jusqu'à un mélange parfait.
- Servir très chaud.
- Dans le Cantal, on le flambe au rhum.

Artichauts farcis

50 min 10 min

2 artichauts,
1 œuf, 50 g de champignons,
1 jus de citron,
poivre et sel.

- Mettre dans une casserole un verre d'eau, les champignons, le jus de citron. Faire cuire pendant 10 min. Verser l'eau et mettre à égoutter les champignons dans une passoire. Faire cuire à l'eau les artichauts pendant 30 à 40 min. Les égoutter. Retirer les fonds. Mélanger dans un mortier l'œuf dur et les champignons. Disposer cette farce sur chaque fond d'artichaut. Griller quelques minutes.

Artichauts farcis à la provençale

10 min 4 pers.

4 gros artichauts,
1 citron.
Pour la farce:
350 g de sauce tomate provençale,
3 tranches de pain de mie,
4 c. à soupe de chapelure,
50 g de parmesan,
3 c. à soupe d'huile d'olive,
5 brins de persil,
2 brins de menthe,
poivre et sel.

- Casser la queue des artichauts pour supprimer les plus grosses fibres, puis recouper à ras et raccourcir les feuilles à mi-hauteur.
- Faire tremper les artichauts dans de l'eau additionnée du jus de citron pendant 30 min.
- Les placer dans un plat creux convenant au micro-ondes. Le couvrir complètement de film plastique. Verser 5 cl d'eau et faire cuire 8 min à puissance maximum.

Préparer la farce:

- Ciseler les herbes. Dans un bol, mélanger la sauce tomate avec l'huile d'olive, la mie de pain émiettée, la chapelure, le parmesan et la moitié des herbes ciselées. Saler et poivrer.
- Enlever les feuilles situées au centre de l'artichaut et, à l'aide d'une petite cuiller, retirer le foin. Remplir la cavité de farce.
- Replacer les artichauts dans le plat. Les parsemer du reste des herbes ciselées. Rajouter une petite quantité d'eau. Recouvrir à nouveau de film plastique, puis passer 5 min au micro-ondes (puissance maximum).
- Servir froid.

Bigalan de pommes de terre

1 h 15 30 min6 à 8 pers.

Pâte brisée :
300 g de farine,
150 g de beurre,
sel,
poivre,
1 petit verre d'eau,
1 jaune d'œuf pour la dorure.
Garniture :
1 kg de pommes de terre,
5 gros oignons,
300 g de lard fumé ou non,
sel,
poivre.

- Préparer la pâte brisée. Dans une terrine, mélanger la farine, le sel et le beurre ramolli. Pétrir rapidement du bout des doigts, incorporer peu à peu l'eau et travailler la pâte de façon à former une boule. Laisser reposer au moins 1 h.
- Éplucher les pommes de terre et les oignons et les couper en fines rondelles. Émincer le lard en lamelles.
- Diviser la pâte brisée en deux masses inégales (2/3, 1/3). Abaisser au rouleau et tapisser un moule à tourtière beurré avec la plus grande.
- Garnir le fond de tarte en alternant par couches successives pommes de terre, lard et oignons. Saler et poivrer légèrement chaque couche.
- Recouvrir du second disque de pâte en pinçant les deux bords ensemble pour les souder. Piquer le dessus avec les dents d'une fourchette.
- Dorer la surface à l'œuf battu et mettre à cuire à four moyen (th. 5/6) pendant 1 h 15 environ.
- Servir très chaud.

Chou farci ultra-rapide

30 min 20 min 4 pers.

1 beau chou vert,
400 g de steak haché,
200 g de jambon à l'os haché,
3 c. à soupe de persil,
1 c. à café de poivre mignonnette,
2 c. à soupe d'oignons hachés,
1 c. à soupe d'huile d'arachide,
1 pincée d'ail en poudre ou en flocons,
2 galettes de céréales,
sel,
poivre,
paprika doux,
1 cube de concentré de volaille.

- Couper le chou en deux, le faire blanchir 15 min puis l'égoutter. Réserver quelques feuilles très vertes.
- Pendant ce temps, faire revenir à feu doux les oignons dans l'huile. Écraser les galettes en chapelure, diluer le concentré dans 45 cl d'eau chaude. Ciseler le persil. Retirer les cœurs des demi-choux. Préchauffer le four à th. 8. Mélanger tous les éléments de la farce : steak, jambon, persil, ail, chapelure, oignons et épices. Remplir le creux de chaque demi-chou, refermer et ficeler en croix.
- Tapisser le fond huilé d'une cocotte avec les feuilles réservées. Déposer le chou reformé dans la cocotte, mouiller avec le bouillon, poser une feuille d'aluminium ou de papier sulfurisé assez grande pour dépasser les bords, couvrir et enfourner 15 min. Laisser reposer four éteint, porte ouverte, sans découvrir.
- Au moment de servir, couper chaque partie en deux et offrir une vinaigrette bien relevée et bien fraîche. Le contraste est très agréable.

Choucroute des petits matelots

1 h 50 30 min 6 pers.

1 kg de choucroute crue,
2 grosses pommes aigrelettes (reinettes ou belles-de-boskoop),
1 oignon pelé,
3 gousses d'ail non épluchées,
1 c. à soupe de baies de genièvre,
1 c. à café de poivre en grains,
1 c. à café de graines de fenouil,
1 brin de thym,
1 feuille de laurier,
1/2 bouteille de vin blanc sec (gros-plant),
600 g de haddock épais coupé en 6 tranches,
6 tranches de saumon frais,
1 kg de moules grattées et lavées,
100 g de crevettes décortiquées (surgelées),
6 belles langoustines cuites.

Pour la sauce hollandaise

3 jaunes d'œufs,
1 citron pressé,
150 g de beurre demi-sel mou,
sel,
poivre.

- Éplucher les pommes et les couper en lamelles. Rincer la choucroute à l'eau froide et l'égoutter.
- Mettre la moitié de la choucroute dans une grande cocotte. Recouvrir avec les pommes, les baies de genièvre, les graines de fenouil, le poivre en grains, l'oignon émincé et les trois gousses d'ail non épluchées, puis le reste de la choucroute.
- Arroser de vin blanc et d'un verre moyen (15 cl) d'eau. Couvrir.
- Amener à ébullition sur feu vif, puis réduire le feu à doux et laisser cuire 1 h 30.
- Pendant ce temps, faire ouvrir les moules dans une grande casserole couverte, sur feu vif en les secouant fréquemment. Dès qu'elles sont ouvertes et qu'elles se détachent facilement de leurs coquilles, en découquiller la moitié, les réserver dans un bol. Laisser le reste dans les coquilles, les réserver également.
- Lorsque la choucroute est cuite, la verser dans un grand plat creux en terre (de préférence). Ranger

Suite page 3…

Choucroute des petits matelots

Suite de la page 354

joliment par-dessus les poissons au centre et entourer avec toutes les moules, les crevettes et les six langoustines. Couvrir le plat d'aluminium ménager (bien fermé sur le plat) et faire cuire 20 min dans le four préchauffé th. 6.

Préparer la sauce hollandaise :

- placer les jaunes d'œufs et le jus de citron dans une petite casserole à fond épais. Saler, poivrer. Porter sur feu très doux. Tourner avec un petit fouet à sauce et dès que le mélange commence à prendre consistance crémeuse, ajouter le beurre mou et tourner rapidement. Retirer du feu, verser dans une saucière. Garder à température ambiante.
- Servir la choucroute des petits matelots dans le plat, l'accompagner de pommes de terre à l'eau et de sauce hollandaise.

La sauce hollandaise peut se réchauffer légèrement dans un bain-marie tiède, en la remuant constamment, mais il n'est pas important qu'elle soit presque froide, puisque le plat qu'elle accompagne sera, lui, très chaud.

Crêpes à la florentine

30 min 6 pers.

1 kg d'épinards,
4 grosses tomates,
1 orange non traitée,
1 oignon,
1 brin de thym,
40 g de beurre,
2 c. à soupe d'huile d'olive,
100 g de parmesan à la coupe,
2 c. à café de sucre,
sel et poivre.
Pour les crêpes:
125 g de farine,
25 cl de lait,
2 œufs,
30 g de beurre fondu,
2 c. à soupe d'huile.

- Mélanger la farine et deux pincées de sel. La creuser en fontaine. Au centre, verser les œufs battus en omelette. Leur incorporer au fouet, peu à peu, la farine, tout en ajoutant le lait en filet puis le beurre fondu. Dès que la pâte est homogène, couvrir et laisser reposer 2 h à température ambiante.
- Avec un zesteur, prélever en filaments la partie colorée de l'écorce de l'orange. Les plonger 3 min dans de l'eau bouillante, les rafraîchir et les égoutter.
- Équeuter les feuilles d'épinards, les laver, les égoutter. Dans une sauteuse, faire revenir 3 min dans 20 g de beurre chaud, l'oignon pelé et émincé. Ajouter les épinards. Sur feu vif, les cuire à découvert 2 à 3 min. Saler et poivrer.
- Ébouillanter, peler et épépiner les tomates. Concasser la chair au couteau. La faire revenir dans l'huile d'olive chaude avec le thym, le sucre, du sel et du poivre jusqu'à évaporation totale de l'eau rendue.
- Allumer le four (th. 7). Faire cuire douze crêpes dan une poêle huilée. Les fourrer

Suite page 3

Crêpes à la florentine

Suite de la page 356

avec les épinards égouttés et la fondue de tomates, les rouler, les aligner dans un plat beurré et les passer à four chaud.

- Pour servir, éparpiller sur les crêpes le parmesan débité en copeaux avec un couteau économe et les zestes de l'orange.

Croquettes de viande et pommes de terre

25 min 50 min 4 pers.

600 g de pommes de terre,
200 g de chair à saucisse,
100 g de bœuf haché,
6 brins de persil,
2 œufs,
80 g de parmesan râpé,
20 g de beurre,
125 g de farine,
3 pincées de muscade,
sel et poivre,
un bain de friture.

Pour l'assaisonnement :

1 petit oignon,
1 gousse d'ail,
1 citron,
2 brins d'estragon,
1 feuille de laurier,
1 brin de thym,
1 clou de girofle,
sel et poivre.

- Rincer, sécher et ciseler les brins de persil. Rincer les pommes de terre, les placer dans une casserole, les couvrir d'eau froide et ajouter une cuillerée à soupe de sel. Porter à ébullition et les faire cuire à feu moyen pendant 20 min. Les retirer, les égoutter et les laisser tiédir. Les éplucher, les écraser au moulin à légumes équipé de la grille fine et recueillir la pulpe dans un saladier.
- Incorporer à la purée de pommes de terre le beurre, deux cuillerée à soupe de farine, le persil ciselé, les deux œufs ainsi que le parmesan râpé. Saler légèrement, poivrer et assaisonner de la muscade.

Suite page 344

Croquettes de viande et pommes de terre

Suite de la page 357

Mélanger soigneusement pour obtenir une purée lisse et homogène.

- Entre-temps, peler et hacher l'oignon et la gousse d'ail. Les placer dans une sauteuse avec la chair à saucisse ainsi que le bœuf haché. Ajouter la feuille de laurier, le thym et le clou de girofle. Saler et poivrer. Couvrir d'eau à ras bord. Porter à ébullition et laisser cuire à feu doux pendant 25 à 30 min jusqu'à ce qu'il ne reste plus de liquide dans la sauteuse. Retirer le thym et le laurier ainsi que le clou de girofle. Passer rapidement les viandes au hachoir pour obtenir un hachis homogène. Incorporer le jus de citron ainsi que l'estragon ciselé. Mélanger le tout avec la purée.
- Verser le reste de la farine dans une assiette creuse. Avec les mains mouillées, façonner des boulettes de la grosseur d'une mandarine, les rouler dans la farine et les disposer sur un plat en les espaçant.
- Préchauffer le bain de friture à 175 °C. Y plonger les croquettes par six ou sept à la fois. Les laisser cuire en les retournant une fois en cours de cuisson, de façon

Suite page 35

Croquettes de viande et pommes de terre

Suite de la page 358

à ce qu'elles soient dorées sur toutes les faces.

- Les égoutter tout d'abord dans une passoire et ensuite, soigneusement, sur plusieurs épaisseurs de papier absorbant. Servir les croquettes chaudes et les accompagner d'une salade de haricots verts.

Empereur à la crème de citrouille

20 min 30 min 6 pers.

3 kg de citrouille,
700 g de filets d'empereur (à défaut de rascasse),
2 c. à soupe d'huile d'olive,
3 gousses d'ail,
sel et poivre,
30 cl de crème fleurette,
20 g de beurre,
1 brin de thym,
1 feuille de laurier,
1 pincée de noix de muscade.

- Détailler les filets d'empereur en filaments. Saler et poivrer. Réserver au frais. Trancher, peler, épépiner la citrouille et la couper en petits dés. Les plonger avec le thym et le laurier dans un faitout rempli d'eau bouillante salée. Faire cuire pendant environ 20 min. Peler et émincer l'ail avant de le faire cuire 5 min dans la crème fleurette.
- Égoutter les cubes de citrouille. Les passer au mixeur avec la crème et l'ail. Ajouter une pincée

Suite page 360

Empereur à la crème de citrouille

Suite de la page 359

de noix de muscade. Réserver au chaud.

- Dans une poêle antiadhésive, saisir rapidement les filets d'empereur dans un mélange beurre-huile d'olive.
- Napper le fond de chaque assiette de crème de citrouille. Disposer dessus quelques filets d'empereur. Déguster aussitôt. On peut également ajouter quelques petits pois pour la couleur.

Fèves des marais au jambon de pays

20 min 30 min 4 pers.

1,5 kg de fèves fraîches,
2 tranches épaisses (200 g) de jambon de pays,
100 g de beurre,
1 petite branche de sarriette (1/2 c. à café sèche),
1/2 c. à café de sucre,
sel,
poivre.

- Écosser les fèves, les faire cuire 20 min dans une grande casserole d'eau bouillante salée et aromatisée de sarriette.
- Les égoutter et les passer aussitôt au moulin à légumes.
- Saler, poivrer, sucrer, incorporer 80 g de beurre. Tenir au chaud dans un plat creux ; couper le jambon en bâtonnets et le faire sauter à la poêle avec une noisette de beurre. En parsemer la purée de fèves. Servir tel quel avec une salade ou en accompagnement de saucisses.

Gnocchis à la citrouille

20 min 4 pers.

**80 g de purée de citrouille fraîche ou en conserve,
6 c. à soupe de farine,
50 à 100 g de farine de pomme de terre,
sel et poivre,
1/2 c. à café de muscade,
6 c. à soupe de beurre fondu,
parmesan frais râpé.**

- Dans une grande terrine, déposer la citrouille. Incorporer la farine et suffisamment de farine de pomme de terre pour obtenir une pâte molle que l'on peut pétrir. Saler, poivrer et ajouter la muscade. Pétrir légèrement jusqu'à ce que ce soit élastique. Laisser reposer 10 min.
- Façonner la pâte en boules de la grosseur d'un œuf de caille. Les rouler rapidement entre les doigts, puis les presser avec le pouce pour obtenir la forme traditionnelle de gnocchi. Saupoudrer légèrement de farine de pomme de terre et laisser reposer 10 min.
- Porter à ébullition une grande casserole remplie d'eau salée. Pocher les gnocchis, quelques-uns à la fois. Lorsqu'ils remontent à la surface, signe qu'ils sont cuits, les enlever avec une écumoire et les transférer dans des bols allant au four.
- Verser le beurre fondu sur les gnocchis. Saupoudrer de parmesan et cuire au four à th. 6 quelques minutes jusqu'à ce que le fromage soit fondu. Servir chaud.

Gratin de celeri-rave au thon

15 min 45 min 4 pers.

2 boîtes de thon au naturel,
1 beau céleri-rave,
1 cl de lait,
2 cl de crème fraîche,
30 g de comté râpé,
30 g de beurre,
sel,
poivre moulu.

- Peler le céleri-rave, puis le découper en tranches très minces. Les plonger pendant 2 min dans l'eau bouillante salée, les égoutter et les passer sous un jet d'eau froide. Préchauffer le four à th. 6.
- Beurrer un plat allant au four, disposer les tranches de céleri-rave (comme pour un gratin dauphinois), répartir le thon entre chaque couche, saler et poivrer au fur et à mesure, puis terminer par une couche de céleri.
- Verser le lait et la crème fraîche, puis saupoudrer la surface de fromage râpé, répartir quelques noisettes de beurre et mettre au four pendant 45 min.
- Servir très chaud.

Magrets à la purée de potiron aux épices

20 min 10 min 4 pers.

4 magrets de canard,
1 kg de potiron,
50 g de beurre,
1 pincée de quatre épices,
10 brins de ciboulette,
sel,
poivre blanc du moulin.

- Retirer l'écorce et les graines du potiron. Rincer, éponger, puis découper la chair en petits dés. Dans une cocotte, faire chauffer 30 g de beurre. Quand il mousse, ajouter les dés de potiron. Saler, poivrer et mélanger. Laisser cuire 20 min à couvert, en surveillant de temps en temps. La chair du potiron va se « défaire » et se réduire en purée toute seule. En fin de cuisson, s'il reste encore du jus, augmenter le feu et retirer le couvercle pour le faire s'évaporer.
- Au dernier moment, ajouter le quatre épices et le beurre restant. Rectifier l'assaisonnement en sel et en poivre.
- Pendant la cuisson du potiron, entailler la peau des magrets. Les poser, côté peau, dans une grande poêle, sur feu doux. Jeter la graisse fondue au fur et à mesure de la cuisson. Quand la peau des magrets est devenue fine et dorée, augmenter le feu et faire colorer l'autre face.
- Servir chaud avec la purée de potiron épicée, parsemée de ciboulette ciselée.

Œufs pochés sur artichauts

3 min 10 min 4 pers.

4 artichauts,
1 petite boîte d'œufs de lump,
150 g de haddock,
4 œufs,
15 cl de crème fraîche,
2 brins d'aneth,
poivre et sel.

- Mettre les artichauts à cuire dans une grande quantité d'eau salée. Ôter les feuilles et le foin, réserver les fonds.
- Mettre à chauffer une grande casserole d'eau salée légèrement vinaigrée, et casser un œuf dans une louche, puis le plonger délicatement dans l'eau frémissante. Laisser cuire 2 à 3 min environ. Recommencer pour chaque œuf. Les égoutter et les déposer sur les fonds d'artichaut.
- Disposer tout autour le haddock effeuillé. Napper ensuite de crème fraîche mélangée à l'aneth ainsi que d'œufs de lump.

Pain de chou au bœuf

1 h 25 min 4 pers.

1 chou blanc (ou 1 petit chou vert),
400 g de steak haché,
1 gros oignon,
10 g de beurre,
3 œufs,

- Retirer les plus grosses feuilles du chou. Les diviser en quatre. Le plonger dans l'eau bouillante et salée. Le porter à ébullition pendant 10 min, puis l'égoutter. Le passer sous l'eau froide. L'émincer très

Suite page 36…

Pain de chou au bœuf

Suite de la page 364

100 g de crème fraîche,
1 petit bouquet de persil,
poivre moulu.

finement et le mélanger, dans un saladier, avec le steak haché, l'oignon haché préalablement étuvé dans le beurre, les œufs battus, la crème fraîche, le persil haché, le sel et le poivre moulu.

- Mélanger tous ces ingrédients soigneusement, à la fourchette, et les verser dans un moule à cake ou une terrine beurrée. Installer le moule dans un bain-marie et enfourner pendant 1 h (th. 6).
- Démouler ce pain, en prenant soin de bien le détourner avec une lame de couteau, et servir chaud.

Panaché de haricots à la lyonnaise

40 min 30 min 4 pers.

200 g de flageolets verts secs,
100 g de haricots rouges secs,
100 g de haricots blancs lingots,
3 oignons,
2 carottes,

- Placer les haricots rouges, les lingots et les flageolets dans une marmite d'eau froide avec les oignons entiers, les carottes coupées en rondelles et le bouquet garni. Faire chauffer. Ajouter la charcuterie 30 min après le début de l'ébullition. Saler et poivrer et laisser cuire 2 h.

Suite page 366

Panaché de haricots à la lyonnaise

Suite de la page 365

**1 bouquet garni,
200 g de saucisse de Morteau,
200 g de saucisson à cuire à la pistache,
100 g de saucisse Montbéliard,
200 g de saucisson à cuire fumé à l'ail,
120 g de beurre,
2 c. à soupe de persil,
sel,
poivre.**

- Avec une écumoire, ôter la charcuterie et les haricots en réservant huit louches de jus de cuisson. Jeter le reste de bouillon.
- Dans la marmite, délayer le jus avec le beurre, parfumer de persil, ajouter les haricots et laisser mijoter à feu doux 10 min. Servir avec les saucisses et saucissons en rondelles.

Pommes de terre à la bretonne

1h 15 min 4 pers.

**600 g de pommes de terre (fermes à la cuisson),
500 g de travers de porc,
100 g de lard de poitrine fumé,
3 oignons,
1 feuille de laurier,
2 branches de thym,
20 cl de cidre,
sel,
poivre.**

- Éplucher les oignons, les détailler en tranches assez épaisses.
- Peler les pommes de terre. Les laver, les égoutter et les couper en tranches dans le sens de la longueur.
- Tapisser le fond d'une cocotte avec les oignons. Coucher dessus le travers de porc, le lard, couvrir avec les tranches de pommes de terre. Poivrer, saler. Placer les branches de thym et de laurier, verser le cidre et 10 cl d'eau froide ; le liquide doit à peine couvrir les pommes de terre.

Suite page 36

Pommes de terre à la bretonne

Suite de la page 366

- Mettre la cocotte sur feu vif. Porter à ébullition, couvrir la cocotte et faire cuire à feu doux 1 h. Rectifier l'assaisonnement.

Pommes de terre au jambon

1 h 30 **4 pers.**

750 g de pommes de terre,
4 oignons,
300 g de jambon fumé,
1 cube de bouillon,
beurre,
sel,
poivre.

- Faire chauffer le four à 180°. Peler les pommes de terre et les couper en lamelles fines. Couper les oignons en rondelles et le jambon en lanières.
- Faire dissoudre le cube dans 75 cl d'eau.
- Beurrer un plat à gratin. Déposer une couche d'oignons, puis de pommes de terre, puis des lanières de jambon, ajouter quelques noisettes de beurre. Recommencer jusqu'à épuisement des ingrédients.
- Arroser avec le bouillon et enfourner.
- Faire cuire pendant 1 h à 1 h 30.

Pot-au-feu aux trois viandes

3 h 15 20 min 4 pers.

**500 g de gîte de bœuf,
500 g de plat de côtes,
1 petit jarret de veau,
2 cuisses de canard,
1 os à moelle,
2 carottes,
2 poireaux,
2 navets,
2 pommes de terre,
1 branche de céleri,
1 oignon,
1 clou de girofle,
1 gousse d'ail,
bouquet garni,
poivre et sel.**

- Faire blanchir toutes les viandes pendant 5 min, puis les rincer à l'eau froide. Dans un grand faitout, mettre le gîte et le plat de côtes, puis recouvrir d'eau froide. Porter à ébullition.
- Pendant ce temps, éplucher et laver tous les légumes, ainsi que l'oignon et l'ail. Couper les poireaux et le céleri en deux et laisser les autres légumes entiers. Piquer l'oignon avec le clou de girofle. Lorsque l'eau du faitout commence à bouillir, ajouter l'oignon, l'ail et le bouquet garni. Saler et poivrer. Couvrir à moitié et laisser frémir en écumant régulièrement.
- Au bout de 2 h 30 environ, ajouter les autres viandes et l'os à moelle, et 15 min plus tard, les légumes. Poursuivre la cuisson pendant 45 min. Vérifier qu'elle est terminée puis retirer les légumes et les viandes. Les réserver au chaud dans un plat creux. Présenter le bouillon dans une soupière après l'avoir dégraissé.
- Servir le pot-au-feu avec son os à moelle, des cornichons, du gros sel gris, des oignons au vinaigre et différentes moutardes.

Pot-au-feu de marrons et légumes de saison

30 min 20 min 4 pers.

50 cl de consommé de pot au feu (2 cubes),
4 carottes,
1 branche de céleri,
2 navets violets ou 1 blanc bien tendre,
200 g de pointes d'asperges,
1 barquette de 500 g de marrons,
haricots verts ou petits pois en saison,
persil et dés de tomates pour décorer,
poivre et sel.

- Nettoyer les légumes et les éplucher. Les couper en bâtonnets réguliers ou leur donner une forme d'olive (les tourner).
- Blanchir les légumes 3 min. Mettre à cuire environ 30 min pour les carottes et les navets, quelques minutes pour le céleri et les haricots verts.
- Disposer les marrons dans le bouillon chaud, puis tous les légumes.
- Dresser dans des assiettes creuses. Parsemer de persil et de dés de tomates.

Potée aux choux et mogettes de Vendée

1 h 45 20 min 8 pers.

1,5 kg d'épaule de porc fumé,
8 grosses saucisses à cuire,
1 kg de mogettes (faire tremper 2 h avant),
100 g de beurre et 100 g de saindoux,
6 carottes,
6 oignons moyens,

- Faire revenir à blanc sans coloration les mogettes puis ajouter une fois leur volume d'eau bouillante sans sel, un bouquet garni. Cuire avec un couvercle. Arrêter la cuisson avant qu'elles ne soient trop cuites.
- Pendant ce temps, faire fondre le saindoux dans une cocotte. Y mettre

Suite page 370

Potée aux choux et mogettes de Vendée

Suite de la page 369

6 poireaux,
4 navets,
2 petits choux pommes,
1 kg de pommes de terre moyennes,
1 oignon clouté de 3 clous de girofle,
1 gousse d'ail,
2 petit bouquets garnis.

à colorer l'épaule de porc, ajouter les légumes coupés (sauf les choux et les pommes de terre), un bouquet garni, l'oignon piqué de girofle, l'ail.

- Mouiller à hauteur, d'eau froide et laisser mijoter 1 h avec un couvercle.
- Couper les choux en quatre, les blanchir, puis les ajouter à l'épaule avec les saucisses et les pommes de terre.
- Cuire 20 min.
- Couper l'épaule et les saucisses en tranches. Servir dans un plat en terre allant au four parsemé de persil haché.

Quesadillas grillés

3 min 5 min 4 pers.

500 g de haricots rouges en boîte,
rincés et égouttés,
250 g de sauce salsa (sauce épicée mexicaine en supermarché),
4 tortillas,
4 petits oignons hachés,
1 branche de coriandre fraîche,
150 g de cheddar.

■ Réduire en purée les haricots rouges et y ajouter la moitié de la salsa. Mettre le mélange dans la moitié d'une tortilla. Parsemer d'oignons, d'olives, de coriandre et de fromage. Replier la tortilla et la faire cuire dans la poêle jusqu'à ce qu'elle devienne dorée. Servir avec la sauce salsa.

Ragoût de pois chiches à l'agneau

2 h 30 min 4 pers.

400 g de pois chiches secs,
800 g d'épaule d'agneau coupée en morceaux réguliers,
500 g d'oignons,
3 tomates,
1 petit piment,
2 brins de thym frais,
1 bouquet garni,
3 c. à soupe d'huile,
safran en poudre,
12 grains de poivre,
sel,
poivre.

- La veille, faire tremper les pois chiches dans de l'eau froide pendant 12 h, au cours desquelles on changera l'eau trois ou quatre fois.
- Le lendemain, rincer les pois chiches, les égoutter et les mettre dans une casserole avec 2 l d'eau non salée, le bouquet garni, les grains de poivre et une cuillerée à soupe d'huile. Porter à ébullition, écumer, laisser cuire à feu doux 2 h.
- Dans une cocotte, verser l'huile restante. Y faire dorer les morceaux d'agneau et les oignons émincés. Ajouter les tomates pelées, coupées en quartiers, le piment émincé, deux pincées de safran. Saler, poivrer. Couvrir, laisser mijoter à feu doux 45 min en ajoutant deux verres d'eau en cours de cuisson et en remuant de temps en temps.
- Retirer les morceaux d'agneau, les réserver au chaud. Vérifier la cuisson des pois chiches. Les égoutter et retirer le bouquet garni et les grains de poivre. Verser les pois chiches dans la sauce de la cocotte, faire chauffer

Suite page 37

Ragoût de pois chiches à l'agneau

Suite de la page 372

à feu doux pendant 15 min en les remuant délicatement.

- Servir les morceaux d'agneau entourés des pois chiches et parsemer le ragoût de feuilles de thym frais.

Raviolis chinois à la vapeur

20 min 30 min 4 pers.

300 g de porc haché,
1 poireau,
100 g de pousses de bambou,
2 c. de gingembre râpé,
1 œuf,
1 c. à soupe de sauce soja,
1 c. à soupe d'huile de sésame,
1/2 c. de sel,
2 c. à soupe de Maïzena,
1 pincée de poivre,
32 cosses de petits pois très frais.

Sauce:

Sauce soja,
vinaigre,
moutarde.

- Laver les champignons et les pousses de bambou, et les faire tremper. Hacher finement poireau et bambou. Dans un saladier, amalgamer le porc, le hachis de poireau, le bambou et le gingembre râpé. Ajouter la sauce soja, l'huile de sésame, le sel, la Maïzena, un peu de poivre et l'œuf.
- Poser dans le creux de la main gauche un carré de cette pâte. Déposer en son centre une cuillerée très pleine de préparation au porc, puis relever les bords entre le pouce et l'index en resserrant la poche ainsi formée. Décorer d'un petit pois en son centre. Répéter l'opération jusqu'à ce qu'il n'y ait plus de préparation.

Suite page 374

Raviolis chinois à la vapeur

Suite de la page 373

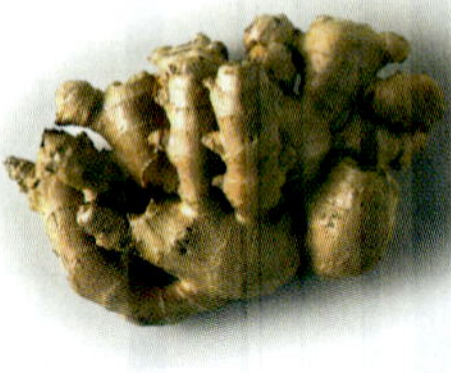

- Faire cuire à la vapeur dans un couscoussier en huilant le support afin que les pâtés ne collent pas, et en ayant soin de laisser un petit espace entre eux. Couvrir d'un torchon épais et d'un couvercle. Faire cuire 20 min à feu très vif.
- Présenter sur un plat de service. Chaque convive peut composer un mélange de son goût dans une petite coupelle individuelle avec la sauce soja, le vinaigre et la moutarde qui sont à sa disposition sur la table de service. Chacun pourra y tremper ses raviolis avant de les déguster.

Timbale de jambon aux petits pois

10 min 15 min

1 boîte de petits pois cuisinés (très fins ou fins), 3 épaisses tranches de jambon, 100 g d'olives vertes, 1 boîte moyenne de champignons de Paris en morceaux,

- Faire chauffer le four à température moyenne ; couper le jambon en petits dés ; dénoyauter les olives ; égoutter les champignons.
- Faire chauffer 30 g de beurre dans une poêle et faire sauter rapidement à feu vif les champignons ; les arroser

Suite page 375

Timbale de jambon aux petits pois

Suite de la page 374

**1 cuillerée à soupe
de jus de citron,
1 boîte de sauce tomate
toute prête,
50 g de beurre
ou de margarine,
sel,
poivre.**

avec le jus de citron ; saler, poivrer.

- Verser les petits pois dans une timbale ou un moule à soufflé, y ajouter le jambon, les olives, les champignons et la sauce tomate ; rectifier l'assaisonnement ; mélanger, parsemer le dessus de noisettes de beurre. Recouvrir avec une feuille d'aluminium et faire chauffer au four 15 min.

Les desserts

Des recettes actuelles

Ambonnagéen aux biscuits roses

10 min 30 min 6 pers.

4 jaunes d'œufs durs,
150 g de sucre,
250 g de beurre,
2 cl de marc de champagne,
2 feuilles de gélatine,
5 cl de lait,
1 bonne cuillerée de jus de betterave maison ou 1/2 c. à café de colorant carmin,
15 biscuits roses de Reims.
Sirop : 1 c. de sucre et 10 cl d'eau,
2 cl de marc de champagne.
Crème anglaise :
75 cl de lait,
4 jaunes d'œufs,
50 g de sucre,
1 gousse de vanille.

- Préparer le sirop de sucre aromatisé au marc de champagne. Tremper rapidement les biscuits roses dans le sirop et tapisser avec ces biscuits les bords et le fond d'un moule à charlotte.
- Récupérer le jaune des œufs durs et l'écraser à la fourchette. Ajouter le sucre et le marc de champagne en mélangeant bien. Blanchir le mélange au fouet électrique jusqu'à obtenir une pâte bien lisse. Ajouter le beurre en pommade et continuer à battre au fouet.
- Chauffer le lait et y faire fondre les feuilles de gélatine. Ajouter le colorant, mélanger bien et incorporer petit à petit le liquide à la crème au beurre sans cesser de remuer.
- Verser cette crème dans le moule garni de biscuits, faire prendre au frais pendant 3 à 4 h.
- Préparer une crème anglaise classique et la mettre au frais.
- Démouler le gâteau sur un plat et servir avec la crème anglaise.

Aumonières de pommes au calvados

5 min 20 min 4 pers.

12 petites crêpes flambées au calvados (x 15 cm), 2 c. à soupe de crème pâtissière au calvados, 3 pommes (Boskoop ou reinettes), coupées en petits dés et sautées au sucre et au beurre, 20 g de sucre cristal, 12 lanières de poireaux (15 cm) cuites 3 min à l'eau sucrée et rafraîchies, crème anglaise, sorbet aux pommes.

- Etaler les douze crêpes et disposer au milieu de chacune la crème pâtissière et les pommes confites.
- Refermer chaque crêpe avec la lanière pour former une petite bourse.
- Arroser de sucre cristal.
- Passer 3 à 5 min au four (th. 5).
- Dresser trois aumônières par assiette avec un peu de crème anglaise ou de sorbet aux pommes.

Biscuit massepain roulé à la mousse de cassis

8 min 45 min 6 pers.

Pour le biscuit :
75 g de sucre glace,
75 g d'amandes en poudre,
40 g de farine (ou fécule),
2 œufs, 2 blancs d'œufs,
10 g de beurre fondu,
6 cl de Suze (facultatif).
Pour la mousse de cassis :
300 g de baies de cassis,
100 g de sucre,
10 cl d'eau,
5 cl de crème de cassis,
3 feuilles de gélatine (soit 7,5 g),
20 cl de crème liquide,
30 g de sucre glace,
80 g de confiture (ou gelée) de cassis.

- Commencer par faire le biscuit. Pour cela, dans un grand bol, mélanger le sucre glace, la poudre d'amandes et la farine puis ajouter les deux œufs et le beurre fondu. Monter les deux blancs d'œufs en neige et les ajouter à la préparation.
- Recouvrir une plaque allant au four de papier sulfurisé beurré. Etaler la préparation sur une épaisseur de 5 mm environ et mettre au four à 200 °C pendant 8 min.
- Pour la mousse de cassis, mettre dans une casserole les baies de cassis, le sucre et l'eau. Faire cuire 15 min à feu doux en écrasant les fruits. Passer au tamis. Ajouter dans cette préparation encore chaude la crème de cassis et les feuilles de gélatine préalablement ramollies à l'eau froide.
- Réserver au frais jusqu'à épaississement de cette préparation (il ne faut pas qu'elle soit trop ferme). Fouetter la crème liquide et y ajouter le sucre glace pour faire une chantilly. Incorporer cette chantilly à la mousse de cassis. Réserver.
- Découper les bords du biscuit qui sont trop cuits puis imbiber le biscuit avec la Suze. Rouler le biscuit en mettant au centre une couche de confiture de cassis puis continuer avec la mousse.
- Ce dessert peut être servi frais mais aussi légèrement glacé (laisser 1 h au congélateur).
- Une autre suggestion de présentation est de servir ce gâteau meringué. Il faut alors le recouvrir de blancs d'œufs montés et sucrés et le passer 3 min au four très chaud.

Liqueur de Bourg
Noyers
Crème de Cassis
Ingrédients : cassis, sucre, alcool.
ROBERT GUENIFFEY - 89310 NOYERS
Tél. 86.82.03.37

Bourdelots hauts-normands

30 min 45 min 4 pers.

4 pommes,
150 g de beurre,
300 g de farine,
1 pincée de sel
et de cannelle,
1 œuf,
2 c. à soupe de gelée
de groseilles,
1 verre à liqueur
de calvados.

- Peler, puis évider les pommes.
- Garnir le cœur de chaque fruit d'un peu de beurre et d'une pincée de cannelle et les faire cuire à feu doux, au four, dans un plat beurré.
- Dans une terrine, pétrir le beurre coupé en dés, la farine et un peu de sel. Ajouter ensuite de l'eau pour obtenir une pâte plus homogène. Rouler en boule puis abaisser la pâte au rouleau.
- La plier en quatre et renouveler l'opération quatre fois.
- Laisser reposer dans un endroit frais, un bon quart d'heure.
- Pour finir, étaler la pâte (1/2 cm d'épaisseur) et découper quatre beaux cercles assez larges pour recevoir et envelopper les pommes.
- Déposer sur chaque cercle une pomme cuite.
- Délayer la gelée avec un trait de calvados et en emplir le cœur de chaque fruit.
- Enfermer chaque pomme dans son enveloppe de pâte.
- Dans un bol, séparer le blanc du jaune de l'œuf et battre celui-ci. Dorer au jaune d'œuf avec un pinceau

Suite page 383

Bourdelots hauts-normands

Suite de la page 382

chaque bourdelot et quadriller tout le tour de la pâte avec une fourchette.

- Poser les fruits sur une plaque allant au four et faire cuire à four chaud pendant 30 min.
- Flamber au calvados au moment de servir.

Brioche chaude, raisiné et sorbet au marc de Bourgogne

30 min 2 h 8 pers.

Pour la brioche :
280 g de farine,
5 g de sel,
25 g de sucre,
10 g de levure de boulanger,
3 œufs,
150 g de beurre,
20 g de beurre fondu.
Pour le raisiné :
1,5 kg de raisins,
1 kg de pommes,
50 g de beurre.
Pour le sorbet :
30 cl d'eau,
100 g de sucre,
10 cl de marc de Bourgogne.

- Pour faire la brioche, tamiser la farine et faire une fontaine. Y mettre le sel, 25 g de sucre, un œuf et la levure. Mélanger et délayer avec un peu d'eau tiède. Puis incorporer deux œufs. Travailler la pâte jusqu'à ce qu'elle se décolle du plan de travail puis ajouter 150 g de beurre. Faire pousser la pâte à température ambiante pendant 2 h puis la rompre et la mettre au réfrigérateur pendant 8 h.
- Recouvrir les parois d'un moule à brioche avec le beurre fondu (se servir

Suite page 384

Brioche chaude, raisiné et sorbet au marc de Bourgogne

Suite de la page 383

d'un pinceau) et un peu de farine, y mettre la pâte. Refaire pousser cette brioche puis la mettre au four à 180 °C pendant 30 min.

- Pendant ce temps, faire le raisiné. Mettre 1 kg de raisins dans une bassine à confiture (ou une très grosse casserole) et les écraser grossièrement avec une spatule en bois. Les faire cuire jusqu'à ce qu'ils aient rendu leur jus puis passer au tamis en pressant bien. Mettre le jus ainsi obtenu dans une casserole et le faire réduire de moitié. Y ajouter les pommes épluchées et coupées en morceaux. Faire cuire à feu doux jusqu'à obtenir un coulis. Réserver au tiède.
- Pour le sorbet, faire bouillir l'eau et le sucre puis retirer du feu et ajouter 10 cl de marc de Bourgogne. Turbiner à la sorbetière.
- Éplucher et épépiner (facultatif) les 500 g de raisins restants puis les poêler au beurre.

Si vous ne pouvez pas faire le sorbet, vous pouvez flamber au marc les raisins poêlés.

Servir les tranches de brioche chaude, nappées de raisiné tiède et accompagnées des raisins poêlés et du sorbet.

Brioche vendéenne

45 min 40 min 8 pers.

Repos : 6 h

1 kg de farine,
1 c. de sel fin,
3 œufs plus 1 jaune d'œuf pour dorer,
225 g de sucre en poudre,
150 g de beurre,
3 c. de crème fraîche,
25 cl de lait tiède,
50 g de levure de boulanger,
1 gousse de vanille,
2 c. d'eau-de-vie,
2 c. à café d'eau de fleur d'oranger.

- Faire bouillir le lait avec la gousse de vanille fendue en deux. Laisser tiédir le lait.
- Dans une grande terrine, verser la farine tamisée, faire un puits, ajouter le sel, casser les œufs, ajouter le sucre en poudre et le beurre détaillé en petits morceaux.
- Délayer la levure dans un verre de lait tiède. Travailler la pâte en ajoutant peu à peu le reste du lait.
- Pétrir soigneusement et longuement la pâte. Dans une jatte, verser la levure délayée dans le lait, l'eau-de-vie, la crème fraîche et l'eau de fleur d'oranger.
- Ajouter cette préparation à la pâte et la travailler jusqu'à ce qu'elle soit souple et élastique. Couvrir la terrine avec un linge et faire lever pendant 6 h dans un endroit tiède.
- Ce temps écoulé, fariner la plaque du four. Rompre la pâte et la séparer en trois

Suite page 3

Brioche vendéenne

Suite de la page 386

longs boudins. Les tresser et déposer cette brioche tressée sur la plaque. On peut aussi façonner la brioche en boules accolées.

- Laisser lever à nouveau pendant 1 h.
- Dorer la surface de la brioche avec le jaune d'œuf battu.
- Préchauffer le four à chaleur moyenne (th. 5).
- Mettre au four à mi-hauteur et laisser cuire 45 min.

Cake aux Griottines de Fougerolles

30 min 30 min 6 pers.

225 g de beurre pommade,
6 œufs,
175 g de farine,
10 g de levure chimique,
2 g de sel,
75 g de poudre d'amande,
375 g de sucre semoule,
1/2 zeste de citron,
1 bocal de 35 cl de Griottines de Fougerolles.

- Mélanger le beurre, la poudre d'amande, le sucre semoule et la moitié des œufs pour obtenir une pâte onctueuse.
- Ajouter le reste des oeufs et la farine avec la levure, le zeste de citron et le sel.
- Beurrer et fariner un moule à cake.
- Disposer une couche de pâte dans le fond du moule, recouvrir de Griottines préalablement égouttées, et finir la couverture des Griottines avec la pâte à cake.
- Laisser reposer la pâte dans le moule 1 h avant de cuire à four moyen (160 °C) pendant 30 min.
- Démouler, décorer de Griottines.
- Conservation : cinq jours au réfrigérateur.

Cassolette de fruits secs au Marsannay rosé

20 min 8 pers.

200 g de figues sèches,
200 g d'abricots secs,
200 g de dattes,
200 g de raisins secs,
1 bouteille de Marsannay rosé (ou autre vin rosé),
200 g de sucre,
1 orange,
1 citron,
1 bâton de cannelle,
1 petite gousse de vanille,
2 sachets de thé à la bergamote,
quelques grains de coriandre et de poivre,
50 cl d'eau.

- Laver l'orange et le citron (en gardant leur peau) puis les couper en tranches. Dans une casserole, mettre le vin à cuire pendant 15 min avec le sucre, l'eau, les tranches d'agrumes, le bâton de cannelle, la gousse de vanille coupée en deux, les grains de coriandre et de poivre.
- Y ajouter les fruits secs et recuire 10 min. Après cuisson, faire infuser 3 min les deux sachets de thé dans la préparation chaude.
- Mettre au réfrigérateur. Servir frais. Ce dessert peut être accompagné de sorbet aux fruits rouges.

Ce dessert servi froid est très rafraîchissant pendant l'été mais il peut être aussi très agréable servi tiède à la façon d'un vin chaud.

Charlotte aux fruits rouges

15 min 30 min 8 pers.

25 biscuits à la cuillère,
20 cl d'eau,
100 g de sucre,
5 cl de crème de fruits rouges.

Pour la garniture :

200 g de fraises,
200 g de framboises,
100 g de baies de cassis,
100 g de groseilles,
150 g de sucre,
10 cl d'eau (ou de crème de fruits rouges),
le jus d'un citron,
6 feuilles de gélatine (soit 15 g),
40 cl de crème liquide,
2 c. à soupe de sucre glace.

- Dans une casserole, mettre 150 g de sucre et 10 cl d'eau. Porter à ébullition jusqu'à obtenir un sirop.
- Faire cuire les cassis et les groseilles pendant 15 min. Laver et égoutter les fraises et les framboises. Les réduire en purée et y ajouter le jus de citron.
- Ramollir les feuilles de gélatine à l'eau froide, les égoutter puis les incorporer au mélange de cassis et groseilles. Mélanger le tout à la purée de framboises et de fraises. Réserver.
- Faire à nouveau un sirop avec 20 cl d'eau et 100 g de sucre.
- Y ajouter la crème de fruits rouges. Imbiber les biscuits

Suite page 3

Charlotte aux fruits rouges

Suite de la page 390

à la cuillère avec ce sirop. Garnir le fond et les parois d'un moule à charlotte avec les biscuits.

- Monter la crème liquide avec le sucre glace en chantilly. Incorporer la chantilly à la purée de fruits.
- Remplir le moule de la mousse de fruits et recouvrir de biscuits. Mettre la charlotte au frais.

Ce dessert peut être accompagné d'un coulis de fruits rouges ou de glace à la vanille.

Clafoutis aux cerises

30 min 15 min 5 ou 6 pers.

Th. 7 ou 240°

20 cl de lait, 3 œufs,
100 g de sucre,
120 g de farine,
30 g de beurre fondu (facultatif).

Garniture :

500 g de cerises (noires de préférence),
1 sachet de sucre vanillé (facultatif).

Matériel :

1 verre mesureur,
1 terrine, 1 fourchette,
1 cuillère de bois,
1 plat creux allant au four.

- Battre les œufs entiers avec le sucre et le sucre vanillé (facultatif). Ajouter la farine. Bien mélanger. Ajouter le beurre fondu (facultatif).
- Verser peu à peu le lait froid.
- Beurrer largement un plat à four. Disposer dans le plat les cerises. Recouvrir de la préparation du clafoutis.
- Faire cuire à four chaud penant environ 30 min. Le clafoutis est cuit lorsque la surface est bien prise et ferme.
- Servir le clafoutis tiède ou froid et saupoudré de sucre.

Clafoutis aux fruits frais

30 min 10 min 8 pers.

4 œufs,
150 g de farine,
150 g de sucre,
fruits frais,
75 cl de lait,
alcool (eau-de-vie).

- Mélanger la farine, les œufs, le sucre puis rajouter le lait froid et l'alcool.
- Verser la pâte sur les fruits dans un moule beurré et fariné.
- Cuisson à four chaud 200° pendant 30 min.

Corniotte aux framboises flambées au marc de Bourgogne

25 min 40 min 4 pers.

Pour la pâte feuilletée :
200 g de farine,
150 g de beurre
(ou margarine à feuilletage),
10 cl d'eau,
4 g de sel.
Pour la garniture :
750 g de fromage blanc,
500 g de framboises,
150 g de sucre,
20 g de beurre,
3 œufs,
5 cl de marc de Bourgogne.

- Pour commencer, il est préférable de mettre le fromage blanc à sécher dans une faisselle un à deux jours.
- Laisser le beurre à température ambiante.
- Confectionner tout d'abord la pâte feuilletée. Pour cela, mettre le sel dans l'eau puis incorporer la farine, travailler jusqu'à obtention d'une pâte homogène. Abaisser la pâte en croix et y incorporer le beurre. Étaler la pâte sur 5 mm d'épaisseur en une bande de 15 à 20 cm de large. La plier en trois (portefeuille) et lui faire faire

Suite page 39

Corniotte aux framboises flambées au marc de Bourgogne

Suite de la page 392

un quart de tour à droite. Renouveler l'opération cinq fois et la sixième fois, abaisser la pâte et couper des cercles de pâte de 15 cm environ. Réserver.

- Pour la garniture, mettre la moitié des framboises dans le fromage blanc. Ajouter le sucre, deux œufs. Mélanger. Mettre cette préparation au centre des cercles de pâte et refermer en faisant de petits paquets. Dorer les corniottes avec le jaune de l'œuf restant.
- Cuire au four à 180° pendant 25 min.
- Pendant ce temps, poêler l'autre moitié des framboises avec du beurre. Les flamber au marc.
- Servir les corniottes chaudes accompagnées des framboises flambées.

Couronne de pommes du château de Vendeuvre

50 min 30 min 4 pers.

3 œufs,
125 g de farine,
120 g de sucre,
100 g de beurre,
1 yaourt nature non sucré,
1/2 paquet de levure « L'Alsacienne »,
1 paquet de sucre vanillé,
1 poire ou pomme (plus selon la grosseur),
10 cl de calvados.

- Battre fortement le sucre et les œufs, ajouter le beurre, le yaourt et le sucre vanillé, terminer en ajoutant la farine et le beurre.
- Couper le fruit avec la peau (sans les pépins) en petits dés et les mélanger à la pâte.
- Verser dans un grand moule à savarin beurré et sucré.
- Laisser au-dessus du four chaud 15 min, puis enfourner à four chaud (180 °C à 200 °C-th. 7-8) 40 à 50 min.
- Déguster à la cuillère encore chaud ou laisser refroidir et démouler. Un grand château pour une grande recette.

Cramique

1 h 45 min 8/10 pers.

750 g de farine,
20 g de levure de boulanger,
20 cl de lait,
3 œufs entiers,
40 g de sucre en poudre,
1/2 c. à café de sel,
250 g de raisins de Corinthe,
180 g de beurre,
1 jaune d'œuf.

Préparer une pâte à brioche :

- Mettre la farine en fontaine dans un grand saladier. Émietter la levure dans le creux en mélangeant avec le lait tiédi.
- Laisser reposer 30 min pour obtenir une amorce de levain. Ajouter alors les œufs, le sucre, le sel, le beurre en pommade. Pétrir l'ensemble à la main jusqu'à ce que la pâte se détache des doigts et forme une boule. Couvrir d'un torchon et laisser lever

Suite page 3

Cramique

Suite de la page 394

dans un endroit tiède pendant 2 h. Rouler les raisins secs dans un peu de farine, cela leur permettra d'être bien répartis dans toute la pâte et de ne pas tomber au fond du moule.

- Beurrer et fariner un moule à cake ou à tourtière, selon la forme que vous voulez donner à la cramique.
- Préchauffer votre four à 180-200°. Retravailler la pâte en incorporant les raisins et la mettre dans le moule. La laisser lever pendant 1 h encore. Elle doit arriver en haut du moule.
- Badigeonner la surface au jaune d'œuf battu avec un pinceau. Faire cuire au four pendant 50 à 60 min.

Craquelins comtois

30 min 20 min 6 pers.

500 g de farine,
300 g de beurre,
20 g de levure de boulanger,
3 œufs,
10 cl de lait.

- Délayer la levure avec 20 g de farine et un peu d'eau tiède. Couvrir et laisser lever à la chaleur.
- Dans un saladier, verser la farine, ce levain, 250 g de beurre ramolli, deux œufs entiers et le lait.
- Travailler, couvrir et laisser lever 1 h 30 min. Torsader cette pâte en plusieurs « 8 ». Les dorer au jaune d'œuf et les poser sur une plaque beurrée. Cuire au four chaud 30 min.

Crème brûlée à la chicorée

25 min 30 min 4 pers.

3 jaunes d'œufs,
30 cl de crème liquide,
50 g de sucre en poudre,
1 gousse de vanille
(ou 1 c. à café
de vanille en poudre),
1 c. à soupe de lait,
2 c. à soupe
de chicorée liquide,
80 g de cassonade.

- Fendre la gousse de vanille en deux et récupérer toutes les petites graines en grattant l'intérieur avec un couteau ou utiliser de la vanille en poudre.
- Mettre dans un saladier les jaunes d'œufs, le sucre en poudre et la vanille. Mélanger l'ensemble au fouet puis verser la crème, le lait et la chicorée tout en battant le mélange qui devient mousseux. Verser la préparation dans quatre petits plats à gratin en porcelaine ou en terre cuite. Faire cuire 25 min à four doux (100°).
- La crème doit être encore souple au centre et bien prise sur les bords.
- Laisser refroidir au réfrigérateur au moins 1 h. Sortir les quatre plats, saupoudrer la surface de cassonade et faire caraméliser sous le gril.
- Bien surveiller la crème pendant cette opération, elle ne doit pas… brûler ! La crème brûlée se sert bien froide, le caramel forme une croûte.

Crème brûlée aux figues et au pain d'épice

1 h 20 min 4 pers.

40 cl de crème liquide,
5 cl de lait entier,
5 jaunes d'œufs,
1 œuf,
100 g de sucre,
100 g de figues sèches,
50 g de pain d'épice,
50 g de sucre cassonade.

- Dans une casserole, porter le lait et la crème à ébullition.
- Battre les jaunes d'œufs, l'œuf entier et le sucre jusqu'à blanchiment de la préparation. Y ajouter le mélange de lait et de crème et le pain d'épice émietté. Couper les figues en petits morceaux. Disposer les morceaux de figues au fond de petits ramequins (3 cm de haut).
- Verser dessus la préparation puis mettre à cuire au four à 100°C (th. 3/4) au bain-marie pendant 1 h.
- Quand elles sont cuites, mettre les crèmes au réfrigérateur.
- Quand elles sont bien froides, les saupoudrer de sucre cassonade et les mettre quelques minutes dans un four à 250°C sur position « gril » (ou « voûte »).

Crème renversée

8 min 15 min 5/6 pers.

à l'autocuiseur, 8 à 10 min ; au four, 30 à 40 min. Th. 5-6 ou 200-220°

50 cl de lait,
100 g de sucre,
3 ou 4 œufs.
Parfums :
1 gousse de vanille ou un sachet de sucre vanillé.
Caramel :
50 g de sucre,
3 c. à soupe d'eau,
2 gouttes de vinaigre ou jus de citron.
Matériel :
1 verre mesureur,
1 terrine,
1 cuillère de bois,
2 casseroles,
1 moule à soufflé ou à charlotte.

- Faire le caramel. Faire fondre dans une casserole le sucre avec l'eau et le vinaigre qui évite la cristallisation. Porter ensuite à feu vif sans tourner. Quand le caramel est blond, le verser dans un moule à soufflé ou à charlotte pour le caraméliser. Napper le fond et les côtés en faisant tourner le moule sur lui-même.
- Faire bouillir le lait avec le sucre et la gousse de vanille.
- Battre les œufs en omelette. Ajouter le lait bouillant petit à petit en fouettant sans arrêt.
- Verser la crème dans le moule caramélisé.
- Vous pouvez la faire cuire soit à four moyen au bain-marie (c'est-à-dire en mettant de l'eau chaude dans la lèchefrite du four), soit à l'autocuiseur en y mettant 2 cm d'eau. Il faut alors couvrir le moule d'une assiette et le déposer le moule dans le panier souple. Fermer ensuite l'autocuiseur et laisser cuire 8 min à partir du chuchotement de la soupape et à feu très doux. La crème ne doit pas bouillir sinon elle se décompose.
- Laisser refroidir la crème avant de la démouler sur un plat creux.
- La crème est cuite quand la pointe d'un couteau en ressort lisse.

Croustillons de Flers-de-l'Orne

25 min 15 min 4 pers.

4 blancs d'œufs,
200 g de farine,
200 g de sucre,
100 g de beurre,
1/2 paquet de levure,
1 gousse vanille grattée,
10 cl de lait.

- Dans une terrine, battre au fouet le beurre fondu tiédi et le sucre. Ajouter la farine, la levure et le lait. Bien mélanger.
- Incorporer en dernier les blancs d'œufs battus en neige (très délicatement).
- Déposer sur une plaque beurrée des petits tas de ces croustillons. Faire cuire 25 min (th. 6).
- Conserver quelques jours dans une boîte fermée.

Darioles fontenaisiennes

30 min 20 min 12 darioles
Repos : 1 h

Pour la pâte :
125 g de farine,
75 g de beurre,
sel.
Pour la garniture, prendre comme mesure le contenu d'un « moule à dariole »,
2 mesures de miel liquide,
1/2 mesure de farine,
6 mesures de lait,
1 mesure de poudre d'amande,
2 œufs,
1 c. de kirsch.

- Préparer une pâte brisée en mélangeant du bout des doigts la farine, le beurre ramolli, un peu de sel et d'eau. Pétrir et ramasser la pâte en boule. La laisser reposer 1 h au frais.
- Sur la planche à pâtisserie farinée, rouler la pâte en une abaisse de 3 mm d'épaisseur. Dans cette pâte, découper des ronds suffisants pour foncer des « moules à darioles » qui sont de petits moules ronds ou ovales, à bords élevés, lisses ou cannelés.

Suite page 40

Darioles fontenaisiennes

Suite de la page 400

- Mettre les moules à four modéré pour faire cuire la pâte « à blanc » pendant 10 min.
- Dans une jatte, casser les œufs, ajouter la poudre d'amande, la farine, le lait, le kirsch et le miel. Battre l'ensemble au fouet pour obtenir un mélange homogène. Avec cette préparation, remplir aux trois quarts les moules garnis de pâte cuite. Mettre à cuire pendant 15 min à four moyen (th. 4-5).
- Démouler les darioles à la sortie du four et les saupoudrer de sucre glace.

Douillons aux pommes ou poires

45 min 30 min 4 pers.

4 pommes,
200 g de pâte feuilletée,
50 g de sucre en poudre,
50 g de beurre,
1 jaune d'œuf,
1 pincée de cannelle,
25 g de cassonade,
1 morceau de peau de pomme séchée.

- Peler les pommes en les laissant entières et les évider pour enlever les pépins.
- Abaisser la pâte feuilletée et la découper en quatre grands carrés. Poser sur chaque carré une pomme.
- Verser dans le creux un peu de sucre, une parcelle de beurre et saupoudrer d'une pincée de cannelle. Refermer la pâte et souder à l'eau.

Suite page 403

Douillons aux pommes ou poires

Suite de la page 402

- Dorer chaque douillon avec le jaune d'œuf et faire cuire au four pendant 45 min environ.
- Au moment de servir, mélanger la cassonade avec la peau de pomme émiettée, en saupoudrer le dessus des douillons et les passer 30 s à la salamandre juste pour colorer.

Écuellée de morteau

5 min 20 min 6 pers.

16 à 20 morceaux de baguette de gruau,
50 cl de lait,
4 jaunes d'œufs,
200 g de sucre cristallisé,
100 g de beurre demi-sel.

- Tremper les morceaux de baguette dans le lait battu avec les jaunes d'œufs (laisser le pain s'imprégner du lait).
- Passer ensuite dans le sucre et faire cuire ces tranches au beurre dans une poêle bien colorée !
- Manger bien chaud avec éventuellement une petite cuillerée de confiture dessus.
- Il n'y a pas que le cochon à Morteau, il y a aussi cette merveilleuse recette, pas chère et délicieuse.

Far aux pruneaux

1 h	15 min	5/6 pers.

Th. 7 ou 240° le premier quart d'heure ; ensuite, 5-6 ou 200-220°

50 cl de lait,
3 œufs,
100 g de sucre,
100 g de farine,
30 g de beurre fondu (facultatif).

Parfum :
1 sachet de sucre vanillé.

Garniture :
250 g de pruneaux ou 100 g de raisins secs.

Matériel :
1 verre mesureur,
1 terrine,
1 fourchette,
1 cuillère de bois,
1 plat creux allant au four.

- Battre les œufs entiers avec le sucre et le sucre vanillé. Ajouter la farine. Bien mélanger. Ajouter le beurre fondu (facultatif).
- Verser peu à peu le lait froid. Bien diluer.
- Beurrer largement un plat allant au four. Disposer dans le plat les pruneaux dénoyautés. Recouvrir de la préparation du far.
- Faire cuire à four chaud (th. 7) le premier quart d'heure puis à four modéré (th. 5-6) pendant environ 45 min.
- Servir le far aux pruneaux, froid ou chaud, saupoudré de sucre.

Feuilleté de pommes en chaud-froid

20 min	20 min	4 pers.

16 quartiers de pommes en olive (façon de tailler), cuites au beurre sucré,
4 carrés de pâte feuilleté de 6 x 6 cm,
10 cl de coulis de pommes (passées au mixer),

- Faire cuire les feuilletés au four chaud. Pendant ce temps, peler les pommes et les tailler en olives.
- Mélanger la crème pâtissière au calvados avec la crème Chantilly.
- Au sortir du four, remplir les feuilletés chauds de cette même crème et disposer

Suite page 40

Feuilleté de pommes en chaud-froid

Suite de la page 404

4 c. de crème fouettée sucrée (Chantilly),
200 g de sorbet aux pommes,
8 belles fraises (facultatif) pour décor en saison,
20 g d'amandes grillées au calvados,
8 c. de crème pâtissière au calvados,
20 g de caramel au calvados (facultatif).

dessus les pommes en olives encore tièdes.

- Dresser sur assiette les feuilletés, le sorbet aux pommes, parsemer des amandes grillées dessus et décorer harmonieusement du coulis et éventuellement de quelques zestes d'oranges confits.
- Arroser du caramel au calvados.

Figues fraîches en gratin

45 min 15 min 4 pers.

18 figues violettes,
24 amandes,
9 abricots,
1 verre de carthagène,
cassonade,
beurre,
miel clair de la garrigue,
muscade.

- Beurrer soigneusement un plat rectangulaire allant au four.
- Essuyer et couper en deux les abricots. Retirer les noyaux.
- Garnir le plat avec les moitiés d'abricots (côté peau en dessous), saupoudrer légèrement de cassonade et d'un peu de muscade râpée.
- Placer sur chaque oreillon d'abricot une figue fendue en quatre.
- Faire griller les amandes émondées rapidement, dans une poêle très chaude. Piler les amandes au mortier en les mélangeant à cinq cuillerées de miel blond.
- Enduire chaque figue du mélange de miel et

Suite page 40

Figues fraîches en gratin

Suite de la page 406

d'amandes pilées et ajouter une noisette de beurre. Mouiller l'ensemble avec un verre de carthagène.

- Mettre au four préchauffé à chaleur douce (th. 4), et faire cuire jusqu'à ce que les figues soient très légèrement ambrées.
- Faire tiédir et servir ce dessert avec une carthagène bien fraîche.

Flan au cidre

40 min 20 min 6 pers.

100 g de farine tamisée,
100 g de sucre semoule,
3 pommes acides,
3 œufs,
1 verre de lait,
1 verre de cidre doux,
beurre,
sucre glace,
sel.

- Beurrer généreusement un moule à manqué.
- Éplucher les pommes. Ôter le cœur et râper la chair avec une râpe à fromage.
- Casser et battre les œufs. Ajouter le sucre et la pincée de sel et fouetter l'ensemble jusqu'à obtenir un mélange bien mousseux. Incorporer délicatement la farine et travailler à la cuiller en bois pour que la pâte soit bien lisse.
- Ajouter progressivement le lait puis le cidre. La quantité de liquide à verser dépendra de la qualité de la farine. La pâte doit être fluide mais surtout pas trop liquide.

Suite page 408

Flan au cidre

Suite de la page 407

- Incorporer la purée de pomme et verser la préparation dans le moule. Enfourner la préparation pour une cuisson de 40 min à four moyen.
- Servir ce dessert tiède, saupoudré de sucre glace.

Fraises en gelée de vin rouge

20 min 4 pers.

800 g de fraises,
1 bouteille de vin rouge (Bourgogne),
200 g de sucre cassonade,
1 citron,
1 orange,
2 feuilles de gélatine (soit 5 g),
quelques feuilles de menthe,
4 ou 5 grains de poivre noir,
1 ou 2 feuilles de sauge (ou laurier).

- Laver puis équeuter les fraises, les sucrer si nécessaire.
- Dans une casserole, mettre le vin, le sucre, le citron et l'orange préalablement lavés et coupés en rondelles (avec leur peau), les grains de poivre et la sauge. Faire cuire jusqu'à réduction de moitié. Retirer du feu puis passer au tamis.
- Incorporer à cette préparation les feuilles de gélatine préalablement ramollies à l'eau froide. Ajouter les feuilles de menthe ciselées dans la préparation encore chaude.
- Faire prendre au réfrigérateur jusqu'à obtenir la consistance d'une gelée molle. Servir très frais.

Galette du Vexin

30 min 25 min 4 pers.

5 c. de crème fraîche,
1 paquet de sucre vanillé,
5 c. de lait de beurre (recueilli après le barattage du beurre),
2 c. à soupe de sucre,
1 c. à café de sel fin,
1 c. à café de bicarbonate de soude (chez votre pharmacien),
2 jaunes d'œufs,
60 g de farine.

- Mélanger dans un grand bol : crème, lait de beurre, sucre, sel et bicarbonate.
- Ajouter la farine pour obtenir une pâte un peu molle (plus ou moins selon le temps). Ne pas trop mélanger, la pâte ne doit pas coller au couteau.
- Étaler la pâte sur une épaisseur de 1,5 cm et découper dedans des ronds. Disposer ces ronds sur une plaque beurrée.
- Bien dorer au jaune d'œuf et arroser d'un peu de sucre vanillé.
- Faire cuire 25 à 30 min au four à 160 à 180 °C.

Gâteau de pommes et gaudes sablées

30 min 30 min 8 pers.

Pour les gaudes :
3 c. à soupe de lait,
130 g de beurre,
170 g de farine de maïs (si possible grillé),
70 g de sucre cassonade,
1 œuf,
1 jaune d'œuf.
Pour le gâteau de pommes :
1,5 kg de pommes (reinettes si possible),
120 g de miel,
80 g de beurre.

- Commencer par éplucher et vider les pommes en essayant de les garder entières. Puis les couper en rondelles de 5 mm d'épaisseur. Dans le fond d'un moule à charlotte, disposer les pommes en cercle, les beurrer et remettre un peu de miel. Puis recouvrir de rondelles de pommes, beurrer et mettre du miel. Renouveler l'opération jusqu'à ce que les pommes dépassent le bord du moule d'une dizaine de centimètres. Pour que les pommes tiennent, recouvrir le tout d'aluminium. Mettre au four au bain-marie à 150 °C pendant 4 h.
- Pour les gaudes, mettre dans une casserole, 110 g de beurre, le lait et le sucre. Porter à ébullition et ajouter la farine de maïs. Lorsque la préparation est tiède, ajouter l'œuf entier et le jaune d'œuf.
- Beurrer un moule à tarte avec le beurre restant. Y verser la préparation. Mettre au four à 180 °C pendant 30 min. Lorsque la cuisson est terminée, couper en part.

Suite page 411

Gâteau de pommes et gaudes sablées

Suite de la page 410

- Servir le gâteau de pommes (chaud ou froid) avec les morceaux de gaudes.
- Cette recette est dérivée de la recette originale des gougères. En effet, les gougères sont au départ des choux salés garnis de fromage râpé.

Les vraies gaudes sont une bouillie de farine de maïs à l'eau ou au lait, salée ou sucrée. Cette bouillie était consommée le soir et était souvent le seul plat du souper. Quand elle est refroidie, cette bouillie se prend en gâteau. Elle peut alors être revenue dans du saindoux ou du beurre.

Gâteau de Savoie

1 h | 15 min | 6 pers.

150 g de farine,
200 g de sucre en poudre,
4 œufs,
1 sachet de levure chimique,
le zeste d'un citron non traité,
15 g de beurre,
sel.
Ustensiles :
2 jattes,
1 moule à manqué.

- Casser les œufs, en séparant soigneusement les blancs des jaunes. Réserver les blancs dans une première jatte et disposer les jaunes dans une seconde.
- Battre ces derniers vigoureusement, puis y incorporer doucement et dans l'ordre : le sucre, la farine, la levure et le zeste de citron râpé.
- Revenir aux blancs. Y ajouter une petite pincée de sel

Suite page 412

Gâteau de Savoie

Suite de la page 411

et les battre en neige. Lorsqu'ils sont bien fermes, mélanger délicatement à l'autre préparation.

- Beurrer abondamment le moule et y verser la pâte.
- Mettre à feu doux (th. 4) et laisser cuire 1 h.

Boisson : bergeron, roussette de Seyssel, de Frangy, de Marestel, de Monterminod, d'Aysse.

Gâteau fouetté de Saint-Lô

30 min 20 min 6 pers.

100 g de beurre demi-sel,
125 g de farine,
125 g de sucre roux,
15 g de levure du boulanger,
4 jaunes d'œufs,
1 c. à soupe de crème fraîche,
1 c. de calvados.

- Mélanger dans une terrine farine et sucre. Ajouter les jaunes d'œufs battus, puis la levure mélangée dans un peu de lait.
- Ajouter le beurre fondu, crème et calvados. Mélanger bien pour obtenir une pâte onctueuse.
- Verser dans un moule assez haut, la pâte ne doit pas remplir plus de la moitié du moule (en hauteur).
- Disposer dans un endroit tiède pour laisser pousser du double. Une fois bien levé, mettre au four (chaud) 25 à 30 min.

Gaufres

4 min 20 min 6 pers.

4 œufs,
50 cl de crème fraîche,
125 g de sucre en poudre,
125 g de farine,
1 c. à soupe de rhum,
sucre glace.

- Battre les œufs dans une terrine, ajouter la crème, le rhum, le sucre. Continuer à battre énergiquement en ajoutant la farine tamisée. Vous devez obtenir une pâte ressemblant à la pâte à crêpes mais plus épaisse.
- Faire chauffer le gaufrier sur les deux faces préalablement huilées. Faire couler une petite louche de pâte sur une face, à l'intérieur du gaufrier, en prenant soin de bien l'emplir. Fermer, faire cuire pendant 2 min sur chaque face en retournant la gaufre. Saupoudrer de sucre glace et servir avec un pot de gelée de groseilles ou un bol de crème chantilly.

Gougères aux pommes

1 h30 30 min 8 pers.

25 cl de lait,
120 g de beurre,
150 g de farine,
4 œufs,
1 pincée de sel,
10 g de sucre,
50 g de pommes coupées en cube,
1 jaune d'œuf,
30 g de sucre cassonade.

- Dans une casserole, mettre le lait, le sel et 100 g de beurre. Porter à ébullition. Incorporer la farine et dessécher la pâte à feu doux pendant 4 à 5 min jusqu'à ce qu'elle ne colle plus aux parois. Laisser refroidir puis incorporer les œufs un par un avec une spatule en bois. Ajouter les pommes en cube.

Suite page 414

Gougères aux pommes

Suite de la page 413

Pour la compote de pommes :
1,2 kg de pommes (reinettes si possible),
50 g de beurre,
80 g de sucre (un peu plus si les pommes sont trop acides),
1 bâton de cannelle.

- Beurrer avec le beurre restant une plaque allant au four.
- Faire des boules de pâte à l'aide d'une grosse cuillère et les placer sur la plaque. Dorer les boules avec le jaune d'œuf et les saupoudrer de sucre cassonade.
- Mettre au four à 180° pendant 25 min.
- Faire la compote. Éplucher les pommes et les couper en petits morceaux. Les mettre à cuire à feu doux avec le beurre, le sucre, le bâton de cannelle et un peu d'eau pendant 1 h au moins.
- Quand les gougères sont cuites, les ouvrir en deux et les farcir de compote de pommes. Servir chaud. On peut accompagner ces gougères de crème fraîche ou de glace à la vanille.

Kugelhopf

1 h 20 min 8 pers.

1 kg de farine,
2 œufs,
40 cl de lait,
350 g de beurre,
150 g de sucre,
40 g de levure de boulanger,
10 g à 20 g de sel,
125 g de raisins secs,
75 g d'amandes (lavées et sucrées).

- Faire un petit levain avec 125 g de farine, la levure, 70 g de lait tiède. Laisser lever.
- Ajouter le reste de farine, les œufs, le sel et le beurre ramolli. Battre jusqu'à ce que la pâte se détache de la terrine et des mains. Ajouter le sucre, battre à nouveau.
- Ajouter les raisins.
- Beurrer le moule, poser dans chaque godron une amande puis la pâte jusqu'à mi-hauteur. Laisser lever pendant 1 h jusqu'au bord.
- Cuire à feu moyen pendant 45 min à 1 h. Démouler et lorsque le Kugelhopf est refroidi, saupoudrer de sucre glace.

L'assiette de fraises en gelée de vin rouge

20 min 4 pers.

800 g de fraises,
1 bouteille de vin rouge (Bourgogne),
200 g de sucre cassonade,
1 citron,
1 orange,
2 feuilles de gélatine (soit 5 g),

- Laver puis équeuter les fraises, les sucrer si nécessaire.
- Dans une casserole, mettre le vin, le sucre, le citron et l'orange préalablement lavés et coupés en rondelles (avec leur peau), les grains de poivre et la sauge.

Suite page 416

L'assiette de fraises en gelée de vin rouge

Suite de la page 415

quelques feuilles de menthe,
4 ou 5 grains de poivre noir,
1 ou 2 feuilles de sauge
(ou laurier).

- Faire cuire jusqu'à réduction de moitié. Retirer du feu puis passer au tamis.
- Incorporer à cette préparation les feuilles de gélatine préalablement ramollies à l'eau froide. Ajouter les feuilles de menthe ciselées dans la préparation encore chaude.
- Faire prendre au réfrigérateur jusqu'à obtenir la consistance d'une gelée molle. Servir très frais.

Les caillebottes

5 min 25 min 6 pers.

1 l de lait cru entier
(ni traité ni écrémé),
10 morceaux de sucre,
2 c. à café de fleur d'oranger liquide
ou 2 c. à café
d'essence de noyau
(amande amère),
1 c. à soupe de présure
(vendue en pharmacie)

- Verser dans un plat allant au feu le lait dans lequel vous aurez préalablement mélangé le concentré de fleur d'oranger ou d'essence de noyau.
- Faire tiédir le lait, très légèrement, sans le faire bouillir, en faisant fondre dix morceaux de sucre, mélangés avec une fourchette.
- Pour s'assurer de ne pas faire trop chauffer le lait, y plonger un doigt et retirer du feu lorsque le lait devient trop chaud.
- Hors du feu, couper en damier formant des parts individuelles sans enlever du plat.

Suite page 418

Les caillebottes

Suite de la page 416

- Remettre sur feu doux jusqu'à ce que se produise une petite ébullition afin que le petit lait sorte à l'intérieur des fissures.
- Enlever aussitôt du feu et faire refroidir au réfrigérateur.
- Servir par parts individuelles, égoutté du petit lait.

Méli-mélo de fruits rouges au muscadet

5 min 15 min 4 pers.

100 g de fraises,
100 g de framboises,
100 g de fraises des bois,
50 g de cassis,
50 g de groseilles,
100 g de sucre,
20 cl de muscadet.

- Mettre les fraises pendant 2 h au frigo avec 100 g de sucre et 20 cl de muscadet. Ajouter avant de servir les autres fruits rouges et les groseilles entières pour décorer.
- Servir avec des sablés nantais : mélanger, dans l'ordre, 250 g de beurre (moitié demi-sel, moitié nature) en pommade, 150 g de sucre, quatre œufs, puis 250 g de farine, sans trop mélanger. Reposer au frigo puis étaler et détailler. Cuire au four à 180 °C.

Milla

30 min 20 min 6 pers.

50 cl de lait,
250 g de farine de maïs,
6 c. à soupe de sucre,
3 œufs,
75 g de beurre fondu,
1 pincée de sel,
1/2 verre de cognac.

- Délayer les jaunes d'œufs avec le sucre. Ajouter en pluie la farine, une pincée de sel, le beurre fondu et le cognac.
- Bien mélanger. Verser sur la préparation le lait tiède et en dernier les blancs battus en neige, en mélangeant délicatement l'ensemble pour obtenir une bouillie homogène sans trop écraser les blancs.
- Beurrer un plat allant au four. Y verser la préparation et faire cuire à feu vif, environ 30 min.
- Le milla est cuit lorsqu'il se présente avec la base devenue consistante et le dessus comme un flan.
- Il se déguste chaud.

Mousse au chocolat

15 min 3/4 pers.

RÉFRIGÉRATEUR : 2 à 3 h

2 œufs,
100 g de chocolat,
20 g de beurre (facultatif),
20 à 40 g de sucre.
Parfums :
1 c. à soupe de rhum,
de cognac,
de kirsch ou de liqueur d'orange.

- Faire fondre le chocolat et le beurre (facultatif) au bain-marie (c'est-à-dire en interposant entre la source de chaleur une casserole d'eau chaude) ou sur un diffuseur.
- Incorporer les jaunes puis le sucre et l'alcool de votre choix.
- Battre les blancs en neige ferme avec une pincée de sel. Les incorporer délicatement

Suite page 420

Mousse au chocolat

Suite de la page 419

avec la spatule en caoutchouc en soulevant la préparation.

- Mettre la mousse à prendre 2-3 h au réfrigérateur.

Vous pouvez faire la mousse au chocolat en n'utilisant que les blancs d'œufs.

Muscadettes aux pommes et pruneaux caramélisées à la cassonade

30 min 30 min 10 pers.

250 g de sucre en poudre,
10 œufs,
80 cl de crème fleurette,
50 cl de Muscadet,
4 pommes fruits,
50 g de beurre clarifié,
5 cl de Fine Bretagne,
16 pruneaux dénoyautés,
200 g de cassonade blonde.

Pour l'hiver

- Mélanger 250 g de sucre avec six jaunes d'œufs et quatre œufs entiers, ajouter 80 cl de crème fleurette et 20 cl de Muscadet.
- Faire sauter vivement sans les cuire, au beurre clarifié, quatre pommes fruits épluchées, coupées en petits dés et les flamber légèrement à la Fine Bretagne. Couper douze beaux pruneaux en quatre après les avoir fait mariner une nuit au Muscadet (30 cl).
- Disposer dans une coupelle individuelle les pommes,

Suite page 42.

Muscadettes aux pommes et pruneaux caramélisées à la cassonade

Suite de la page 420

pruneaux et l'appareil à flan, cuire à four doux 30 min environ pour que cela reste moelleux, saupoudrer avec une bonne cuillerée à soupe de cassonade et gratiner, servir tiède ou froid.

Pour l'été

- Même recette que ci-dessus pour la crème, mettre 65 g de framboises dans chaque coupelle à la place des pommes et des pruneaux, recouvrir de l'appareil et terminer comme ci-dessus.

Oreillettes

3 min 15 min8/10 pers.

1 kg de farine,
sel,
250 g de sucre,
20 g de levure chimique,
250 g de beurre pommade,
8 œufs,
fleur d'oranger.

- Mélanger le beurre et le sucre pour obtenir une pâte homogène. Y ajouter au fur et à mesure la farine et la levure.
- Incorporer les œufs.
- Parfumer à la fleur d'oranger.
- Étaler la pâte ainsi obtenue, découper des rectangles, et les faire frire dans de l'huile chaude.
- Saupoudrer de sucre glace.

Œufs à la neige de la croisette

20 min 6 pers.

1 l de lait,
8 œufs,
150 g de sucre vanillé,
caramel,
100 g de sucre,
quelques gouttes de vinaigre,
10 cl d'eau,
grosse pincée d'amandes effilées.

- Cuire le lait sucré et vanillé. Cuire le caramel. Séparer les jaunes des blancs d'œufs, battre les blancs, fouetter les jaunes et verser dans le lait bouillant.
- Remettre dans la casserole pour épaissir. Verser la crème dans un compotier, dresser les blancs dessus par cuillère en imitant la forme de l'œuf. Lorsque le caramel est bien blond, ajouter les amandes et répartir sur les blancs. Servir très frais.
- Ce dessert très simple enchantera toujours vos invités.

Pain d'épice

45 min 20 min 8 pers.

200 g de miel,
200 g de sucre,
190 g de beurre,
50 cl de lait,
220 g de farine de maïs grillé (ou de froment),
220 g de farine blanche,
40 g de levure chimique,
80 g de sucre cassonade,
100 g de zestes d'orange,
6 graines d'anis vert,
30 g de cannelle,

- Commencer par mettre en poudre l'anis, la cannelle, la muscade, les clous de girofle et les baies de genièvre. Hacher très finement les zestes d'orange. Dans une casserole, mettre le miel, le sucre, 150 g de beurre et le lait. Rajouter les épices en poudre et les zestes et porter le tout à ébullition. Laisser tiédir et ajouter la farine et la levure.
- Réserver 4 h au réfrigérateur.

Suite page 424

Pain d'épice

Suite de la page 423

20 g de muscade,
4 clous de girofle,
5 baies de genièvre.

■ Dans une petite casserole, mettre les 40 g de beurre restants à fondre. Recouvrir les parois d'un moule (10 x 10 x 20) avec ce beurre fondu (se servir d'un pinceau) et la cassonade. Cela donnera un léger croustillant à la cuisson. Y verser la préparation aux épices. Mettre au four à 170 °C pendant 45 min.

Pain d'épice au miel d'Auvergne

1 h 15 min 6 à 8 pers.

125 g de miel,
125 g de sucre,
1/2 c. à café d'anis en poudre,
1/2 c. à café de gingembre en poudre,
1 c. à café de bicarbonate de soude,
250 g de farine de froment,
125 g de farine de seigle.

■ Dans une terrine, délayer le miel avec une tasse à thé d'eau ou de lait chaud. Ajouter le sucre, l'anis, le gingembre, le bicarbonate. Mélanger en fouettant à la fourchette.

■ Incorporer peu à peu la farine. Bien travailler la pâte qui doit être bien lisse.

■ Beurrer et fariner un moule à cake rectangulaire. Y verser la pâte. Ne pas remplir au-dessus des trois quarts du moule.

■ Mettre à four chaud (th. 6 ou 7). Cuire 1 h environ. Vérifier en introduisant la pointe d'un couteau au centre du pain d'épices, elle doit en ressortir nette.

Pain perdu

5 min 20 min 4 pers.

8 tranches de pain sec (ou pain frais passé au four), 60 g de beurre, 60 g de sucre cassonade.

Pour le lait de poule :

20 cl de lait, 2 œufs, 40 g de sucre, 1 c. à café d'extrait de vanille liquide.

Pour la crème anglaise :

50 cl de lait, 6 jaunes d'œufs, 100 g de sucre, 100 g de crème liquide, 1 gousse de vanille.

- Commencer par faire la crème anglaise. Pour cela, dans une casserole, porter le lait à ébullition avec la gousse de vanille ouverte en deux. Battre les jaunes d'œufs et le sucre jusqu'à blanchiment puis ajouter le lait chaud vanillé débarrassé de la gousse. Recuire doucement le mélange jusqu'à ce qu'il nappe la cuillère. Retirer du feu et ajouter la crème. Mélanger et réserver au frais.
- Faire le lait de poule. Pour cela, battre le lait, les œufs, la vanille liquide et le sucre jusqu'à une consistance homogène.
- Tremper une à une les tranches de pain dans le lait de poule. Poêler au beurre les tranches imbibées puis les saupoudrer de sucre cassonade.
- Servir les tranches chaudes nappées de crème anglaise.

Il est encore meilleur d'utiliser du lait cru pour cette recette. Si c'est le cas, récupérer la peau du lait, la poêler au beurre et servir avec le pain perdu et la crème anglaise.

Pain perdu au cidre

5 min 20 min 4 pers.

1 pain brioché rassis,
1/2 bouteille de cidre doux,
125 g de sucre en poudre,
50 g de sucre glace,
3 œufs,
125 g de beurre,
gelée de groseilles.

- Découper le pain brioché en tranches d'égale épaisseur (environ 2 cm) et les déposer dans un plat creux.
- Faire chauffer le cidre dans une casserole, sans le faire bouillir. Ajouter le sucre et remuer. Laisser refroidir.
- Casser les œufs. Séparer les blancs des jaunes.
- Monter les blancs en neige avec une petite cuillerée de sucre. Mêler ensuite délicatement blancs et jaunes.
- Arroser de sirop chaque tranche de pain, juste assez pour les imbiber.
- Passer ensuite rapidement les tranches de pain brioché dans les œufs battus et les faire dorer des deux côtés dans du beurre bien chaud. Bien surveiller le beurre, il ne doit en aucun cas noircir.
- Servir bien chaud ce bon dessert, recouvert de sucre ou tartiné de gelée de groseilles.

Pêches de vigne pochées au nectar bourguignon

20 min 4 pers.

4 à 8 pêches de vignes (selon la taille, ou 4 grosses pêches),
1/2 bouteille de Bourgogne rosé,
30 cl de nectar bourguignon (ou porto),
100 g de sucre,
1 bâton de cannelle,
1/2 gousse de vanille,
1/2 citron,
1/2 orange,
5 baies de genièvre,
2 clous de girofle,
50 g de gingembre confit.

- Commencer par pocher les pêches dans l'eau bouillante pendant 30 s. Puis les peler.
- Dans une casserole, verser le nectar bourguignon et le vin rosé, ajouter le sucre, la cannelle, la vanille, le demi-citron et la demi-orange lavés et coupés en petits morceaux, les baies de genièvre, les clous de girofle et le gingembre confit. Porter à ébullition. Y ajouter les pêches pelées et faire cuire pendant 10 min. Sortir les pêches de la casserole et faire réduire le jus de moitié. Passer alors le jus au tamis.
- Mettre tout cela au réfrigérateur. Servir très frais. Présenter en assiette creuse.

Pets-de-nonne aux fruits secs et aux fleurs d'acacia

45 min 20 min 8 pers.

30 cl de lait,
100 g de beurre,
75 g de sucre,
250 g de farine,
5 œufs,
1 sachet de levure chimique,
1 pincée de sel,
100 g de noix,
noisettes
et pistaches mélangées,
50 g de raisins secs,
30 g d'abricots secs,
2 cl de marc de Bourgogne,
1 l d'huile de pépins de raisin
(ou huile de friture),
quelques fleurs d'acacia.

- Dans une casserole, mettre le lait, le beurre en petits morceaux, le sucre et le sel. Porter à ébullition et ajouter la farine en remuant vigoureusement. Dessécher la pâte jusqu'à ce qu'elle se décolle des parois de la casserole. Laisser tiédir et ajouter la levure.
- Incorporer les œufs un par un puis ajouter les fruits secs en petits morceaux, les fleurs d'acacia et le marc de Bourgogne.
- Mettre l'huile de pépins de raisin dans une friteuse.
- Faire de petites boules avec la préparation de fruits secs et les frire dans l'huile bien chaude.
- Une fois frits, rouler les pets-de-nonne dans du sucre cristallisé. Les accompagner de glace à la vanille.

Pets-de-nonne de Baume-les-Dames

45 min 20 min 6 pers.

300 g de farine,
125 g de sucre cristallisé,
50 g de sucre semoule,
20 cl d'eau,
10 cl d'eau de fleur l'oranger,
4 œufs,
125 g de beurre,
1 pincée de sel.

- Battre ensemble dans une casserole le beurre, l'eau, le sucre semoule, la pincée de sel.
- Dès l'ébullition, retirer du feu et verser la farine d'un seul coup en remuant bien.
- Remettre à chauffer doucement sans cesser de remuer. Ajouter les œufs, un à un, puis la fleur d'oranger. Jeter des cuillères de cet appareil dans une friteuse d'huile très chaude, mais non bouillante. Les pets se retournent tout seuls quand ils sont dorés d'un côté. Les retirer, les poser sur un papier absorbant.
- Servir saupoudrés de sucre cristallisé.

Poires au vin d'Irancy, sorbet au cassis et bourgeons

20 min 8 pers.

Pour les poires au vin :
8 poires William,

- Dans une casserole, mettre le vin à cuire avec le bâton de cannelle, la demi-orange, le demi-citron, le poivre et

Suite page 430

Poires au vin d'Irancy, sorbet au cassis et bourgeons

Suite de la page 429

1 l de vin d'Irancy (ou autre bourgogne rouge),
1 bâton de cannelle,
1/2 orange,
1/2 citron,
200 g de sucre,
quelques grains de poivre blanc,
10 g de bourgeons de cassis.
Pour le sorbet au cassis :
500 g de baies de cassis,
25 cl d'eau,
200 g de sucre,
20 cl de crème de cassis.

le sucre. Porter à ébullition puis rajouter 50 cl d'eau et les poires entières préalablement épluchées. Laisser sur le feu jusqu'à ce que les poires soient cuites (vérifier la cuisson des poires en les piquant). Ajouter les bourgeons de cassis dans la préparation encore chaude.

- Réserver les poires.
- Préparer le sorbet. Pour cela, mettre dans une casserole les baies de cassis, l'eau et le sucre à cuire pendant 5 min. Passer au tamis et ajouter la crème de cassis. Turbiner à la sorbetière.
- Dresser les poires au vin sur vos assiettes ou votre plat en les nappant de leur jus de cuisson. Servir avec le sorbet.

Pommes comme les faisait ma mamie

25 min 15 min

8 pommes épluchées et creusées,
24 petits bâtonnets de cannelle,
160 g de sucre en morceaux,

- Dans un plat allant au four, disposer les pommes piquées des bâtonnets de cannelle dans le creux du milieu. Ajouter une feuille de laurier et 10 g de beurre pour chaque pomme. Parsemer de sucre en morceaux,

Suite page 431

Pommes comme les faisait ma mamie

Suite de la page430

8 petites feuilles de laurier,
80 g de beurre,
40 cl de cidre,
8 petites cuillerées de lait concentré non sucré.

arroser de lait concentré et de calvados. Faire cuire à four chaud (160°).

- Vérifier la cuisson des pommes en y enfonçant la pointe d'un couteau.
- Déguster bien chaud.

Pommes cuites au cidre

25 min 15 min 6 pers.

6 pommes bien saines (pommes canadas ou reines des reinettes),
beurre,
miel,
quelques cerneaux de noix,
1 bouteille de cidre doux,
1 jatte de crème fraîche.

- Faire chauffer le four à température asser élevée.
- Laver, essuyer et évider les pommes. Les piquer à la fourchette à plusieurs endroits pour qu'elles n'éclatent pas à la cuisson. Malaxer beurre, miel et quelques cerneaux de noix grossièrement pilés.
- Garnir le cœur des fruits de cette pommade.
- Beurrer un plat allant au four. Y ranger les pommes et arroser de cidre.
- Enfourner et poursuivre la cuisson jusqu'à ce que les pommes se rident et prennent une jolie couleur brun doré.
- Servir ce dessert bien chaud, accompagné d'une jatte de crème fraîche. C'est fondant et délicieux !

Quatre-quarts

40 min 15 min 4/5 pers.
Th. 4-5 ou 180-200°

100 g de beurre ou de margarine,
100 g de sucre,
100 g de farine,
2 œufs,
une pincée de sel.

Parfums :

zeste de citron ou d'orange (peau jaune ou orange),
un demi-paquet de sucre vanillé.

Matériel :

un verre mesureur,
deux terrines,
une spatule en caoutchouc,
une cuillère en bois,
un fouet électrique,
un moule à manqué 18 cm de diamètre,
une grille.

- Le quatre-quarts, comme son nom l'indique, est composé de quatre éléments en poids égaux : œuf-farine-sucre-beurre.
- Allumer le four, beurrer et fariner le moule à manqué.
- Travailler le beurre et le sucre jusqu'à ce que le mélange soit crémeux. Ajouter le zeste de citron râpé (peau jaune).
- Séparer les blancs des jaunes d'œufs et ajouter les jaunes au mélange.
- Verser la farine en pluie. Bien mélanger.
- Battre les blancs en neige ferme avec le sel. Les incorporer délicatement avec la spatule en caoutchouc en soulevant et en coupant la pâte (ne pas tourner).
- Verser la pâte dans le moule et enfourner aussitôt ; ne pas ouvrir le four avant 30 min. Vérifier la cuisson avec une aiguille à tricoter : si elle revient nette, démouler le gâteau chaud sur une grille.

Le quatre-quarts peut être servi tel quel pour accompagner des fruits au sirop ou une crème. Il peut être fourré et glacé comme le gâteau de Savoie.

Sabayon de fruits rouges au Montbazillac

10 min 20 min

800 g de fruits rouges (framboises, mûres, fraises, cassis), éventuellement rajouter du sucre si les fruits ne sont pas assez sucrés, 12 jaunes d'œufs, 250 g de sucre, 50 cl de Montbazillac.

- Dans un bain-marie, travailler les jaunes d'œufs avec le sucre jusqu'à ce que la composition fasse un ruban ; délayer avec le Montbazillac.
- Fouetter la composition, sur le côté du feu, jusqu'à ce qu'elle devienne, en refroidissant, mousseuse et épaisse.
- Verser cet appareil sur les fruits dans des moules à gratin et passer à la salamandre (ou au gril du four très chaud).
- Servir immédiatement.

Sablés de Caen

7 min 15 min

200 g de sucre en poudre, 1 sachet de sucre vanillé, 180 g de beurre très frais, 280 g de farine, 3 g de cannelle en poudre, 2 cl de pommeau, 2 cl de calvados.

- La veille, mélanger tous les ingrédients en terminant par le pommeau et le calvados.
- Cuire le lendemain à four chaud dans de petits moules beurrés et sucrés.
- Ils se gardent plusieurs jours dans une boîte métallique fermée.

Au goûter des enfants, cela vaut toutes les tartines du monde.

Sablés saboliens

12 min 15 min

180 g de farine,
100 g de beurre,
2 jaunes d'œufs,
1/2 tasse de lait,
50 g de sucre en poudre,
1 pincée de sel.

- Dans une terrine, verser la farine, le sucre, le sel. Incorporer les jaunes d'œufs et commencer à pétrir l'ensemble en ajoutant le beurre un peu mou. « Sabler » la pâte en la pétrissant, en la divisant et la rassemblant plusieurs fois. Verser un peu de lait et pétrir longuement à la main. La pâte est un peu collante. Pour la faire quitter les doigts, tremper les mains dans la farine et les frotter l'une sur l'autre. Réunir la pâte en boule dans la terrine et la placer au frais.
- Le lendemain, sortir la pâte au moins 1 h avant de la travailler. Retirer la boule de pâte de la terrine. La mettre sur une planche farinée, l'aplatir avec la paume de la main et la rouler avec le rouleau à pâtisserie fariné pour l'étendre en une abaisse de 4 mm d'épaisseur.
- Avec une petite roulette dentelée, découper des bandes en triangles. Placer les triangles sur une plaque légèrement farinée.
- Dans un bol, délayer un jaune d'œuf avec un peu de lait. À l'aide d'un pinceau, enduire chaque triangle. Mettre la plaque au four chaud (240 °C) pendant

Suite page 436

Sablés saboliens

Suite de la page 435

10 à 12 min, jusqu'à ce que les sablés soient juste dorés. Retirer du four, et à l'aide d'une spatule placer les sablés sur une grille jusqu'à ce qu'ils soient froids.

- Conserver dans une boîte en fer.

Savoie

35 min 15 min 4 pers.

Th. 4-5 ou 180-200°

2 œufs,
50 g de sucre semoule,
25 g de farine,
25 g de fécule de pommes de terre,
1 pincée de sel.
Parfums (facultatif) :
zeste de citron ou d'orange râpé (peau jaune ou orange),
1 c. à café de sucre vanillé.
Matériel :
1 moule à savoie de 18 cm de diamètre,
1 spatule en caoutchouc,
1 cuillère en bois,
2 terrines,
1 verre mesureur,
1 grille,
1 fouet électrique.

- Allumer le four et beurrer largement le moule à savoie. Fariner.
- Dans une terrine, travailler les jaunes d'œufs, le sucre et le parfum au choix jusqu'à ce que le mélange blanchisse et devienne mousseux.
- Ajouter la farine et la fécule en pluie. Mélanger.
- Battre les blancs en neige ferme avec le sel. Les incorporer délicatement avec la spatule en caoutchouc en soulevant et en coupant la pâte (ne pas tourner).
- Verser la pâte dans le moule et enfourner aussitôt.
- Laisser cuire 30 min. Lorsque le gâteau est doré, vérifier s'il est cuit avec une aiguille à tricoter. Si elle ressort nette, démouler immédiatement sur une grille.

Suite page 437

Savoie

Suite de la page 436

Recommandations pour réussir la pâte aux blancs d'œufs :

- Les blancs d'œufs sont responsables du gonflement de la pâte à la cuisson ; aussi faut-il les manier avec beaucoup de précautions : avant de les battre, vérifier qu'ils ne contiennent pas de traces de jaunes.
- Ils doivent être incorporés à la pâte avec délicatesse, en l'enrobant. Il ne faut surtout pas tourner car les blancs perdraient l'air qui se dilate à la chaleur et soulève la pâte.
- Si l'on veut obtenir un gâteau plus léger, on peut ajouter à la pâte un blanc d'œuf battu en neige.
- Ils doivent être utilisés immédiatement pour ne pas retomber, donc le four doit être à la température désirée.
- Il ne faut pas ouvrir le four pendant la cuisson, car un coup d'air froid fait retomber la pâte définitivement.
- Pour les débutantes, éviter de faire un gros gâteau. Il est plus facile de faire deux gâteaux de Savoie selon les proportions de la recette.

Si vous n'avez pas de fécule, vous pouvez très bien la remplacer par de la farine.

Soufflé glacé à la verveine du Velay (liqueur)

15 min 20 min 6/8 pers.

10 cl d'eau et 100 g de sucre pour le sirop,
8 œufs,
300 g de sucre,
1,25 l de crème,
12 à 16 cl de Verveine du Velay.

- Cuire 100 g de sucre avec 10 cl d'eau au filet. Monter huit blancs en neige. Incorporer le sirop et refroidir.
- Monter la crème fouettée non sucrée.
- Cuire le sucre au boulé. Verser les huit jaunes d'œufs, monter en ruban et battre jusqu'à complet refroidissement.
- Mélanger le tout à la spatule et ajouter la liqueur.
- Mouler en ramequins individuels et faire glacer au congélateur.
- Dresser sur assiettes, masquer de crème anglaise et décorer.

Soupe de cerises et sorbet au ratafia

20 min 8 pers.

Pour la soupe :
1 kg de cerises (marmottes ou burlats),
100 g de sucre,
30 cl d'eau,
10 cl de crème de cerises,
le jus d'un demi-citron.
Pour le sorbet :
30 cl de ratafia rouge,
25 cl d'eau,
100 g de sucre.

- Dans une casserole, mettre le sucre et l'eau. Porter à ébullition jusqu'à obtention d'un sirop. Y plonger les cerises non dénoyautées et faire cuire pendant 10 min. Puis passer le sirop et les cerises au mixeur jusqu'à obtenir une purée (attention de ne pas casser les noyaux). Passer la préparation au tamis.
- Y ajouter la crème de cerises et le jus de citron. Mélanger.
- Réserver au réfrigérateur.
- Pour le sorbet, faire bouillir l'eau et le sucre. Retirer du feu et ajouter le ratafia. Turbiner à la sorbetière.
- Servir la soupe en assiette creuse accompagnée du sorbet.

Spéculoos

15 min 25 min 6 pers.

600 g de farine,
360 g de cassonade,
1 pincée de sel,
8 à 10 cl d'eau,
120 g de beurre,
1 c. à café de cannelle,
1 clou de girofle écrasé,
1/2 paquet de levure chimique.

- Mettre la farine en fontaine dans une terrine. Ajouter la levure chimique, la cannelle, le clou de girofle, la cassonade et le sel au milieu de la fontaine. Incorporer peu à peu le beurre en petits morceaux et travailler le tout du bout des doigts.
- Ajouter l'eau par petites quantités de manière à obtenir une boule homogène et ferme. Laisser reposer la pâte pendant 1 h.
- Préchauffer le four à 180°.
- Étaler la pâte au rouleau sur 5 mm d'épaisseur et découper des motifs : étoiles, cœurs, petits personnages, Père Noël, etc.
- Les disposer sur une tôle beurrée et faire cuire pendant 15 min.

Suprêmes de pamplemousses roses au sabayon de muscadet et ses pignons de pin

25 min 4 pers.

4 pamplemousses roses,
3 jaunes d'œufs,
20 cl de muscadet Côtes de Grandlieu,
4 feuilles de menthe,
50 g de pignons de pin,
20 g de sucre glace.
Décor
4 fraises ou 4 framboises ou autres fruits suivant la saison.

- Eplucher les pamplemousses à vif et faire des segments sans peau. Les égoutter et les répartir dans quatre assiettes supportant la chaleur.
- Mettre les jaunes d'œufs et le sucre dans une casserole sur feu doux. Fouetter énergiquement le mélange, jusqu'à ce qu'il devienne homogène et épaississe.
- Ajouter, par petite quantité, le muscadet. A la fin de l'opération, l'ensemble doit être mousseux et légèrement ferme.
- Ajouter la menthe ciselée et répartir le mélange sur les segments de pamplemousse.
- Agrémenter de pignons de pin et passer au gril du four de façon à obtenir une belle coloration.
- Saupoudrer de sucre glace. Décorer avec une fraise ou une framboise.

Tarte à l'aligoté et aux cerises de l'Yonne

30 min 8 pers.

Pour la pâte brisée au vin :
250 g de farine,
150 g de beurre,
4 g de sel,
10 g de sucre,
4 cl d'Aligoté
(ou vin blanc sec),
1 jaune d'œuf.
Pour la garniture :
20 cl d'Aligoté,
5 cl de noyau d'Irancy
(facultatif),
100 g de sucre,
4 œufs,
20 g de Maïzéna (ou fécule),
10 cl de crème liquide
500 g de cerises
dénoyautées.

- Commencer par mélanger la farine et le beurre en les sablant. Ajouter le sel, le sucre, le jaune d'œuf et l'Aligoté. Bien mélanger jusqu'à obtenir une pâte homogène. Laisser reposer au réfrigérateur pendant 1 h.
- Dans un saladier, battre les œufs et le sucre jusqu'à ce que la préparation blanchisse. Puis ajouter la Maïzéna, l'Aligoté, le noyau d'Irancy et la crème liquide. Bien mélanger. Réserver.
- Sortir la pâte brisée du réfrigérateur et l'abaisser.
- En tapisser un moule à tarte de 28 cm et mettre au congélateur pendant 30 min. Puis faire cuire ce fond de tarte à blanc pendant 10 min à 200 °C.
- Quand le fond de tarte est cuit, le recouvrir de cerises dénoyautées puis verser dessus la crème au vin. Mettre le tout à cuire pendant 20 min à 180 °C.
- Cette tarte peut être accompagnée de confiture de griottes et de crème fraîche épaisse.

Tarte au chocolat au poivre et coulis de groseilles

1 h | 45 min | 8 pers.

Pour la pâte sablée :
300 g de farine,
200 g de beurre,
100 g de sucre,
1 œuf,
1 pincée de sel.
Pour la garniture :
4 cl de crème liquide,
50 g de beurre,
180 g de chocolat noir,
2 g de poivre blanc moulu,
4 œufs,
40 g de sucre,
250 g de groseilles,
50 g de sucre
(ou 200 g de gelée de groseilles toute faite).

- Tamiser la farine et faire une fontaine. Mélanger le beurre, le sucre et la pincée de sel au milieu de la fontaine. Rajouter l'œuf et incorporer le tout à la farine. Travailler la pâte jusqu'à ce qu'elle soit homogène. Laisser reposer au réfrigérateur pendant 20 min.
- Abaisser la pâte et en tapisser un moule à tarte de 28 cm et précuire à blanc à 200 °C pendant 15 min (pour faciliter la cuisson, nous conseillons de mettre le fond de tarte 30 min au congélateur avant de le cuire à blanc).
- Pendant ce temps, dans une casserole, faire bouillir la crème.
- Puis hors du feu, ajouter le beurre, le chocolat en petits morceaux et le poivre moulu.
- Mélanger et réserver. Battre les œufs et le sucre jusqu'à obtention d'une consistance mousseuse, puis incorporer au chocolat.
- Garnir le fond de pâte précuit de cette préparation et mettre au four à 180 °C pendant 15 min.
- Mettre les groseilles à cuire avec le sucre et un peu d'eau jusqu'à obtention d'un coulis.
- Servir la tarte tiède nappée du coulis (ou de la gelée) de groseilles.

Tarte au quemeu

35 min 20 min 6/8 pers.

Pour la pâte :
200 g de farine,
100 g de beurre,
1 pincée de sel,
1 petit verre d'eau.
Pour la garniture :
125 g de sucre,
1 paquet de sucre vanillé,
80 g de farine,
3 œufs,
75 cl de lait.

- Préparer une pâte brisée avec farine, beurre, sel et eau. Laisser la pâte reposer 1 h.
- Dans un saladier, battre les œufs entiers avec le sucre semoule et le sucre vanillé. Ajouter la farine. Faire bouillir le lait et le verser sur le mélange.
- Verser le tout dans une casserole et faire cuire à feu moyen en remuant constamment. Lorsque le flan a épaissi, retirer du feu.
- Abaisser la pâte et en garnir une tourtière beurrée. Verser le flan sur le fond de pâte.
- Faire cuire à four chaud (th. 7) pendant 35 min environ.

Tarte au sucre

35 min 30 min 6 pers.

250 g de farine,
125 g de beurre,
1 pincée de sel,
1 œuf,
20 g de levure de boulanger,
1 c. à soupe de sucre en poudre,
1 petit verre d'eau.

- Mettre l'eau tiède dans un saladier, délayer la levure dans un peu d'eau tiède et ajouter le sucre, l'œuf et la farine en pétrissant bien le tout.
- Ajouter le beurre coupé en petits morceaux et continuer à pétrir la pâte. Elle doit former une boule. Couvrir d'un linge et laisser lever dans un endroit tiède

Suite page 446

Tarte au sucre

Suite de la page 444

Pour la garniture :
100 g de cassonade,
100 g de beurre,
1 œuf,
1 pincée de cannelle.

pendant 2 h. La pâte va doubler de volume. Abaisser la pâte au rouleau et la mettre dans un moule à tourtière beurré et fariné. Laisser lever pendant 30 min encore. Battre l'œuf entier avec la cannelle.

- Étaler le mélange sur la pâte à l'aide d'un pinceau. Saupoudrer de cassonade et disposer des petites noisettes de beurre sur toute la surface puis enfourner à four chaud (220 °C) pendant 30 à 35 min. Compter 10 min de moins si vous faites une pâte brisée.

Tarte aux mirabelles

20 min 15 min 6 pers.

250 g de pâte feuilletée,
1 bocal de mirabelles au sirop,
5 cl d'alcool de mirabelle,
1 c. à soupe d'amandes effilées.

- Abaisser la pâte dans un moule à tarte, piquer à la fourchette, garnir de fruits dénoyautés, parsemer d'amandes.
- Cuire à four chaud 20 min. Lorsque votre tarte est sortie du four, flamber à la mirabelle. Servir tiède.

Tarte aux pignons I

35 min 20 min 6/8 pers.

Fond de tarte en pâte sucrée,
100 g de sucre,
100 g de beurre,
400 g de pignons,
25 cl de crème double

- Faire un caramel blond au beurre. Ajouter les pignons. Laisser cuire et déglacer à la crème. Verser le tout dans le fond de tarte. Cuire au four.
- Tarte provençale par excellence, les pignons peuvent être remplacés par des amandes hachées et c'est une tarte qui reste moelleuse au moins deux jours.

Tarte aux pignons II

25 min 30 min 6 pers.

Pour la pâte brisée :
150 g de farine,
75 g de beurre,
1/2 verre d'eau,
1 pincée de sel,
1 c. de sucre.
Pour la crème aux amandes et la garniture :
25 cl de lait,
2 jaunes d'œufs,
30 g de farine,
50 g de sucre en poudre,
100 g d'amandes en poudre,
100 g de pignons,
5 c. de marmelade d'abricots.

Préparer la pâte brisée :
- Effriter le beurre dans la farine du bout des doigts. Ajouter le sel, le sucre et juste assez d'eau pour former sans pétrir une pâte souple. Laisser reposer au moins 30 min, puis étaler au rouleau et foncer un moule à tarte classique, de 26 cm de diamètre.
- Étaler sur la pâte, au fond du moule, une épaisse couche de marmelade d'abricots.
- Préparer la crème aux amandes : mélanger dans une terrine les jaunes d'œufs,

Suite page 451

DE
VENISE

Banyuls

Tarte aux pignons

Suite de la page 448

le sucre et la farine. Travailler l'ensemble et le délayer avec le lait chaud. Faire épaissir à feu doux en remuant sans cesse jusqu'à ébullition. Ajouter la poudre d'amande. Bien mélanger. Laisser tiédir.

- Étaler la crème au fond de la tarte, sur la marmelade d'abricots.
- Enfin, répartir sur la crème, régulièrement, les pignons.
- Mettre à four moyen préchauffé (th. 5, 200°) pendant 25 min.
- Laisser tiédir avant de démouler.

Tarte aux pommes d'hier

30 min 35 min 4 pers.

8 pommes reines de reinettes ou calvilles,
300 g de farine,
200 g de beurre,
1 pincée de sel,
3 jaunes d'œufs,
100 g de sucre,
25 g d'amandes en poudre,
10 cl de crème fraîche,
1 verre (7 cl) de calvados.

- Faire votre pâte en mélangeant farine, beurre, sel. Laisser reposer 1 h au frais.
- Faire une compote avec la moitié des pommes.
- Émincer sans les éplucher les pommes restantes, les faire macérer dans le calvados, mélangées avec 50 g de sucre.
- Étaler dans le moule (ou cercle) votre pâte, piquer le fond avec une fourchette, garnir de compote puis recouvrir avec les pommes.

Suite page 452

Tarte aux pommes d'hier

Suite de la page 451

- Mettre à four chaud 30 min (200 °C).
- Mélanger la crème, les amandes en poudre, le sucre restant et trois jaunes d'œufs.
- Verser sur la tarte et faire recuire 15 min.
- Servir encore tiède.

Tarte aux pralines

15 min 40 min 8 pers.

dans le four à feu doux

200 g de pralines,
200 g de crème liquide.
Fond de tarte :
250 g de farine,
25 g de sucre semoule,
125 g de beurre,
1 œuf entier pour préparer la pâte brisée.

- Faire cuire doucement la crème avec les pralines concassées sur le feu et verser le tout sur le fond de tarte cuit.
- Faire cuire 15 min au four.

Tarte normande du père Gaston

1 h 45 min 4 pers.

500 g de pâte brisée ou feuilletée,
1 kg de pommes épluchées (calvilles ou reinettes) coupées en huit quartiers,
120 g de beurre,
60 g de sucre semoule,
1 sachet de sucre vanillé,
150 g de confiture d'abricots,
1 blanc d'œuf,
150 g de sucre glace,
quelques gouttes de jus de citron.

- Dans le beurre noisette, faire confire les pommes, ajouter le sucre semoule et la confiture d'abricots. Laisser refroidir.
- Garnir le moule à tarte de la pâte en débordant de chaque côté pour souder ensuite le dessus, une fois garni des pommes.
- Garnir donc la poche avec les pommes confites.
- Refermer hermétiquement avec la pâte et souder le tout en passant dessus du jaune d'œuf au pinceau.
- Mélanger et battre le blanc d'œuf et le sucre glace (glace royale), bien faire blanchir et ajouter au dernier moment trois gouttes de jus de citron, étendre sur la pâte (dessus) ce mélange et cuire 1 h à four chaud 160 à 170 °C environ. Baisser le four si le dessus colore trop.

Terrine de fruits au Sauvignon de Saint-Bris et coulis de fruits rouges

45 min 8 pers.

Pour la terrine :
4 poires,
4 pêches de vigne (ou pêches),
200 g de framboises,
100 g de baies de cassis,
100 g de groseilles,
50 cl d'eau,
400 g de sucre,
100 g de confiture de fraises,
20 cl de Sauvignon de Saint-Bris (ou vin blanc sec),
le jus de 1 orange,
12 feuilles de gélatine (soit 30 g).

Pour le coulis :
200 g de framboises,
200 g de fraises,
le jus d'un citron,
10 cl de crème de cassis,
2 à 3 gouttes d'eau de rose (facultatif).

- Dans une casserole, mettre l'eau et le sucre et porter à ébullition. Pocher les pêches et les poires dans le sirop ainsi obtenu jusqu'à ce qu'elles soient cuites (vérifier la cuisson en les piquant). Puis dans ce même sirop, pocher les cassis et les groseilles 1 à 2 min. Réserver les fruits cuits et le sirop au réfrigérateur.
- Mixer les poires avec la confiture de fraises, le jus d'une orange et le Sauvignon de Saint-Bris. Y ajouter 10 cl du sirop de cuisson. Recuire cette préparation à feu doux puis y incorporer les feuilles de gélatine préalablement ramollies à l'eau froide.
- Monter la terrine en alternant les pêches coupées en deux, les groseilles, les cassis, les framboises et le mélange de poires mixées. Mettre la terrine au réfrigérateur pendant environ 6 h.
- Préparer le coulis. Broyer les fraises et les framboises avec 10 cl du sirop de cuisson. Ajouter les 10 cl de crème de cassis, le jus de citron et l'eau de rose.

Suite page 458

Terrine de fruits au Sauvignon de Saint-Bris et coulis de fruits rouges

Suite de la page 456

Mélanger puis mettre au réfrigérateur.

- Pour servir, disposer des tranches de terrine sur votre plat ou vos assiettes et napper de coulis.

Terrine de pommes grand-mère

40 min 30 min 4 pers.

2 kg de pommes,
220 g de sucre en poudre,
170 g de beurre,
1 c. à soupe de jus de citron,
2 cl de calvados ou 5 cl de pommeau,
4 œufs,
4 cl de cidre

- Peler les pommes, ôter cœur et pépins et en faire une compote avec le calvados, le jus de citron et le cidre.
- Dans un four tiède, faire sécher cette compote pendant 30 min. Lui incorporer le sucre en écrasant bien le mélange à la fourchette. Ajouter ensuite 150 g de beurre fondu et les œufs.
- Mélanger intimement le tout.
- Beurrer un moule et y verser l'appareil.
- Faire cuire au bain-marie dans le four préalablement chauffé (th. 5) pendant 40 min environ.
- Servir cette terrine encore tiède accompagnée d'une sauce anglaise arrosée de miel.

Terrinée de Fierville ou teurgoule

20 min 15 min

1,5 l de lait cru,
120 g de riz rond,
150 g de sucre,
1 pincée de sel,
1 gousse de vanille,
2 c. à café de cannelle,
1 feuille de laurier.

- Disposer dans une terrine le riz, le laurier, la gousse de vanille fendue, le sucre, le sel et la cannelle. Verser le lait froid dessus, mettre 20 min au four à 240°.
- Puis éteindre le four sans ouvrir la porte et laisser ainsi 8 h au four.
- La teurgoule ne doit pas être mise au frais.
- À cuire en fin de journée chez votre boulanger et à déguster goulûment avec le brasillé ou la falue.

Vacherin mirabelle

40 min 8 pers.

1 fond de meringue,
1 l de glace à la vanille,
1 l de glace à la mirabelle,
crème chantilly.
Pour la garniture :
1 bocal de mirabelles au sirop,
1/2 verre d'alcool de mirabelle.

- Monter le vacherin la veille. C'est-à-dire sur un grand plat, rond et plat, mettre votre fond de meringue dans un cercle en inox de la dimension plus petite que votre plat. Ensuite, monter 3 cm de glace à la mirabelle. Vous mettez la quantité de glace de la hauteur de votre cercle. Terminer par la décoration avec la crème chantilly avec une seringue ou une poche à décoration. Tenir au congélateur jusqu'au moment de servir.
- Pour le dessert, faire chauffer les mirabelles que vous aurez versées dans une casserole, demander le vacherin en utilisant un couteau trempé dans de l'eau chaude pour décoller le cercle. Garnir avec quelques mirabelles réservées à cet effet. Chauffer lentement l'alcool de mirabelle.
- Apporter votre vacherin, les mirabelles chaudes. Flamber devant vos invités, dresser par assiette la part de vacherin et quelques mirabelles flambées. Déguster mais le parfum de mirabelles aura rempli votre salle et aiguisé les papilles de vos invités.

Réserve
du
Consulat
de la
Mirabelle
de

Table des recettes

LES SOUPES **5**

Bouillabaisse (poissons) 6
Bourriquette 8
Potage à la citrouille et au curry 10
Potage au maïs et à la pomme de terre 11
Potage clermont 12
Potage de mai 13
Potage de printemps 14
Potage parmentière aux shiitakes 15
Soupe à l'ail arleusienne 16
Soupe à l'ail des vignerons auvergnats 17
Soupe à l'oignon des vendangeurs 18
Soupe à l'oignon gratinée 19
Soupe à la casserole 20
Soupe à la graisse normande 21
Soupe auvergnate 22
Soupe au basilic 23
Soupe au potiron 24

Soupe aux betteraves 26
Soupe aux choux et jarret de porc 27
Soupe aux fanes de radis 28
Soupe aux haricots, « potage à la bretonne » 29
Soupe aux pois cassés 30
Soupe campagnarde au petit salé et sa mique 31
Soupe chaude d'hiver 32
Soupe d'endives aux moules 33
Soupe de céleri aux moules 34
Soupe de châtaignes 35
Soupe de légumes au lard 36
Soupe de miso wakamé-tofu 38
Soupe de poissons 39
Soupe de poisson bretonne 40
Soupe de tomates au pistou 41
Soupe du vigneron 42
Soupe épicée indienne au chou-fleur 43
Soupe minestrone 44
Soupe savoyarde, dite « soupe fourre-tout » 45
Velouté au concombre 46
Velouté aux champignons 47
Velouté aux mousserons de la Saint-Georges 48
Velouté de courgettes 50
Velouté de cresson 51

LES HORS-D'ŒUVRE 53

Asperges aux œufs 54
Asperges de hœrdt 55
Avocats au céleri 56
Bouchées à la reine 57
Brochettes de fruits de mer 58
Buisson d'écrevisses 59
Buisson d'écrevisses des ruisseaux 60
Canapés apéritifs 61
Cervelle de canut (claqueret) 62
Coquilles Saint-Jacques à la carnacoise 64
Coquilles Saint-Jacques au four 65
Coquilles Saint-Jacques de Denise Henry (les) 66
Cornets de jambon 67
Corniottes 68
Croissant au lard (spackernler) 69
Croûtes au fromage 70
Cuisses de grenouilles au beurre persillé 71
Daube de queue de bœuf à l'avallonnaise 72
Dodine de canard 73
Escargots aux cèpes et aux noix 74
Escargots de bourgogne en coquille 75
Feuilletés au maroilles 76
Feuilletés de cailles au chou et aux châtaignes 77
Foie de canard aux raisins 78
Foie gras en cocotte 79

Foie gras frais aux pruneaux 80
Foies de volaille sautés aux champignons 81
Gougère champenoise 82
Grenouilles en meurette 84
Huîtres chaudes à la crème de reinette 85
Huîtres farcies aux amandes 86
Macaroni à la mode de châtelguyon 87
Médaillons de coquilles Saint-Jacques 88
Morgate à la sinagote 89
Mouclade 90
Moules à la poulette 91
Moules marinière 92
Mousse de jambon 93
Mousse de foies de volaille (Gfleijlterrin) 94
Œufs durs farcis de champignons et sauce blanche . . 95
Petits choux au comté 96
Salade de cervelas 98
Salade de pommes de terre au haddock 99
Taboulé 100
Saucisse de chou 101
Saucisson de tête et couenne aux charlottes 102
Soufflé au bleu d'auvergne 103
Soufflé au bleu de trizac 104
Terrine de tomates au fromage
de chèvre « le vézelay » 105
Tomates farcies à la mayonnaise 106
Tomates farcies au fromage (recette froide) 107

LES SALADES **109**

Asperges du printemps sauce thaïe 110
Cul d'artichaut farci 111
Cocktail de fruits de mer 113
Fèves au cumin 114
Mitonnée de quinoa 115
Œufs en salade 116
Salade « pain surprise » 117
Salade à la chalutière 118
Salade aux filets de canard fumés 120
Salade aux pamplemousses 121
Salade cancalaise 122
Salade chinoise au crabe 123
Salade cœurs de palmier 124
Salade d'andouillette de chablis aux beursaudes . . . 125
Salade d'artichauts à la ventrèche 126
Salade d'artichauts
aux fèves et pois gourmands 127
Salade d'endives aux fruits 128
Salade d'hiver au cidre 129
Salade de cèpes aux aromates 130
Salade de cervelas 131
Salade de champignons à la grecque 132
Salade de chevrettes aux crevettes bouquets 133
Salade de crabe à la vietnamienne 134
Salade de crabe au concombre 135

Salade de gésiers et foie gras de canard aux pleurotes 137
Salade de haricots verts 138
Salade de lactaires délicieux marinés, au vieux cantal 139
Salade de langoustines en corset de lard croustillant 140
Salade de lentilles 141
Salade de pieds-de-mouton (clapotons) 142
Salade de pommes de terre à la nordique 144
Salade de pommes de terre aux harengs 145
Salade de ris de veau aux copeaux de truffes 146
Salade des premières fraîcheurs d'automne 148
Salade du pêcheur 149
Salade floréale 150
Salade francillon 151
Salade frisée des lords 152
Salade nantaise 153
Salade paysanne à la feta 154
Salade tartare 155
Salade tiède aux langoustines 156
Salade tiède d'andouille au poireau vinaigrette 157
Salade tricolore 158
Salade verte aux lardons et aux croûtons 159
Salade vitaminée 160
Sushis en salade 161
Tartare de tomates aux herbes et échalote crue, vinaigrette à l'huile d'olive 162

LES VIANDES 164

Andouillettes au vouvray 166
Andouillettes de Troyes au vin blanc 167
Biftecks à la montaigu 168
Blanquette à l'ancienne (veau ou agneau) 169
Bœuf bourguignon 170
Bœuf miroton 171
Boles de picolats des Albères (boulettes de viande) 172
Caghuse 173
Carbonade flamande 173
Cassoulet de Castelnaudary 174
Civet de porc façon Hugon 176
Côte de bœuf à la nantaise 176
Daube au vin d'Arbois 178
Daube de pieds de porc à la paysanne 178
Échine de porc aux abricots secs
et au miel de Cavaillon 179
Épaule de porc (façon sanglier) 180
Escalopes de veau comtoises 181
Falette de veau farcie à l'auvergnate 181
Filet de bœuf Périgueux 183
Gigot d'agneau aux fèves fraîches 184
Grenadin de veau aux morilles 186
Jambon d'York « route de l'Orient » 186
Jambon de Saint-François à l'ananas (Antilles) 188
Jambonneau au cidre comme autrefois 189

Jarret de porc à la bière (Flandre) 190
Joue de bœuf à l'oignonade 192
Kig ha farz 192
L'agneau de pré-salé aux « monjhettes » 194
Langue Lucullus 195
Mijotée de porc « vallée d'Isère » 195
Noisettes d'agneau au cassis 197
Noix de veau aux asperges d'oristelle 197
Onglet aux oignons rouges confits 198
Paquets de couennes 199
Poitrine de veau aux morilles 200
Poitrine de veau farcie à l'oseille 201
Porc à la caroline et cake au maïs 203
Pot-au-feu en sauce verte 204
Potée auvergnate 204
Potée bourguignonne 205
Potée comtoise 207
Potée des vendangeurs 207
Potée morvandelle 208
Ragoût de mouton 209
Rognonnade de veau au crémant de Bourgogne . . . 210
Rôti de porc de Mima 211
Sauté d'agneau auvergnat 212
Sauté de chevreau « à la cantalienne » 212
Sauté de chevreau auvergnat 213
Sauté de veau à la champenoise 214
Selle d'agneau farcie de Vertolaye 215

Steak haché aux échalotes 217
Tête de porc farcie au boudin noir 217
Tête de veau sauce gribiche 219
Tête de veau sauce verte 220
Tournedos Rossini 221

LES VOLAILLES 223

Canard

Alicot de canard gras (ou d'oie) 224
Canard à la challandaise 225
Canard au miel et au vinaigre de cidre 227
Canard aux cerises à la cérétane 228
Canard aux olives 229
Canard aux piments 231
Canard de maringues 232
Canard des vergers 232
Canard poché aux pruneaux 234
Canard rôti aux navets en purée 234
Canard rôti aux pommes 235
Canard rôti dans son jus au muscadet 236
Canard sauvage rôti aux sparassis crépus à la crème
et chanterelles au jus 237
Confit de canard 238
Cœurs de canard 240
Magret de canard au jambon de montagne 240

Magret de canard aux écrevisses 241
Magret de canard rôti aux amanites des césars 241
Magrets de canard à la clavelière 242
Magrets de canard à la moutarde et au miel 244
Magrets de canard à la Murat 245
Poêlée de foie gras de canard
et pain perdu grand-mère 247

Dinde

Croquettes de dinde aux petits légumes 248
Cuisse de dinde à la moutarde 249
Cuisse de dinde au gingembre 250
Cuisses de dinde aux pommes 251
Dinde farcie de Noël 252
Dinde rôtie 253
Dinde rôtie et farcie aux marrons 254
Émincé de dinde aux légumes 254
Escalope de dinde 255
Escalopes de dinde gratinées 256
Paupiettes de dinde surprises 257
Risotto de dinde et champignons 258
Sauté de dinde aux chitakee 259

Poulet

Fricassée de poulet à la sauvage 260
Poulet « monsieur Beaucaire » 260
Poulet à la Maria 263

Poulet à la tartare 264
Poulet au comté 264
Poulet aux cèpes 265
Poulet aux huîtres de Beauvoir 266
Poulet aux poivrons et aux olives 267
Poulet de la ferme au cidre 268
Poulet en gelée aux courgettes et citron 269
Poulet Gaston-Gérard 271
Poulet poêlé aux cèpes 272
Poulet Pourlet à l'estragon 272
Poulet rôti d'Alice 273
Poulet sauce rouilleuse 274
Poulet sauté au foie gras 276
Poulet sauté aux artichauts du Léon 277
Poulet sauté bourguignonne 278
Poulet vallée d'Auge 279
Sauté de poulet aux champignons 280
Soja, poulet et carottes en sauce sésame 281

LES POISSONS 283

Aile de raie aux échalotes 284
Alose à l'oseille 285
Anguille au vert 286
Brochet au court-bouillon à la mayonnaise 287
Brochettes de thon 288

Brochettes de thon au fenouil 289
Cabillaud à ma façon 290
Cabillaud au four 291
Carpe à la crème 292
Carpe farcie 293
Carpe farcie à l'ancienne au Montbazillac 294
Carpe frite du sundgau 296
Caudière 297
Coquilles de cabillaud 298
Cotriade de Bretagne 299
Croustillant de sandre au jus de truffe 300
Darne d'esturgeon braisée 302
Daurade comme à la maison 303
Estouffade d'espadon 304
Filet de sandre farci
aux escargots et sabayon de crémant 305
Filet de turbot à la Mornay 306
Filets de dorade sauce moutarde 307
Filets de limande aux courgettes 308
Filets de maquereaux au cidre
sur leur lit de poireaux 309
Filets de poisson vapeur aux pâtes fraîches 310
Filets de barbet et leur fondue de poireaux 311
Filets de turbot à la moutarde 312
Friture de goujons ou de carpes 313
Gratin de morue 314
Gratin de thon aux champignons 315

Haddock grillé 316
Haddock poché 317
Harengs frais à la moutarde 318
Kippers grillés 319
Langues de morue en cassoulet 320
Les pomponettes 321
Maquereau à la boulonnaise 322
Maquereaux aux groseilles 324
Matelote (poissons d'eau douce au vin rouge) 325
Morue à l'anglaise 326
Morue à la bénédictine 327
Pauchouse 328
Pavé de sandre en écailles de truffes 330
Petits bars à la royale, sauce du chef 331
Poisson à la poêle (meunière) 332
Poisson pané 333
Quenelles de brochet 334
Quenelles de brochet à la crème d'oseille 335
Raie à la bretonne 336
Saltimbocca de saumon 337
Sardines sous la cendre 338
Saumon à l'unilatérale 339
Saumon au beurre vert 340
Sole aux légumes 341
Thon germon façon ogien 342
Truite au bleu 343
Truite au verjus 344

Truite aux amandes (foralla met Mandala) 345
Truite farcie au Montbazillac 346
Truites au jambon 347

LES LEGUMES 349

Aligot 350
Artichauts farcis 350
Artichauts farcis à la provençale 351
Bigalan de pommes de terre 352
Chou farci ultra-rapide 353
Choucroute des petits matelots 354
Crêpes à la florentine 356
Croquettes de viande et pommes de terre 357
Empereur à la crème de citrouille 359
Fèves des marais au jambon de pays 360
Gnocchis à la citrouille 361
Gratin de celeri-rave au thon 362
Magrets à la purée de potiron aux épices 363
Œufs pochés sur artichauts 364
Pain de chou au bœuf 364
Panaché de haricots à la lyonnaise 365
Pommes de terre à la bretonne 366
Pommes de terre au jambon 367
Pot-au-feu aux trois viandes 368

Pot-au-feu de marrons et légumes de saison 369
Potée aux choux et mogettes de Vendée 369
Quesadillas grillés 371
Ragoût de pois chiches à l'agneau 372
Raviolis chinois à la vapeur 373
Timbale de jambon aux petits pois 374

LES DESSERTS 377

Ambonnagéen aux biscuits roses 378
Aumonières de pommes au calvados 379
Biscuit massepain roulé à la mousse de cassis 380
Bourdelots haut-normands 382
Brioche chaude, raisiné et sorbet
au marc de Bourgogne 383
Brioche vendéenne 386
Cake aux Griottines de Fougerolles 388
Cassolette de fruits secs au Marsannay rosé 389
Charlotte aux fruits rouges 390
Clafoutis aux cerises 391
Clafoutis aux fruits frais 392
Corniotte aux framboises flambées au marc
de Bourgogne 392
Couronne de pommes du château de Vendeuvre . . 394
Cramique 394
Craquelins comtois 396

Crème brûlée à la chicorée 397
Crème brûlée aux figues et au pain d'épice 398
Crème renversée 399
Croustillons de Flers-de-l'Orne 400
Darioles fontenaisiennes 400
Douillons aux pommes ou poires 402
Écuellée de morteau 403
Far aux pruneaux 404
Feuilleté de pommes en chaud-froid 404
Figues fraîches en gratin 406
Flan au cidre 407
Fraises en gelée de vin rouge 408
Galette du Vexin 409
Gâteau de pommes et gaudes sablées 410
Gâteau de Savoie 411
Gâteau fouetté de Saint-Lô 412
Gaufres 413
Gougères aux pommes 413
Kugelhopf 415
L'assiette de fraises en gelée de vin rouge 415
Les caillebottes 416
Méli-mélo de fruits rouges au muscadet 418
Milla 419
Mousse au chocolat 419
Muscadettes aux pommes et pruneaux
caramélisées à la cassonade 420
Oreillettes 422

Œufs à la neige de la croisette 423
Pain d'épice 423
Pain d'épice au miel d'Auvergne 424
Pain perdu 425
Pain perdu au cidre 426
Pêches de vigne pochées au nectar bourguignon . . 427
Pets-de-nonne aux fruits secs et aux fleurs d'acacia . 428
Pets-de-nonne de Baume-les-Dames 429
Poires au vin d'Irancy,
sorbet au cassis et bourgeons 429
Pommes comme les faisait ma mamie 430
Pommes cuites au cidre 431
Quatre-quarts 432
Sabayon de fruits rouges au Montbazillac 434
Sablés de Caen 434
Sablés saboliens 435
Savoie 436
Soufflé glacé à la verveine du Velay (liqueur) 438
Soupe de cerises et sorbet au ratafia 439
Spéculoos 440
Suprêmes de pamplemousses roses au sabayon
de muscadet et ses pignons de pin 441
Tarte à l'aligoté et aux cerises de l'Yonne 442
Tarte au chocolat au poivre et coulis de groseilles . 443
Tarte au quemeu 444
Tarte au sucre 444
Tarte aux mirabelles 446

Tarte aux pignons I 448
Tarte aux pignons II 448
Tarte aux pommes d'hier 451
Tarte aux pralines 454
Tarte normande du père Gaston 455
Terrine de fruits au Sauvignon de Saint-Bris
et coulis de fruits rouges 456
Terrine de pommes grand-mère 458
Terrinée de Fierville ou teurgoule 459
Vacherin mirabelle 460

Toutes les recettes de cet ouvrage dont les auteurs sont les suivants sont extraites des collections « cuisine » des Éditions Ouest-France :
A. Bar, J. Batteix, F. Bonis, M. Bruneau, G. Carpentier, R. Charlon, F. Colin, B. Du Pontavice,P. Ébrard-Déceneux, Ch. Étienne, J.-M. Fonteneau, S. Fonteneau G. Fromageot, P. Jeffroy, S. Lavia, J. et O. Haye, F. Jaunault, L. Le Cunff, P. Le Merdy, J.-P. Laverrière, B. Leroux, J.-P. Nespoux, J. Leymarie, Mariel, M. Nouet, M.-J. Strich, H.-D. Romestant, Tables Gourmandes.

Crédit photographique : Roger Antoine, Didier Bénaouda, Bernard Enjolras, Jean-Patrick Gratien, Claude Herlédan, Martine Nouet, Patrick Taillard.

Cet ouvrage a été imprimé par Imprimerie Pollina S.A. à Luçon (85)
N° d'impression : L90731

ISBN : 2.7373.3385.7
N° d'éditeur 4634.01.09.09.03
Dépôt légal septembre 2003